# 재미있는 진로선택

# 내 인생의 내비게이션

개정증보판

재미있는 진로선택
내 인생의 내비게이션 개정증보판

**발행일**
초판1쇄 발행 2014년 3월 3일
개정증보판1쇄 발행 2022년 11월 4일
개정증보판2쇄 발행 2023년 8월 25일
개정증보판3쇄 발행 2025년 2월 21일

**지은이** 조명실
**펴낸이** 신일희
**펴낸곳** 계명대학교출판부
**출판등록** 1970. 9. 1. (제347-1998-1호)
**주소** 대구광역시 달서구 달구벌대로 1095
**전화** 053) 580-6233
**팩스** 053) 580-6235
**홈페이지** www.kmupress.com
**삽화(그림)** 조예나

**값** 18,000원
**ISBN** 979-11-6516-149-1 03320

# 재미있는 진로선택
# 내 인생의 내비게이션
개정증보판

**조명실**

계명대학교 출판부

# 머리말

진로와 관련한 프로젝트나 강의를 한 지 벌써 20여 년이 지나가고 있다. 많은 시간을 한 분야에 변함없이 관심을 가지고 지내다 보니 어느 순간에 그 분야의 전문가로 인정받게 되었다. 진로와 관련한 다양한 책들을 읽고 수업과 강의를 하면서 수년간의 경험을 담아 책을 쓰고 싶다는 생각을 오래전부터 해 왔다. 에세이 형식으로 누구나 읽기 쉽고 바로 적용해 볼 수 있는 아주 실용적인 책을 쓰고 싶은 소망이 있었다. 이런 바람으로 '재미있는 진로선택 - 내 인생의 내비게이션'이 나오게 된 것이다. 나의 꿈의 목록의 하나이기도 했다.

운이 좋다고 해야 할까! 이런 바람을 갖고 짬짬이 글을 쓰던 중 "균형교양" 교재의 하나로 책을 출간하게 되었다. 보통 교재의 딱딱한 형식과는 달리 진로 선택이라는 주제에 내 삶의 경험을 자연스레 연결시켜 보았다. 그리고 각 주제별로 수업에서 활용할 수 있는 다양한 활동들을 소개했다. 정말 교재 제목처럼 진로를 '재미있는' 방법으로 탐색하고 선택할 수 있도록 구성하였다.

교재의 구성은 자기소개, 나를 찾아가는 길, 직업을 탐색하는 일, 선택의 갈림길, 행복으로 가는 길의 5가지 영역으로 나누어, 각 영역별로 하위 주제들을 에피소드, 꼭 알아두어야 할 개념, 체크리스트와 같은 활동으로 전개해 보았다. 특히 활동은 가능한 여러 가지를 소개하여 필요에 따라 혹은 상황에 따라 적합한 것을 선택해 활용할  수 있게 했다.

첫 번째, 자기소개에서는 자기를 소개할 수 있는 재미있고 다양한 방법들을 정리해 보았다. 이름을 활용한 방법, 카드를 활용한 방법, 퀴즈 형식의 방법, 간편 심리테스트를 활용한 방법 등을 다루었다.

두 번째, 나를 찾아가는 길에서는 욕구, 가치, 흥미, 성격, 강점, 다중지능 등의 심리적인 특성과 신체적인 조건을 고려해야 하는 것 등을 주제로 다루었다.

세 번째, 직업을 탐색하는 길에서는 직업의 의미, 직업의식, 좋은 직업의 조건, 직업기초능력, 기업 면접에서 중요하게 고려하는 인성, 미래 직업세계의 변화, 한국직업 전망, 21세기 인재상 등의 주제를 다루었다. 그리고 정보탐색의 중요성과 유용한 검색 사이트도 안내하였다.

네 번째, 선택의 갈림길에서는 의사결정의 의미, 의사결정의 유형, 진로 결정의 영향 요인, 타협이나 협상의 의미, 진로장벽 등을 다루었고 의사결정을 연습해 보는 기회도 마련했다.

마지막으로 행복으로 가는 길에서는 행복한 삶, 꿈의 목록 또는 학습계획서, 커리어 로드맵 등의 주제로 비전을 설정할 수 있게 했고, want-have list, 시간관리 매트릭스 등으로 진로 계획 수립에 도움이 되는 주제들을 같이 수록하였다.

여러 해 재미있는 진로선택을 강의하면서 수강한 학생들의 번뜩이는 아이디어와 자료들을 동의를 얻어 수정하면서 추가하고 대학원 수업에서 독특한 아이디로 과제를 수행해 준 분들이 계셔서 책의 내용에 재미를 더할 수 있었다. 그리고 평소 책 읽는 것을 좋아하고 TV의 유익한 프로그램들을 접한 덕분에 다양한 아이디어를 얻을 수 있었다. 아주 새롭고 창의적인 내용이라기보다는 기존의 다양한 정보들을 일목요연하게 조금 더 세련되게 다듬어 보고자 했다.

대학생의 최대 고민이 진로와 관련한 문제이다. 이 교재가 그런 고민 해결의 실마리를 제공해 줄 수 있길 기대해 본다.

2022년 11월

개정하면서

조명실

# 목차

학기 초 강의를 시작하면서 수강하는 학생들을 파악하기 위해 그리고 같이 수강하는 학생이 어떤 사람들로 구성되었는지 이해하기 위해 자연스럽게 자기소개하는 시간을 갖는다. 최근에는 인턴십이나 직장을 구할 때뿐만 아니라 아르바이트에 지원할 때도 자기소개서 작성은 물론 면접을 볼 때 가장 기본이 되는 질문이 자기소개하기이다.

자기소개에서는 다양하게 자기를 소개할 수 있는 방법들을 소개하고 정리해 보고자 한다. 소개된 다양한 방법으로 자기소개를 해 보고 나에게 맞는 최적의 방법을 찾아보고 또 나름대로 자기소개를 잘 할 수 있는 방법들을 모색해 볼 수 있길 바라 본다.

CHAPTER

# 01

## 자기소개

# 자기소개가 대학생활을 좌우한다

매 학기 수업 첫 시간에 자기소개하는 시간을 갖곤 한다. 나는 어떤 사람인지에 대한 기초적인 정보와 더불어 이 강의를 수강하게 된 계기, 강의에서 기대하는 바를 포함해서 소개하도록 안내한다.

깜작 놀란 것은 학생들의 반응이다. "아... 또...."라는 반응이다. 얼마 전부터 많은 강의에서 첫 수업 시간에 자기소개를 하도록 해서 학생들은 반복해서 해야 하는 부담과 지루함을 "아... 또..."라는 말과 몸짓 언어로 표현하는 듯하다.

교수 입장에서는 학생들을 이해하는 시간인데, 학생들은 같이 한 학기 동안 수업을 듣는 다른 친구를 알아야 할 이유도, 알고 싶은 이유도 없어 보인다. 교수에 대해서도 마찬가지인 듯하다. 상담하면서 수강과목에 대한 이야기가 나오면 학생에게 담당하시는 교수님의 성함을 묻기도 하는데, 대부분의 학생들이 바로 답변하지 못한다. 한 학기에 수강하는 과목이 많은 것도 아닌데, 많이 안타깝고 아쉬움이 남는 순간이기도 하다.

상황이 이렇다보니 강의 첫 시간을 할애해서 하는 자기소개가 필요한 이유, 자기소개를 해서 좋은 점 등을 명확하게 전달할 필요가 있어 보인다. "그냥 시간 때우는구나" 또는 "강의 첫 시간에 하는 의식이구나"라는 인상을 주지 않도록 말이다.

최근에 자기소개는 정말 중요성이 더 많이 부각되고 있다. 심각한 취업난과 더불어 "이력서나 자기소개서 클리닉"이 생길 정도이니 말이다. 대학생들이 아르바이트를 할 때도 자기소개서를 내기도 하고 면접을 보기도 하는 상황이니.... 첫 수업 시간에 하는 자기소개가 학생들이 자신이 누구인지 얼마나 괜찮은 사람인지를 스스로 깨닫고 다른 사람에게 자신을 알리는 연습의 시간이 될 수도 있다.

또한 자신의 한 학기 성적이 좌우될 수도 있는 소중한 시간이기도 하다. 사람의 첫인상이 형성되는 데 3~5초 정도 걸린다고 한다. 그렇다면 자기소개하는 몇 분이 얼마나 소중하겠는가?! 이런 활동을 통해 교수와 같은 수업을 듣는 다른 학생들에게 자신의 이미지를 확실하게 심어줄 수 있는 중요한 기회로 활용하면 좋겠다.

그리고 강의하는 교수자 입장에서는 식상한 방법 말고 조금 더 새롭고 다양한 방법들로 활용할 수 있으면 좋을 것 같다.

# ○ 자기 이름으로 소개하기

자기 이름을 가지고 자신을 소개하는 활동이 여러 가지 있다. 많이 해 본 것이 아마도 이름으로 삼행시 짓기 또는 이름과 관련된 에피소드 소개하기 등이 있을 듯하다. 나도 외부에 강의하러 가면 나의 이름과 관련해 많은 이야기를 하곤 한다. 예를 들면 나의 이름으로 삼행시를 짓는다면, "조-조리 있게 이야기하고 명-명쾌하게 설명하며 실-실용적인 것을 중시한다"이다. 순발력이 뛰어나거나 재치가 있는 사람이라면 쉽게 할 수 있을 것 같고 그도 저도 안 되는 사람이라면 연습을 많이 해보는 수밖에 없을 것 같다. 누구의 이름을 가지고든 삼행시 짓는 연습을 하다보면 경지에 오를 수 있을 듯하다.

다른 하나가 자기 이름에 있는 글자 중에 하나를 선택해서 자신의 장점이나 강점으로 표현하며 자기소개하는 방법이다. 자신의 장점이나 강점이 쉽게 찾아지지 않는 경우는 바라는 특성들을 적용해 보아도 좋다. 예전에 계절학기에 대표를 맡았던 "손형우"라는 학생이 있다. 수업시간에도 형우 학생을 예로 들어 설명했던 터라 예를 들어보고자 한다. 손형우 중에 '우'를 활용해서 자기소개를 한다면, "우린 하나라는 동료의식이 강한 손형우입니다"라고 할 수 있다.

조금 더 발전시켜서 자기소개를 게임으로 활용해 볼 수도 있다. 소그룹으로 나누어 조별로 진행하면 좋다. 자기 차례가 되면 이전에 소개한 친구의 이름들을 다시 반복하면서(000 옆에 있는) 자기소개를 덧붙이는 형식이다. 예를 들면, "영리한 이영자입니다"라고 한 사람이 소개하면 그 옆에 친구는 "영리한 이영자 옆에 승기를 닮은 김승훈입니다"라고 하면 된다. 다음 사람은 "영리한 이영자 옆에 승기를 닮은 김승훈 옆에 우린 하나라는 동료의식이 강한 손형우입니다"라고 하면 된다. 한 명 한 명씩 추가해 가면서 자기소개를 게임 형태로 진행할 수 있다.

아래 표를 활용해서 ○에 이름을 적고 자기 이름으로 그리고 같이 강의를 수강하는 옆에 앉은 다른 친구의 이름으로 삼행시를 적어보고 자기 이름에 있는 글자를 활용해 자기소개 문구를 완성해 보자.

| 〈자기소개〉 | 〈옆 친구 소개〉 |
|---|---|
| | |

〈이름에 있는 글자를 활용한 자기소개 문구〉

# 마인드 맵을 활용한 자기소개

예시의 그림처럼 가운데 주제어인 "나"를 중심으로 가지치기를 해서 자기를 나타낼 수 있는 키워드 몇 개를 적어본다. 그리고 그 키워드를 중심으로 떠오르는 단어나 같이 연상되는 단어들을 또 가지치기해 나가는 방식이다. 각자 중심에 자신의 이름이나 자신을 나타낼 수 있는 상징어를 적고 마인드 맵을 완성해 보자.

> **Tip** 수강하는 학생이 많은 수업에서는 각자 작성을 하고 5~8명으로 조를 나누어 서로 작성한 것을 발표하며 서로를 알아가는 시간으로 마련할 수도 있다.
> • 연상이 잘되는 것은 뇌 세포가 왕성하게 활동하는 것이라고 한다.

나의 것과 2020년 2학기에 수강한 광고홍보학과 학생의 것을 예시로 소개해 보고자 한다. 나는 교수, 봉사, 가족라는 세 가지를 주제로 작성했고 학생은 취미생활과 대학생활로 나누어 작성을 했다. 참고로 해서 여러분의 것을 완성해 보길 바란다.

〈예시 1〉

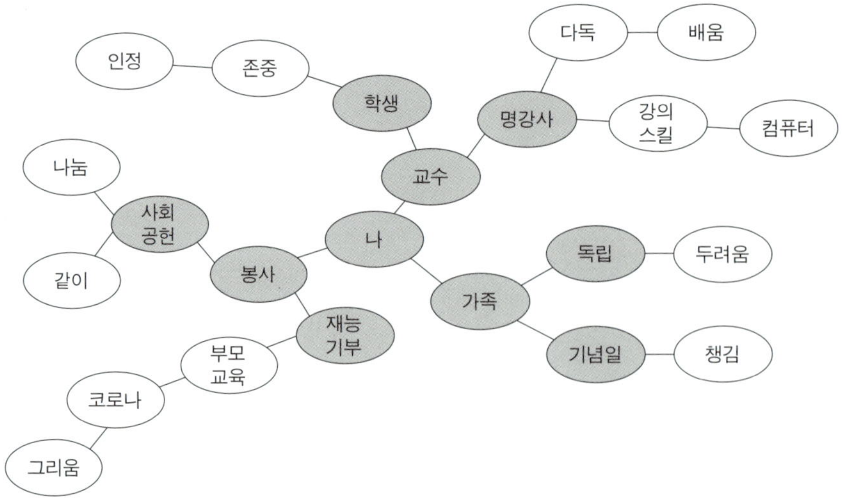

〈예시 2〉

〈 나의 마인드 맵 그리기 〉

## 홈 쇼핑에서 나를 팔아요

최근에 쇼핑호스트 또는 쇼호스트라는 직업이 뜨고 있다. 쇼핑전문채널에서 프로그램을 진행하는 사람으로 쇼핑호스트는 홈 쇼핑에서 제품을 소개하고 판매를 촉구하는 일을 하며 특별한 자격요건이 없고 다른 직종에 비해 나이에 관한 제약이 없어 유망 직종의 하나로 꼽히고 있다.

이런 쇼핑호스트의 역할을 적용해서 자신을 상품화해서 홍보를 하고 다른 사람에게 상품처럼 팔아볼 수 있다. 이것에 추가로 할 수 있는 활동이 경매이다. 자신을 상품처럼 소개하고 사고 싶도록 하여 듣고 있는 다른 사람들이 경매를 시도해 보도록 하면 된다.

그리고 요즈음 대학생들은 컴퓨터를 잘 다루기 때문에 "자기광고"나 "자기홍보"를 동영상으로 제작해 발표하는 시간을 가질 수도 있다.

다음 칸에 스스로를 광고한다면 어떻게 할 것인지를 고민해 보면서 자기광고 또는 자기홍보 문구를 적어보자.

## 생각카드를 활용한 자기소개

간단하게 답할 수 있는 질문들의 목록을 활용해서 자기소개를 할 수 있다. 예를 들면, 나의 졸음 퇴치법은? 컴퓨터를 켜고 제일 먼저 하는 일은? 나에게 24+3시간이 주어진다면? 내가 우리 대학교 총장이라면? 내가 학과대표라면? 등과 같이 간단하면서도 쉽게 답할 수 있는 문항들을 활용하는 것이다.

이 문항을 A4에 쭉 기록해서 학생들에게 한 장씩 나누어 주고 문장 완성검사처럼 빈칸을 채워 넣는 방식으로 할 수도 있고, 약간 비용이 들 수는 있지만 문항 하나하나를 우리가 흔히 알고있는 화투나 포커에 사용하는 카드 정도의 크기로 만들어서 코팅해서 반영구적으로 활용할 수도 있다(사진을 참조하세요). 5~8명 내외로 학생들로 그룹을 나누어 카드를 엎어 놓고 한 사람이 카드를 뽑아 적힌 내용을 읽어주고 뽑은 사람만 또는 전원이 돌아가며 자신의 생각을 나누는 방식 또는 카드를 뽑은 사람이 답변을 듣고 싶은 사람을 지정해 답하는 방식 등으로 활용할 수 있다.

아주 오래 전에 지도학생들을 소그룹으로 만나 상담을 한 적이 있다. 같은 소속이지만 처음 만난 친구들끼리 서먹함을 깨는 데도 이 활동은 효과가 있었다. 지금도 기억나는 남학생 한 명이 있다. 거의 상담이 끝나갈 무렵 이 생각카드 세트를 빌려달라고 하는 것이 아닌가! 이유를 물으니 친한 친구들과 주말에 술자리를 많이 갖는데 이런저런 이야기를 많이 나누지만 이런 부분에 대해 생각을 나누어 본 적이 없기에 이 카드를 활용해 친구를 이해하는 데 도움이 되고, 즐거운 시간이 될 것이라는 것이다. 술자리에서 어떻게 이용할 것인지를 물으니 대답이 매우 훌륭했다. 일단 테이블 위에 빈병을 올려놓고 병 돌리기를 해서 병의 입구(주둥이)가 가리키는 친구가 카드를 뽑고 적힌 문항을 읽어주고 답을 듣는다는 것이다. 요즈음 대학생들이 얼마나 창의적이고 응용력이 뛰어난가를 새삼 깨닫는 순간이기도 했다.

**Tip 대학생들과 활용하는 생각카드의 예**

- 여유시간이 있을 때 하는 일은?
- 개강파티를 다르게 한다면?
- 내 여자(남자) 친구가 앙나리라면?
- 내 인생에서 가장 소중한 것은?
- 첫눈 오는 날 만나고 싶은 사람은?
- 전공을 하나 더 선택할 수 있다면?
- 대학에 오지 않았다면?

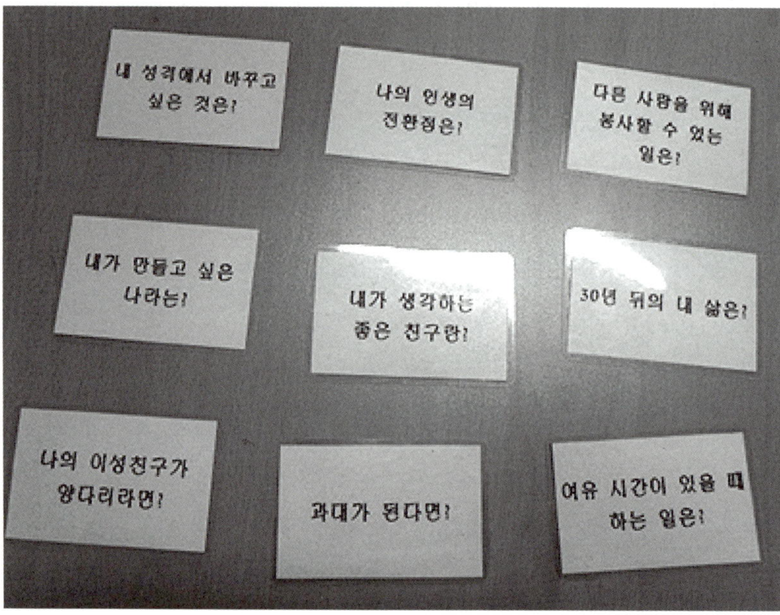

## OX카운팅 퀘스천카드를 활용한 자기소개

최근에 보드게임이 학습 자료로 많이 활용되고 있다. 개인적으로는 재미를 추구하는 편이라 학부 수업이나 대학원 수업에서 관련된 주제와 연결해서 많이 활용하는 편이다. 특히, 수업을 같이 수강하거나 같은 학과에 소속된 학생들 끼리 서로 알아갈 수 있는 재미있는 방법의 하나로 보드게임을 활용할 수 있다. 여러 가지 보드게임 중에 OX카운팅 퀘스천카드(2018)라는 보드게임으로 자기소개 하는 방법을 살펴보고자 한다.

카드 구성은 42가지 재미있는 대화를 위한 질문 카드가 있고 OX 카드가 12장 있다. 자기에 대한 문제를 내고 함께 모인 사람들이 O인지 X인지를 맞춰보는 간단한 게임 형식으로 즐길 수 있는 질문 카드게임의 하나이다. 다른 사람이 생각하는 나의 모습은 어떤지를 확인할 수 있고 또 다른 사람들이 모르는 나의 진짜 모습은 또 어떤지도 확인해 볼 수 있다.

활용하는 방법을 간단히 소개해 보면, 질문 카드를 우선 잘 섞어서 가운데 더미를 만들어 두고 각자 OX 카드를 한 장씩 나누어 갖는다. 먼저 순서를 정하고 처음 질문하는 사람은 질문 카드 더미에서 카드를 한 장 선택하고 질문을 모두가 보고 뒤집어 놓고 들을 수 있게 읽어 준다. 질문카드의 빈칸에 나만의 단어를 채워 넣고 다른 사람들에게 질문을 한다. 물론 질문카드에는 빈칸에 들어갈 예시 단어들이 적혀 있어서 그중에 하나를 선택해도 되고, 다른 단어를 사용해도 된다. 그리고 자신이 이야기한 질문에 O인지 X인지를 선택한 후, 보이지 않게 뒤집어서 자기 앞에 내려놓는다. 이때 물론 진실을 이야기해야 한다. 나머지 사람들도 질문자가 O를 선택했을지 X를 선택했을지 추리해서 자기 앞에 OX 카드 중 하나를 선택해서 뒤집어서 내려놓는다. 카드를 모두 제출하면 하나 둘 셋을 외치면서 OX 카드를 뒤집어 확인한다.

이때 출제자가 낸 카드의 정답과 일치하는 사람의 수를 세어서 같거나 적으면 출제자가 질문카드를 갖고 만약 일치하는 사람의 수가 많으면 더미로 버린다. 질문카드가 소진될 때까지 돌아가며 문제를 내고 O, X를 맞추어 본다. 질문카드가 모두 소진되고 나면 자신이 획득한 질문카드의 숫자를 세어보고 가장 많이 획득한 사람이 승자가 된다.

이렇게 하다 보면 질문자가 출제한 질문 카드에 대한 답을 유추하면서 그 사람에 대해 생각해 보게 된다. 그리고 출제한 사람도 다른 사람이 자신을 어떻게 생각하는지에 대해 알게 되고 스스로를 점검하는 시간이 되기도 한다.

OX카운팅 퀘스천카드에는 재미있는 질문이 42개 있지만 가능하다면 자신에 관해 알릴 수 있는 질문들을 추가해서 활용해도 좋다.

## 나를 맞혀봐

예전에 다른 교재에서도 '나를 소개합니다'라는 주제에 '나를 맞혀봐'를 소개한 적이 있다. '나를 맞혀봐'는 JTBC의 '아는 형님'이라는 예능 프로그램에 나오는 코너이다. 아는 교수님들이 추천해 준 프로그램이라 열심히 보고 있던 중 '나를 맞혀봐'라는 코너를 보면서 머리 속에 불이 번쩍였던 순간이 떠오른다. 늘 너무 뻔한 형식으로 자기소개를 해 오던 터인지라 더 반가웠다. 그리고 학생들과 수업에서 활용할 생각을 하며 신이 나기도 했었다. 그 후로 대면 수업에서 많이 활용했는데, 코로나19로 비대면 수업이 되면서는 학생들에게 자유게시판을 활용해 자기소개를 할 수 있는 문제를 내도록 했었다. 물론 의무는 아니었지만 많은 학생들이 호응을 해 주어서 감사했던 기억이 난다.

OX카운팅 퀘스천카드를 활용한 자기소개에서는 42개의 질문이 주어져 있고 OX로 답할 수 있는 내용으로 구성해서 질문을 하지만 '나를 맞혀봐'에서는 주관식 질문을 던지고 다른 사람들이 유추해서 답을 맞추는 것이다. 나에 관한 문제로 예를 들면, "나는 최근에 (          )을 했다" 여러분도 한번 맞추어 보면 좋을 듯 하다. 정답은 승진이다. 이제 부교수로 승진을 했다. 성이 조씨이다 보니 평생 조교수이지만 이제 부교수라는 타이틀도 얻게 되었다. 특별히 많은 것이 달라진 것은 아니지만 약간의 월급이 오르고 외부 활동을 할 때 강사료나 교통비에서 조금 더 책정을 해 주는 기관들이 있는 정도이다.

또 하나 문제를 낸다면 "재미있는 대인관계 심리학이 (            )과목이 되었다." 답은 무엇일까요? 재미있는 대인관계 심리학은 재미있는 진로선택처럼 내가 운영하는 또 다른 균형교양 과목인데, 2022년 계명 우수대형강좌 인증 과목이 되었다. 세 개 분반으로 운영되고 있는데, 그중 한 분반에 수강인원을 150명이상 199명이하로 확대해서 운영하는 것이다. 2022년 1학기에 처음 시도되어 150명으로 한정해서 운영이 되었다. 학생들의 선호도와 강의만족도 등을 고려해서 6개 과목이 선정되었는데, 그중 한 과목이다. 살짝 자랑이 된 것 같기도....

이렇게 자기소개할 문제를 내고 다른 사람이 맞추는 것인데, 둘이 짝이 되어 할 수도 있고, 10명 내외의 인원으로 조를 구성해서 돌아가면서 문제를 내고 맞추어 볼 수도 있고, 전체 수강생에게 문제를 내고 맞추게 할 수도 있다. 우선 자기를 소개할 수 있는 주관식 문제를 여러 개 만들어 보면 좋을 듯하다. 그리고 혹시 다른 사람들이 정답을 맞추는 데 어려워한다면 약간의 힌트를 추가적으로 줄 수도 있다.

**〈 '나를 맞혀봐'에 활용할 나에 관한 질문 〉**

①

②

③

## 진진가로 자기소개하기

진진가로 자기소개하는 방법도 예전부터 많이 활용했던 자기소개 방법이다. 사실 지금도 개강하고 첫 주에 교수소개에 여전히 활용하고 있다. 진진가 게임은 자신에 관한 진실 두 개와 거짓 하나를 문항으로 만들고 사람들에게 들려주고 세 가지 중에 거짓 하나를 찾게 하는 것이다. 선택이 끝나고 나면 문제를 낸 사람이 정답을 알려주면서 각 문항이 거짓인 이유와 참인 이유에 대해 설명을 하면서 마무리하면 된다. 이렇게 이유를 설명하면서 자신을 알리는 기회가 되기도 한다.

또 다른 방법으로는 한 명이 자신에 관한 진실 2개와 거짓 하나를 문항으로 낸 다음 나머지 사람들은 각자 거짓이라 생각하는 문항을 선택한다. 그리고 그 문항이 왜 거짓이라고 생각하는지에 대해 논리적으로 설명해 본다. 이렇게 참인 이유와 거짓인 이유에 대해 생각해 보고 설명하면서 문제를 낸 사람에 대해 이해하는 시간을 가질 수 있다. 그리고 진진가이지만 문항 수를 4개로 늘려서 3개는 진실 그리고 하나는 거짓으로 만들어서 거짓 하나를 찾게 할 수도 있다.

내가 학기 초 자기소개에 활용하는 진진가를 예로 들어 보면, 다음과 같다. 문항을 살펴보고 거짓 하나를 찾아보세요.

첫째, 예전에 성우가 되고 싶었다.
둘째, 눈 온 한라산을 등반한 적이 없다.
셋째, 계명대학교에 2006년에 왔다.
넷째, 독서를 좋아한다.

답은 두 번째이다. 첫 번째 성우의 꿈을 품은 적이 있다. 중학교 때 방송반을 한 적이 있다. 물론 지금은 명확히 기억은 안 나지만 짧은 기간 하고 그만두었다. 대학교에 다니면서 신문방송학과 수업을 전공 학생들보다 더 열심히 들어서 그 학과 교수님께 인정을 받기도 했고 졸업을 앞두고 방송국에 아나운서로 지원서를 내려고 했던 경험이 있다. 지금도 강의하러 갔을 때 수강하는 분들이 목소리가 좋다는 말을 하면, 교수가 안 되었다면 아나운서가 되었을 수도 있다고 대꾸하며 웃는다. 그리고 노후에 기회가 된다면 1인 방송을 하고 싶다는 이야기도 덧붙인다.

둘째, 눈 온 한라산을 등반해서 백록담 앞에서 사진을 찍고 내려와서 등반했다는 기념으로 프린트한 증서가 집에 가보처럼 모셔져 있다. 2010년 12월 마지막과 2011년 새해 첫날을 제주도에서 하는 피정 프로그램에 참여한 적이 있다. 서울에서 출발 전부터 제주도에 눈이 많이 온다는 예보가 있었고 1월 1일 한라산을 등반하는 날, 한라산 입구까지 일단 가서 입산통제가 풀리면 올라가고 풀리지 않으면 돌아와야 하는 상황이었다. 그러나 다행히 통제가 풀려서 등반할 수 있었다. 아이젠이나 스틱이 필요없을 정도로 눈 덮인 한라산을 올랐다. 물론 나는 스틱도 잡고 아이젠도 끼고 오르긴 했지만 평생 잊을 수 없는 기억 중 하나이다. 지금도 그때가 생각나서 글을 쓰며 미소가 지어지고 뿌듯함이 전해진다.

셋째, 계명대학교에 자율전공부가 처음 생기면서 교수 초빙을 했다. 모집 공고를 보고 지원해서 2006년 2월 1일 임명을 받았다. 대구에 아는 사람이 하나도 없었고, 그 당시 학교 근처에는 아파트 재건축 등으로 집을 구하지 못해 한 달은 하숙을 하면서 대구 생활을 시작했던 기억이 새록새록난다. KTX가 개통되었던 터라 멀다는 생각을 덜 하고 지원을 했던 것 같다. 그리고 이렇게 오랜 시간 계명대에 몸담게 될 줄 그때는 몰랐던 것 같다.

넷째, 독서는 정말 좋아한다. 지금은 예전처럼 완전 찬성할 수 있지는 않지만... 특히, 책을 읽으면서 내가 관심 있어 하는 주제를 만나거나 강의에 활용할 내용을 만나면 눈이 번쩍 뜨이고 밑줄 긋고 별표하면서 희열을 느끼기도 한다. 지치고 피곤하고 무기력해질 때 좋아하는 책을 읽노라면 피곤이 사라지고 희망이 생기는 듯하다.

이렇게 자기소개에 진진가를 활용할 수 있다. 여러분도 자기에 대한 진실 2개 문항과 거짓 문항 1개를 만들어 보고 자기소개에 활용해 보면 좋을 듯하다.

| 나에 대한 진실과 거짓 | |
|---|---|
| | |
| | |

그리고 진진가를 많이 활용해 수업을 해 왔는데, 2020년부터 '식스센스'라는 프로그램이 종편(tvN)에서 방영되었다. 최근에는 식스센스 3(2022. 3. 18.부터)가 방영되고 있다. 식스센스에서 다룬 내용 중에 두 개의 진실과 하나의 거짓으로 구성된 것 중 거짓을 찾는 내용이 있었다. 평소 안 보던 프로그램이라 낯설었는데, 대전 동생네 집을 방문했을 때 동생 와이프가 재미있게 즐겨보는 프로그램이라 설명을 들으며 재방송을 보게 되었다. 그날 방송에서는 진짜 식당 두 곳(마트식당, 한 끼 100만원)과 가짜 식당(닭볶음 라면) 한 곳이 소개되고 유재석 씨를 비롯한 멤버들이 각각의 식당을 방문하고 식사도 해 보고 식당 주인들과 이야기를 나누며 최종적으로는 가짜 식당 한 곳을 선택해야 하는 상황이었다. 이것을 보면서 와우... 이렇게 프로그램에 적용되는 것에 놀랐다. 이와 관련해 내용이 궁금하면 유튜브에서 찾아 보면 좋을 듯하다. 다른 내용 중에는 가짜 상담사를 찾는 것도 있었다.

# 도형으로 자기소개하기

프랑스의 유명한 소설가인 베르나르 베르베르가 한국에 와서 집사부일체에 사부로 출현한 적이 있다. 이때 도형으로 하는 심리테스트를 출연진에게 실시해서 화제를 모았다. 도형 심리테스트는 '베르나르 베르베르의 상상력 사전(2011)'이라는 책에도 소개되어 있다. 물론 뒤에 소개할 심리테스트로 소개하기에서 같이 소개를 할 수도 있지만 따로 떼어 살펴보려 한다. 우선 각자 다음 지시를 따라 추가해서 작업을 해 보자.

"아래 도형들을 보고 각 도형에 선이나 형태를 더해서 새로운 모양을 만들어 보세요. 확장해서 그린다고 생각하면 될 듯해요. 새로 만들어진 모양(이미지)을 보고 떠오르는 생각이나 느낌을 그림 옆에 형용사로 표현해 보세요."

강의 시간에 학생들이 그려서 소개한 것들 중에 2022년 1학기에 동의를 구한 세 명의 학생들 것을 소개해 보고자 한다. 마지막 학생의 샘플은 따로 소개해 보려 한다. 여러분도 각자 그린 그림과 비교해 보면 좋을 듯하다. 각 도형이 의미하는 바를 베르나르 베르베르의 상상력 발견이라는 책과 방영된 자료에 근거해서 하나씩 설명해 보고자 한다. 어떤 이미지를 그렸느냐보다는 옆에 써 놓은 단어들을 참고로 해서 보면 좋을 듯하다.

| 손희정(법학과) | 주혜원(태권도학과) |
|---|---|
| 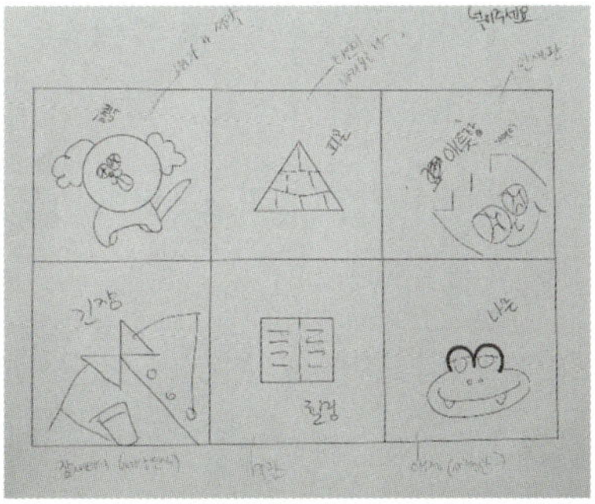 | 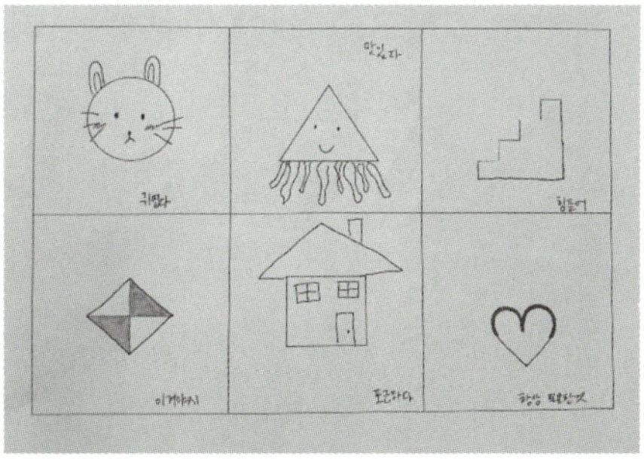 |
| 최윤서(체육학전공) | 문채련(행정학전공) |
| 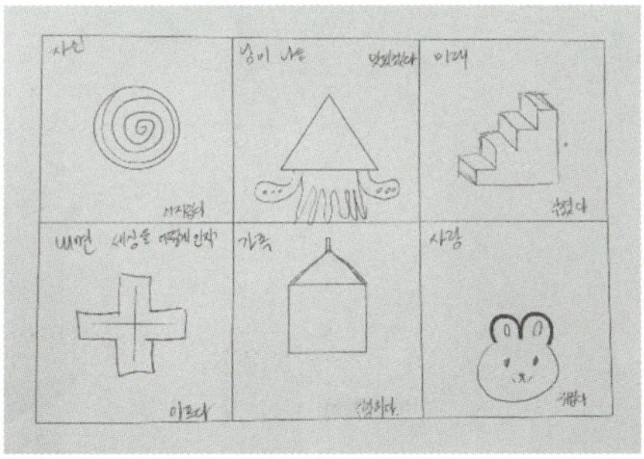 |  |

첫째, 원의 의미는 자기 스스로를 어떻게 생각하는가와 관련이 된다. 여러분이 그린 그림을 살펴보고 옆에 적은 생각이나 느낌과 관련된 단어들을 보면서 이해해 보자. 학생들의 샘플을 살펴보면 강아지를 그리고 '행복', 토끼를 그리고 '귀엽다', 빙빙이를 그리고 '어지럽다'로 표현해 주었다.

두 번째 삼각형은 원과는 반대로 타인이 바라보는 나에 관한 그림이다. 학생들의 샘플에서는 피라미드를 그리고 '피곤하다(멘토링, 알바, 지도자 등의 역할을 담당함)', 오징어를 그리고 '맛있다, 맛있겠다'로 표현을 해주었다. 맛과 관련한 부분은 설명이 애매한 부분도 있는 듯하다.

세 번째 계단 모양은 인생관과 관련한 것으로 앞으로 어떤 인생을 살고 싶은가와 관련된 그림이다. 학생들 샘플에서 보면, 검정고무신의 기영이를 그리고 '애틋함', 계단을 그리고 '힘들다, 각졌다'라고 표현해 주었다.

네 번째 십자가 모양은 자신의 잠재의식과 관련한 것으로 세상을 어떻게 인식하는가와 관련한 것이다. 학생들 샘플에서 보면, 면접 상황에서의 셔츠를 그리고 '긴장', 딱지를 그리고 '이겨야지', 병원 모양을 그리고 '아프다' 등으로 표현해 주었다.

다섯 번째 사각형은 가족관과 관련한 것으로 가족을 바라보는 그리고 가족을 생각하는 것과 관련한 부분이다. 학생들 샘플에서 보면, 책을 그리고 '힐링', 집을 그리고 '포근하다', 우유를 그리고 '건강하다'라고 표현해 주었다.

마지막 3자를 옆으로 뉘인 모양은 애정관으로 여러분이 생각하는 사랑이란 어떤 것인지에 관한 것이다. 학생들 샘플에서 보면, 개구리를 그리고 '나른함', 하트를 그리고 '항상 필요한 것', 토끼를 그리고 '귀엽다' 등으로 표현해 주었다.

2019년 2학기에 재미있는 대인관계심리학을 수강했던 문채련 학생의 샘플은 학생이 자유게시판에 소개했던 내용을 그대로 인용해서 소개해 보려 한다.

저는 저 스스로를 사랑스럽다고 느낀다는 결과가 나왔습니다. 자존감이 높은 편이라고 생각하기 때문에 어느 정도는 맞는 말인 것 같습니다.

또한 타인은 저를 체계적인 사람이라고 바라보는 듯합니다. (실제로도 그럴지는 모르겠지만 내면적으로 계획적인 면이 존재합니다.)

억울한 인생...보다는 당당하고 성공적인 삶을 살고 싶습니다.

저는 세상을 논리적인 시선으로 바라보고 있다고 합니다. 주변인에게도 감성적이라기 보단 이성적이다는 말을 많이 들은 편이고 저 스스로도 가끔씩은 그렇게 생각합니다.

액자 그림에 표현된 요소인 가족은 그립고 감성적인 존재라고 생각합니다. 가족과 떨어져 있을 때는 그런 느낌을 많이 받곤 합니다.

마지막으로 사랑은 꽃을 통해 아름답다고 표현했습니다.

저는 이 심리테스트를 통해 스스로를 생각해보는 시간을 가졌고, 위 요소들이 대체적으로 잘 맞아떨어진 것 같아서 놀라웠습니다.

# 간편 심리테스트로 자기소개하기 1

유튜브에도 많이 올라와 있는 간편 심리테스트에 관해 자료들이 있다. 정말 부지런한 분들이 재미있는 영상으로 만들어 올려 공유해 주고 있어 놀랍기도 하고 감사하기도 하다. 그리고 이전에 석사과정생일 때 수업을 들었던 제자이자 우리 대학에서 강의를 했던 동료인 선생님이 신나게 설명해 주었던 내용이기도 하다.

아주 초간단 심리테스트 중에 동물과 관련한 것들을 먼저 소개하면, 우선 머릿속에 떠오르는 세 가지 동물을 생각해 보고 순서대로 적어 보자. 그리고 그 옆에는 그 동물의 특징을 한가지 적어보자.

| 떠오르는 동물 | 특징 |
|---|---|
| | |
| | |
| | |

여러분은 어떤 동물이 떠올랐고 그 동물의 어떤 특징이 제일 먼저 생각났을지 궁금하다. 나의 경우, "토끼(귀엽다), 강아지(사랑스럽다), 코알라(편안하다)"이다. 하나하나 설명을 해 보자. 첫 번째 동물은 남이 바라보는 나의 모습이라고 한다. 토끼

의 생김새 중 귀가 쫑긋 올라온 모습과 두 개의 커다란 앞니가 떠오르면서 귀엽다는 생각이 들었다. 다른 사람이 바라보는 나의 모습은 귀여움을 들 수 있다. 나이가 들기 전에는 귀엽다는 말을 더 많이 들었던 것 같다. 물론 지금도 가끔은 그런 피드백을 듣긴 하니 살짝 일치한다고 볼 수 있다. 이런 심리테스트는 믿거나 말거나 시리즈 중에 하나이고 재미 삼아서도 해 볼 수 있는 것이니 '같거나 다른 것'에 큰 의미를 둘 필요는 없다. 다만 같다는 생각이 들면 '아, 나도 남들이 그렇게 보는 것 같아요' 하면 되고 다르다면 다른 사람들이 자기를 어떻게 바라볼 것 같은지를 생각해 보면 될 듯하다. 이렇게 자기를 개방하는 용도로 활용하면서 자기소개의 한 방법이 될 수 있다.

두 번째 동물은 내가 되고 싶은 나의 모습에 관한 것이다. 나의 경우 강아지가 주인에게 사랑받기 위해 꼬리를 흔드는 모습이 떠올라 사랑스러움을 적었는데, 사랑스런 사람이 되고 싶다는 것도 어느 정도 수긍이 가는지라 인정!

세 번째 동물은 실제 나의 모습과 관련한 부분인데, 나의 경우에는 코알라의 편안함을 이야기할 수 있다. 코알라가 나무 위에서 살짝 졸린 눈을 하며 쉬고 있는 모습이 떠오르고 그 모습이 편안해 보여서 적은 것이다. 타인에게 받는 피드백 중에 편안하다는 말을 많이 듣고 학생들에게도 편안함을 주는 교수님라는 피드백이 있는 것을 보면 실제 나의 모습과도 일치한다.

오프라인 수업의 경우에는 이렇게 3가지 떠오르는 동물과 그 특징으로 같이 수업 듣는 학생들과 조별로 자기소개를 하면 한바탕 웃음바다가 된다. 온라인으로 진행되는 수업의 경우에는 자유게시판에 이 부분에 관해 공유하고 서로 댓글을 통해 피드백을 하도록 하면 정말 다양한 사례가 나온다.

# 간편 심리테스트로 자기소개하기 2

동물시리즈 중 하나로 또 다르게 자기소개 하는 방법을 소개해 보자. 잘 들어 보고 하나를 선택하면 된다.

> ”지금 당신은 소, 양, 말, 사자, 원숭이와 같이 사막을 걷고 있습니다.
> 5가지 동물과 사막을 걷다 보니 너무 지치고 힘이 들기 시작했어요.
> 동물들 모두를 데리고 가는 것이 무리라 생각되어
> 한 마리 동물을 버리려고 합니다. 나는 어떤 동물을 제일 먼저 버릴까요?“

이 심리테스트는 내가 힘들 때 가장 먼저 포기하는 것이 무엇인가에 대한 것을 알아보는 것이다. 여러분은 어떤 동물을 먼저 버린다고 했나요? 책 작업을 할 때 조카가 옆에 있기에, 이 질문을 던졌더니 '사자'라고 답을 한다. 이유를 물으니 사자는 사막에 남겨져도 자기 혼자 생존할 수 있을 것 같지만, 나머지 동물은 사람의 손길이 필요한 동물이라고 생각했기 때문에 선택을 했다고 한다. 여러분도 선택한 동물과 그 이유를 떠올려 보면 좋겠다.

〈 그림으로 표현: 내가 버리기로 선택한 동물 / 그 이유? 〉

그러면 동물마다 무엇을 의미하는지 한번 살펴보도록 하자. 조카가 선택한 사자는 자존심과 관련된다고 한다. 가장 힘들 때 사자를 선택한 사람들은 자존심을 버린다고 볼 수 있다. 둘째, 말은 가족을 의미한다고 한다. 그래서 말을 선택한 사람들은 힘들 때 가족을 버릴 가능성이 있다. 세 번째 소는 직업과 관련된다고 한다. 소를 선택한 사람은 힘들 때 직업을 포기할 가능성이 있다. 넷째, 양은 사랑과 관련한 것으로 힘들 때 사랑을 포기할 가능성이 있다. 마지막으로 원숭이는 친구를 의미해서 이것을 선택한 사람들은 힘들 때 친구를 포기할 가능성이 있다고 한다. 각자가 버리기로 선택한 동물과 이유를 가까운 사람들과 나누어 보면 좋겠다.

올바른 진로선택을 위한 첫 번째 요소는 자기 자신에 대한 올바른 이해이다. 여기에서 올바른 이해란 보다 정확한 이해, 객관적인 이해를 의미한다. 스스로 진로 및 직업과 관련한 자신의 모습을 객관적으로 이해하도록 하는 것이 진로 선택에 있어 선결과제라 할 수 있다. 객관적으로 자기를 이해하기 위해서는 기존에 사용되는 다양한 심리검사나 체크리스트로 도움을 받을 수 있다.

나를 찾아가는 길에서는 우선적으로 고려해야 할 욕구, 가치, 흥미, 성격, 강점, 다중지능 등의 심리적인 특성들을 살펴보고자 한다. 이외에도 신체적인 조건, 개인을 둘러싸고 있는 가정환경, 경제적인 요인들이 함께 고려되어야 할 것이다. 이런 다양한 요소들을 종 합적으로 검토하여 올바른 자기이해가 되어야 한다.

CHAPTER

# 02

# 나를 찾아가는 길

# 사람에게 있는 다섯 가지 욕구

자신을 이해하는 데 가장 좋은 부분은 욕구나 동기에 대한 이해인 듯하다. 상담할 때도 사람들의 욕구 중에 어떤 욕구가 높고 낮은지, 어떤 욕구가 충족되고 충족되지 않았는지를 아는 것만으로도 문제해결에 큰 도움이 되는 경우가 많다.

인간의 동기나 욕구를 이야기한 심리학자들이 많이 있다. 여기서 소개하려는 학자는 윌리암 글라써(William Glasser)이다. 상담이론 중에 현실치료(reality therapy)를 창시한 분으로 "인간에게는 다섯 가지 욕구가 있다"고 한다.

인간을 움직이게 하는 강렬한 힘은 생래적인 기본적인 욕구에서 비롯된다. 기본적인 인간의 욕구는 신뇌(new brain)에 자리한 네 가지의 심리적이고 정신적인 욕구인 사랑과 소속의 욕구, 힘과 성취의 욕구, 자유에 대한 욕구, 즐거움에 대한 욕구와 구뇌(old brain)에 자리한 생존에 대한 욕구 등의 다섯 가지가 있다(김인자, 2011).

각각의 욕구를 살펴보기 전에 세 가지를 먼저 이해하는 것이 필요하다. 첫째는 사람은 저마다 어떤 욕구는 높게, 어떤 욕구는 낮게 가지고 태어난다는 것이다. 둘째는 우리가 어떤 행동을 할 때 적어도 이 다섯 가지 욕구 중에서 하나 이상을 충족시키기 위해 행동을 선택한다고 한다. 셋째는 사람마다 같은 욕구이더라도 그것을 충족시키는 방법은 각기 다양하고 다르다는 것이다. 예를 들면, 누군가는 생존의 욕구를 충족시키기 위해 맛집을 찾고 또 다른 누군가는 즐거움의 욕구를 충족시키기 위해 맛집을 찾을 수 있다. 즉, 사람마다 욕구를 충족시킬 수 있는 방법은 다양하다는 것이다. 누군가가 잘못된 행동 또는 바람직하지 않은 행동으로 욕구를 충족시키려 한다면, 그 욕구를 충족시킬 수 있는 더 바람직하고 건강한 행동을 학습할 수 있도록 도와줄 필요가 있다. 이제 이 욕구들을 하나하나 살펴보면서 진로 및 직업과 연결시켜 보자.

첫째, 생존의 욕구는 먹고, 자고, 따뜻하게 지내고, 종을 보존하기 위한 성적인 욕구가 포함되어 있으며 척수 바로 위에 위치한 구뇌(old brain)로부터 생성된 것으로 호흡, 소화, 땀, 혈압 조정 등 신체구조를 움직이고 건강하게 유지하도록 하는 중요한 과업을 수행하고 있다. 생존의 욕구가 높은 사람의 특징은 보수적이고, 안정지향적이며 소비보다는 저축을 우선시하고 상식에 따르는 경향이 있다. 또 무언가를 버리는 것을 어려워하고 쌓아둘 망정 가지고 있을 가능성이 높다. 신발장에 안 신는 신발도 버리지 못하고 가지고 있거나 옷장에도 안 입는 옷이 그득하게 있을 가능성이 있다. 식사와 관련해 예를 들면, 아침, 점심에 빵이나 김밥과 같이 간단한 것으로 끼니를 해결한 경우에 저녁은 잘 챙겨 먹어야 한다는 생각에 꼭 밥을 먹어야 한다고 이야기하는 사람들은 아마도 생존의 욕구가 높다고 할 수 있다. 생존의 욕구가 높은 사람들과 식사를 하면 아침 먹으면서 점심 먹을거리를 이야기하고 점심 먹으며 저녁 먹을거리를 미리 고민하는 모습을 볼 수 있다. 반면에 생존의 욕구가 낮은 사람은 먹는 것에 목숨을 걸지 않을 뿐더러 몸이 으스스하고 감기 기운이 있어도 병원을 간다거나 비타민과 같은 영양제를 찾는 대신 조금 쉬고 나면 나아지리라는 기대를 하곤 한다. 그리고 약간은 소비 지향적이어서 사용하지 않는 것은 남을 주거나 버리기를 잘 하고 홈 쇼핑 등의 광고를 보며 지르기를 쉽게 할 수 있는 유형인 듯하다. 가족 간이나 연인 사이에 이 욕구의 높낮이가 다르면 즉 한 사람이 높고 다른 사람이 낮다면 아마 큰 일로 싸우고 다투기보다는 무얼 먹을까? 어디로 놀러 갈까? 등과 같이 소소한 것들을 결정함에 있어서 부딪칠 가능성이 높다. 생존의 욕구와 관련한 속담에는 "금강산도 식후경", "먹고 죽은 귀신은 때깔도 좋다", "집 떠나면 개 고생" 등이 해당될 듯하다. 마지막으로 진로와 관련해서 살펴보면, 이 욕구가 높은 사람은 안정적인 일을 선호해서 연금이 나오는 교사나 공무원을 하고 싶어 하고 수입이 일정하지 않은 임시직이나 프리랜서로 일하는 것에는 불안해 할 수 있다.

둘째, 사랑과 소속의 욕구에는 사랑하고 사랑받기를 원하고, 협력하고, 어디엔가 소속되고 싶고, 친구를 사귀고, 결혼하는 것 등이 포함되어 있다. 또래 친구들과 모임을 잘 형성하고 가족이나 친구의 생일이나 기념일을 잘 챙기는 사람은 사랑과 소속의 욕구가 높다고 볼 수 있다. 대학생이 동아리 활동을 하나만 하는 것이 아니라 여러 개에 관여되어 있는 경우라면 사랑과 소속의 욕구가 높다고 볼 수 있다. 그리고 "친구 따라 강남 간다", "바늘 가는 데 실 간다", "길동무가 좋으면 먼 길도 가깝다"라는 속담이 여기에 해당된다. 이 욕구가 높은 사람에게는 늘 관심을 기울이고 말 한마디라도 따뜻하게 해 주는 것이 필요하다. 사랑과 소속의 욕구의 높낮이는 가까운 사람끼리는 비슷한 것이 좋을 수 있다. 두 사람 다 같이 높은 경우에는 서로에게 관심을 많이 갖기에 하루 일과를 소소하게 나누고 늘 전화나 메일로 체크하고 멀리 떨어져 있어도 일거수일투족을 서로 알고 싶어 한다. 반면에 두 사람 다 같이 낮은 경우에는 서로에게 무관심한 듯이 보이는 경우로 서로에게 각자의 생활권을 보장해 주는 경우가 많다. 그러나 이 경우는 큰 난관에 부딪치거나 심하게 다투게 되면 머리를 맞대고 해결점을 찾기보다는 "그래 그러면 우리 헤어지자"라는 쪽으로 문제 해결의 실마리를 찾아갈 수도 있다. 그리고 친한 사람끼리 한 명은 높고 다른 한 명은 낮다면 아마도 낮은 사람이 간섭받는다는 느낌이 많이 들 수 있을 것이다. 이제 진로와 관련해서 살펴보면, 사랑과 소속의 욕구가 높은 사람은 경쟁적인 분위기를 힘들어 하기에 서로 가족 같은 분위기에서 일할 수 있는 환경을 고려해 진로를 결정하는 것이 필요하다. 서로 협력해서 또는 팀을 이루어서 무언가를 하는 것이 훨씬 시너지 효과를 낼 수 있을 것이다. 따라서 대기업에 입사해서 서로 경쟁하고 승진에 온갖 에너지를 쏟기보다는 관계를 먼저 생각하고 서로를 배려하고 챙겨 줄 수 있는 중소기업이 근무환경으로는 더 좋을 수도 있다.

셋째, 힘과 성취의 욕구에는 경쟁하고, 성취하고, 인정받고 싶어 하며 중요한 존재이고 싶어 하는 속성이 포함된다. 공부나 놀이 등에서 1등 하려고 애쓰고, 옷도 잘 차려 입으려 하고, 남들로부터 '괜찮은 사람'이라는 말을 듣고 싶어 하는 경우를 들 수 있다. 이 욕구가 높은 사람에게는 통솔하고 통제할 수 있는 상황을 마련해 주는 것이 필요하다. 그리고 "넌 참 능력 있는 사람이야", "넌 참 멋져", "네가 내 친구여서 정말 좋다" 등과 같이 힘을 실어 주는 표현을 아끼지 않고 해 주는 것이 좋다. 대학에 다니면서 장학금에 목숨 걸고 공부를 하거나 자격증을 따는 데 에너지를 많이 쏟거나 자기가 하는 일은 다 잘해야 하고 완벽해야 한다는 생각을 하는 사람이라면 아마도 성취의 욕구가 높다고 볼 수 있다. 고시공부에 매진하는 학생들, 멋을 부리고 명품에 목말라하는 학생들도 아마 성취의 욕구를 충족하려는 것이라 볼 수 있을 것이다. 가까운 친구나 가족끼리 이 욕구가 비슷하게 높다면 어떤 일이 벌어질까? 아마도 둘 다 자신의 의견을 양보하는 것은 어렵고 서로가 자신의 생각이나 의견이 맞는다고 피력하는 데 에너지를 많이 쓸 가능성이 높다. 그러나 반대로 한 사람이 높고 다른 한 사람이 낮다면 어떻게 될까? 아마도 궁합이 잘 맞을 수 있을 것이다. 낮은 사람이 높은 사람의 의견에 맞추어 줄 가능성이 높다. 전통적인 가부장적인 가정에서 보면 아빠는 에헴 하고 엄마는 깨갱하면서 맞추어 가고, 암탉이 우는 집에서는 아빠가 공처가나 애처가로 맞추어서 잘 조화를 이루어가는 것을 볼 수 있다. 이제 진로와 관련해서 살펴보면, 성취의 욕구는 다른 욕구보다 일로 승부를 보는 유형에 가깝기에 자신이 하는 일이 자신의 적성에 잘 맞는 일인지, 잘할 수 있는 일인지, 감당할 수 있는 직무인지를 고려하는 것이 필요하다. 자신이 갖고 있는 강점을 발휘할 수 있는 일을 찾는다면 금상첨화가 될 것이다.

넷째, 자유에 대한 욕구에는 이동하고, 선택하고, 하고 싶은 대로 하는 것이 포함된다. 그리고 종교를 선택해서 믿는 것도 그중 하나로 볼 수 있다. 자유의 욕구가 높은 사람은 계획표에 짜여진 대로 생활하는 것이 어렵고, 오히려 스스로 공부하는 환경을 선택할 수 있는 자유로운 환경을 선호한다. 자율권이 보장되느냐가 중요한 문제이고 간섭받는 것을 가장 힘들어 하는 부분일 수 있다. 자유의 욕구가 높은 사람은 여행을 좋아하고 예능 쪽에서 창의적인 능력을 발휘할 가능성이 높다고 한다. 진로와 관련해서는 시간에 덜 구애 받는 프리랜서나 자기 스케줄을 관리할 수 있는 자영업, 기업의 CEO, 전문가와 같은 직업을 선호한다. 그리고 늘 시간 제약이 있는 일이나 기한을 맞추어야 하는 일에는 부담을 가질 수 있다.

다섯째, 즐거움의 욕구에는 새로운 것을 배우고, 놀이를 통해 즐거움을 느끼고자 하는 것이 포함된다. 학생들 중에 게임에 몰입하거나, TV에 빠져 있는 경우가 즐거움의 욕구가 높은 경우라고 볼 수 있다. 그리고 수영이나 자전거 배우기와 같이 무언가 새로운 것을 학습하는 것도 즐거움의 욕구를 충족시키는 것이라고 볼 수 있다. 이 욕구가 높은 사람에게는 공부든 놀이든 어떤 일에 몰입하게 하려면 그들의 관심을 끌어내는 것이 중요하고, 흥미를 갖도록 재미있는 방법을 제시하는 것이 우선 고려되어야 한다. 유머러스하다는 말을 좋아하고 선호하는 취미 활동이 있을 가능성이 높다. 석사 1호 제자는 나이는 나보다 많으신데, 골프도 좋아하고 여름이면 윈드 서핑을 다닐 정도로 모험적인 레저도 즐긴다. 아마 즐거움의 욕구가 높아서 가능한 일일 것이다. 가끔 즐거움의 욕구가 높은 학생들 중에 좋아하는 과목은 A+를 받지만 싫어하는 과목은 출석을 안 해서 F를 받는 경우를 보기도 한다. 진로와 관련해서는 즐거움의 욕구가 높은 경우는 좋아하는 일을 직업으로 가질 수 있도록 도와주는 것이 필요하다. 무엇보다도 흥미를 고려한 선택이 이루어져야 한다. 만약 그럴 수 없어 차선책으로 직업을 갖게 된다면 좋아하는 일을 취미생활로 병행할 수 있도록 도와주면 좋다.

이러한 인간의 욕구(need)는 기본적이고 본질적인 것이지만, 욕구를 충족시켜 주는 구체적인 대상인 바람(want)은 각 개인에 따라 독특하고 고유하다. 이 바람들은 비현실적일 수도 있고 변할 수도 있으며, 서로 갈등을 일으키기도 한다. 현실에서 얻고 있는 것이 바람을 충족시켜 주지 못할 때 욕구 좌절을 경험하며, 이때의 불균형과 고통이 행동의 동기가 되기도 한다.

자신의 욕구 중에서 어떤 욕구가 높고 낮은지를 이해하는 것은 자신의 행동을 이해하는 데도 도움이 되고 진정 자신이 원하는 것을 찾거나 하고 싶은 일에 대한 그림을 그릴 때 기초가 될 수 있다. 또한 부모-자녀관계에서 갈등이 빚어지는 이유의 하나도 부모와 자녀 각자가 가지고 있는 이 다섯 가지 욕구가 어느 쪽에 치중되어 있거나 대립되기 때문이다. 친구 관계에서의 갈등의 원인도 욕구에 비추어 찾아볼 수 있을 것이다.

여러 해 동안 학생들과 욕구 관련한 활동을 해왔다. 학생들이 조별로 작업한 몇 가지 사례를 소개하고 그 동안 축적된 자료들을 정리해 욕구별로 충족시켜 주는 활동을 제시해 보고자 한다.

| 욕구 | 충족시키는 활동 |
|---|---|
| 생존 | 최저가 쇼핑, 알바하기, 보험들기, 재활용, 보양식 먹기, 비상구나 대피소 알아두기, 건강검진, 비타민 복용, 보약, 건강식, 당섭취 |
| 사랑과 소속 | 자원봉사, 연락 자주하기, 기부하기, SNS 활발하게, 수다떨기, 짝사랑 |
| 힘과 성취 | 앞에 나서기, 브랜드 따지기, 경쟁의식, 학업에 매진하기, 신상 나오면 꼭 사기 |
| 자유 | 개인 행동, 잠수타기, 자체 휴강, 혼자만의 시간갖기, 글쓰기, 창작활동, 여행 |
| 즐거움 | 오락, 취미활동, 큰 소리로 웃기, 영화보기, 커피마시기 |

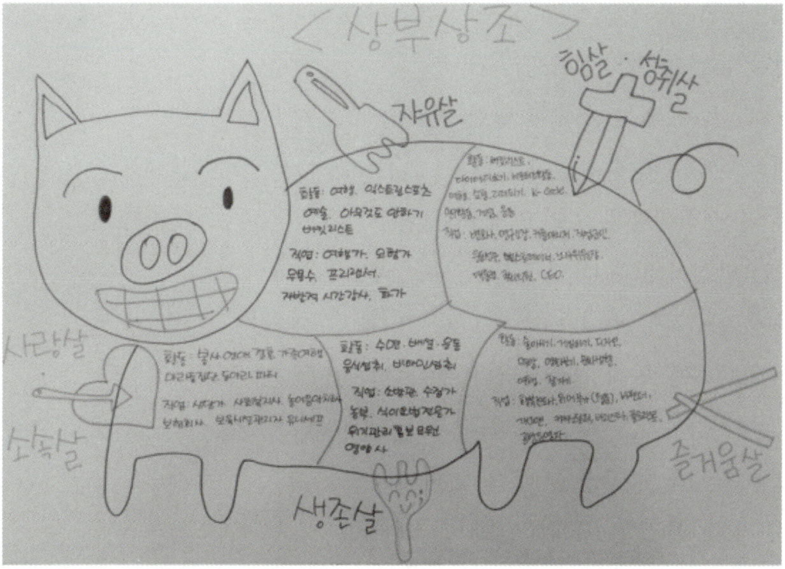


### 〈활동 1〉 욕구 이해하기(우애령, 2005)

자신이 가지고 있는 다섯 가지 욕구를 이해하고 제일 높은 욕구와 낮은 욕구를 살펴보자. 욕구를 이해함으로써 진로나 직업을 선택할 때 기준으로 삼을 수 있을 뿐만 아니라 대인관계에서 어려움을 경험하는 이유를 탐색해 볼 수 있다.

아래 문항들을 읽고 다섯 가지 중에 하나를 선택해서 기록해 보자. 그리고 나서 욕구별로 합계를 내자. 가장 높은 욕구와 낮은 욕구를 확인해 보자.

아래 질문에 대해 대답을 해보고 다음과 같이 점수를 주세요.

① 전혀 그렇지 않다 ② 별로 그렇지 않다 ③ 보통이다

④ 대체로 그렇다 ⑤ 매우 그렇다

### 1. 생존 욕구

돈이나 물건을 절약한다.(　　)

돈으로 살 수 있는 것에 각별한 만족을 느낀다.(　　)

자신의 건강유지에 관심이 있다.(　　)

균형 잡힌 식생활을 하려고 노력한다.(　　)

성적인 관심이 많다.(　　)

매사에 보수적인 편이다.(　　)

안정된 미래를 위해 저축하거나 투자한다.(　　)

부득이한 경우가 아니면 모험을 피하고 싶다.(　　)

외모를 단정하게 가꾸는 데 관심이 있다.(　　)

쓸 수 있는 물건을 버리지 않고 간직한다.(　　)

### 2. 사랑과 소속의 욕구

나는 사랑과 친근감을 많이 필요로 한다.(　　)

다른 사람의 복지에 관심이 있다.(　　)

타인을 위한 일에 시간을 낸다.(　　)

장거리 여행 때 옆자리의 사람에게 말을 건다.(　　)

사람들과 함께 있는 것을 좋아한다.(　　)

아는 사람과는 가깝고 친밀하게 지낸다.(　　)

가족이나 가까운 친구가 내게 관심을 가져주기 바란다.(　　)

다른 사람이 나를 좋아해 주기 바란다.(　　)

다른 사람들에게 친절하게 대한다.(　　)

가족이나 가까운 친구가 나의 모든 것을 좋아해 주기 바란다.(　　)

### 3. 힘과 성취의 욕구

내가 하는 가사나 작업에 대해 사람들로부터 인정받고 싶다.(　　)

다른 사람에게 충고나 조언을 잘 한다.(　　)

다른 사람에게 무엇을 하라고 잘 지시하는 편이다.(　　)

경제적으로 남보다 잘 살고 싶다.(　　)

사람들에게 칭찬 듣는 것을 좋아한다.(　　)

내 밑에서 일하는 사람이 문제가 있을 때 쉽게 해고한다.(　　)

내 분야에서 탁월한 사람이 되고 싶다.(　　)

어떤 집단에서든 지도자가 되고 싶다.(　　)

자신을 가치 있는 인간이라고 느낀다.(　　)

내 성취와 재능을 자랑스럽게 여긴다.(　　)

### 4. 자유의 욕구

사람들이 내게 어떻게 하라고 지시하는 것이 싫다.(　　)

내가 원하지 않는 일을 하라고 하면 참기 어렵다.(　　)

다른 사람에게 어떻게 살아야 한다고 강요하면 안 된다고 믿는다.(　　)

누구나 다 인생을 살고 싶은 대로 살 권리가 있다고 믿는다.(　　)

인간의 자유로운 선택능력을 믿는다.(　　)

내가 하고 싶은 일을 하고 싶은 때 하고 싶다.(　　)

누가 무어라고 해도 내 방식대로 살고 싶다.(　　)

인간은 모두 자유롭다고 믿는다.(　　)

가족이나 가까운 친구의 자유를 구속하고 싶은 생각이 없다.(　　)

나는 열린 마음을 지니고 있다고 믿는다.(　　)

### 5. 즐거움의 욕구

큰 소리로 웃기 좋아한다.(　　)

유머를 사용하거나 듣는 것이 즐겁다.(　　)

나 자신에 대해서도 웃을 때가 있다.(　　)

뭐든지 유익하고 새로운 것을 배우는 것이 즐겁다.(　　)

흥미 있는 게임이나 놀이를 좋아한다.(　　)

여행하기를 좋아한다.(　　)

독서하기를 좋아한다.(　　)

영화구경 가기를 좋아한다.(　　)

음악 감상하기를 좋아한다.(　　)

새로운 방식으로 일하거나 생각해 보는 것이 즐겁다.(　　)

결과 :

| 욕구 | 충족시켜 주는 활동 | 충족시켜 주는 직업 |
|---|---|---|
| 생존 | | |
| 사랑과 소속 | | |
| 힘과 성취 | | |
| 자유 | | |
| 즐거움 | | |

**〈토의 주제〉**

- 욕구의 높낮이가 달라서 인간관계에서 어려움을 경험한 사례나누기

- 나의 욕구에 비추어 볼 때 나에게 어울릴 것 같은 또는 어울리는 직업은?

- 각각의 욕구를 충족시켜 주는 활동 그리고 직업은?

### 〈활동 2〉 욕구 카드 활용하기

최근에는 상담을 담당하는 센터나 가족 문제를 다루는 기관에서 다양한 종류의 카드를 제작해 판매를 하고 있다. 약간 비용이 비싸다는 것이 흠이긴 하지만 한번 구매해 두면 거의 반영구적으로 사용할 수 있다는 장점도 있다.

그 중 하나가 한국비폭력대화의 욕구카드, 느낌카드 세트이다. 욕구카드를 활용해서 자기소개를 할 수 있다. 이 카드는 다양한 방식으로 활용되고 있고 카드 활용에 대한 워크숍이 따로 진행되고 있다.

가장 간단하게 활용하는 방법으로는 59장의 다양한 욕구들이 적혀있는 카드 중에서 각자 자신에게 소중한 카드를 하나씩 골라보는 것이다.

이제 자신이 뽑은 카드 내용을 보면서 그 카드가 중요한 이유를 생각해 본다. 그리고 돌아가면서 자신이 선택한 카드를 소개하고 이유를 설명한다.

- 나에게 소중한 카드 :

- 중요한 이유 :

**Tip** 수강하는 학생의 수가 많을 때는 5~10명 내외로 조를 형성해서 조별로 진행하고 조별로 한두 명의 사례를 전체에게 소개할 수 있다.

# 나의 소중한 가치

아주 오래 전에 천안에 있는 대학에 특강을 갔다 돌아오는 길에 내가 하고 있는 일에 대한 가치를 생각해 보게 되었다. 1시부터 3시까지 그리고 3시부터 5시까지 2시간씩 각각 다른 단과대학 학생들을 대상으로 같은 강의를 하게 되었다. 4시간 남짓한 강의를 하기 위해 가고 오는 데 걸리는 시간이란.... 같은 지역 내에 있는 것이 아니라면 어느 곳에 강의를 가든 하루가 걸린다.

사정이 이렇다 보니 돌아오는 기차 안에서 "내가 무엇을 위해 이 일을 하고 있나?"라는 질문을 던지게 되는 것은 어쩌면 당연한 일인지도 모르겠다. 내가 먼 곳까지 마다 않고 강의하러 가는 이유는 무얼까?

나를 알리는 것, 진로 분야에 전문가라는 자부심, 돈(부수입), 우리나라 각 지역을 여행하는 것, 강의를 준비하면서 학습해 가는 것들, 연구실 일상에서 벗어나 누리는 자유로움, 각 고속도로의 휴게소를 돌아다니며 알게 되는 작은 기쁨들....(특히, 각 휴게소에 있는 으뜸 농산물 코너를 애용하는 편이다). 분명 외부 강의를 하면서 얻게 되는 다양한 유익함 중에서도 가장 큰 것이 내가 조금 먼저 알았던 것을 나눈다는 데 있는 것 같다.

박사과정을 함께 한 선배의 이야기인데, 직업 가치에 대한 이야기를 할 때 가끔 학생들에게 사례로 들곤 한다. 충남권의 어느 대학에 교수채용 공고를 보고 원서를 내고 여러 절차를 거쳐 마지막 총장 면접을 보게 되었단다. 그런데 면접에서 총장님이 던진 질문은 인생에서 무엇이 중요하냐는 질문이었단다. 바로 가치를 묻는 질문이었다. 가족이라고 이야기를 했단다. 그리고 당시 중학교 입학을 앞두고 있고, 초등학교에 다니고 있는 두 아이의 엄마인 선배는 "가족이 중요한데, 지방에 떨어져서 있을 수 있을까"를 되뇌게 되었단다. 그래서 면접에 합격했다는 영예로운 순간에 안 가기를 선택했다고 한다. 모임에서 지난 일을 이야기하면서는 "그래도 그때 거기 갔었어야 하는 건데..."라는 말을 하며 웃곤 한다. 선배는 전문대학에 근무하다가 최근에 4년제 대학으로 자리를 옮겼고 여전히 아이들과 남편 곁을 지키고 있다.

이런 이야기를 하는 나에게도 여러 번 가치에 대한 문제로 선택의 기로에 섰던 경험이 있다. 한참 대학원을 다니고 있을 때 선배들이 박사과정이 개설이 안 되어 박사과정을 기다리면서 학과 조교를 하고 있었다. 돌아보니 그때만 해도 조교를 하는 것이 쉬운 일이 아니었던 것 같고 공부하는 사람에게 조교 경력은 필수라고 생각했던 시기였던 것 같다. 우리 학과에서 조교를 하기에는 선배들이 밀려 있어 어려운 상황이었다. 그러던 중 지방 대학교에 신생 학과여서 대학원생이 없어서 조교를 구하는데 가보겠냐고 지도교수님이 제안을 하셨다. 우습지만 그 당시에는 나에게만 한 제안인 줄 알고 선택받았다는 느낌과 조교 경력이 필요하다는 이유, 그리고 기차로 통학이 된다는 이유만으로 며칠 고민 끝에 대학원 3학기와 4학기를 타향살이를 해 가며 보낸 적이 있다. 그 당시 조교 월급이 어찌나 적었던지 차비를 하면 딱 맞았으니 정말 순수하게 경력을 우선시해서 한 선택이었다. 한참 지난 후에 아는 선배가 "교수님이 우리한테도 말씀하셨는데, 멀어서 안 갔던 거야"라는 말을 했다. 어찌 이런 일이.... 그래도 난 그곳 대학에서 조교 11개월이라는 경력에 의도하지 않았지만 다른 대학 교수님들과 인맥을 형성하게 되었다.

한번이 어렵지 두 번은 쉽다고 누가 그랬던가.... 대학원을 졸업하고 박사과정이 개설되기를 기다리며 대학 내에 평생교육원에 강의를 나가며 신나는 전화(아동전화상담기관)에서 자원상담원으로 봉사를 하던 시절이었다. 조교를 하며 인연이 된 교수님이 충남지역에 상담실이 생기는데 공채를 한다는 정보를 주셨다. 집에서는 공부는 서울에서 하고 왜 자꾸 지방이냐고 뭐라 했지만 응시원서를 냈고 6명 뽑는데 당당히 합격했다. 명확하지는 않지만 꽤 경쟁률이 되었던 것 같다.

돌아보니 나의 경우, 직업을 선택할 때 기준이 되었던 것은 돈이나 명예보다는 내가 가고자 하는 길에 플러스가 되느냐 였던 것 같다. 경력을 쌓는다는 것이 초기에는 참 영향을 많이 준 듯하다.

각자 생각하는 진로나 직업 선택의 중요한 기준은 무엇인가? 적어도 이런 것만은 충족되어야 그 분야에 발을 담글 수 있다고 생각되는 요건은 무엇인가? 이번 기회를 통해 조금 더 심사숙고해 보면 좋겠다. 그리고 충분히 고민한 후에 자신만의 기준을 정립해 보길 바란다. 혹 무언가 명확하게 떠오르는 것이 없다면 아래 Tip에 소개하는 가치 관련 검사들을 통해 확인해 볼 수도 있을 듯하다.

**Tip 가치를 알아볼 수 있는 검사 소개**

- 커리어넷: 직업가치관 검사(10분 소요, 28문항)
- 워크넷: 직업가치관 검사(20분 소요)

**〈내가 받은 가치관 검사〉**

- 검사 기관:
- 검사 일시:
- 검사 종류:
- 검사 결과:
- 새로이 알게 된 점:

### 〈활동 1〉 가치 문장 완성하기

자신이 소중하게 생각하는 가치를 점검해 볼 수 있고, 문장을 완성하면서 진로나 직업을 선택할 때 중요하게 고려할 요인에 대해 고민해 볼 수 있을 것이다. 그리고 다른 사람들이 작성한 것을 보면서 나와는 다른 생각이나 의견을 가진 사람이 많다는 것도 알 수 있다.

아래 문항들을 읽고 밑줄 친 부분을 완성해 보자. 그리고 같은 조원끼리 서로 발표하는 시간을 가져보자.

▷ 내가 로또에 당첨된다면 ______________________________

▷ 내가 하고 싶은 일은 ______________________________

▷ 내가 하고 싶지 않은 일은 ______________________________

▷ 내가 인생에서 가장 원하는 것은 ______________________________

▷ 내 인생에서 소중한 것은 ______________________________

▷ 내가 부러워하는 직업은 ______________________________

이유는 ______________________________

▷ 일을 해야 하는 이유는 ______________________________

▷ 여러 개의 직업을 가질 수 있다면 하고 싶은 직업이나 일은? ______________

______________________________

**〈활동 2〉 직업 가치 점검하기**

각자 생각하기에 직업을 선택할 때 중요한 가치에는 무엇이 있을까? 그 가치가 중요한 이유는 무엇일까? 고민해 보면서 작성해 보자.

먼저 직업 가치관으로 중요한 것을 3~5가지 적어보자(활동 3에 '직업 가치관 경매하기'에 나온 직업 가치를 참조할 수도 있다).

▷ 나의 소중한 직업 가치 ______________________________

▷ 나의 소중한 직업 가치 ______________________________

▷ 나의 소중한 직업 가치 ________________________________

▷ 나의 소중한 직업 가치 ________________________________

▷ 나의 소중한 직업 가치 ________________________________

자신의 직업 가치관에 따라 미래에 하고 싶은 직업은 무엇인가?

________________________________________________

**〈활동 3〉 직업 가치관 경매하기**

| 목록 | 할당액 | 낙찰액 | 구입한 사람 |
|---|---|---|---|
| 흥미에 맞는 직업 | | | |
| 적성에 맞는 직업 | | | |
| 존경 받는 직업 | | | |
| 어려운 사람을 도울 수 있는 직업 | | | |
| 보수가 높은 직업 | | | |
| 팀워크가 잘 이루어지는 직업 | | | |
| 승진 기회가 많은 직업 | | | |
| 자기개발을 많이 할 수 있는 직업 | | | |
| 여가 시간이 많은 직업 | | | |
| 타인의 간섭이 적은 직업 | | | |
| 인기가 많은 직업 | | | |
| 사회발전에 기여할 수 있는 직업 | | | |

| | | | |
|---|---|---|---|
| 리더십을 발휘할 수 있는 직업<br>(지휘, 감독, 통제 가능) | | | |
| 혼자서 일할 수 있는 직업 | | | |
| 다양한 사람을 만날 기회가 많은 직업 | | | |
| 성취감을 주는 직업 | | | |
| 창의력을 발휘할 수 있는 직업 | | | |
| 몸을 써서 할 수 있는 직업 | | | |
| 향후 전망이 좋은 직업 | | | |
| 근무 환경이나 시설이 좋은 직업 | | | |
| 직원들의 복지가 잘 된 직업 | | | |
| 적당한 근무시간이 보장되는 직업 | | | |
| 자유롭게 돌아다니며 경험할 기회가 많은 직업 | | | |
| 안정적이며 실직 위험이 적은 직업 | | | |

**Tip 직업가치관 경매**

- 경매가 끝난 후, 경매 참가자 전원이 돌아가면서 자신이 구매한 가치와 그 이유를 설명하고 사고는 싶었는데 돈이 부족해 사지 못한 가치를 이야기해 본다.

### 〈활동 4〉 나의 소중한 가치는 무엇일까?

- 각자 종이 쪽지나 포스트잇을 세 장씩 갖기
  또는 교재의 표를 활용하기

- 각각에 자신이 가장 소중히 여기는 가치를 하나씩 적기
- 둘씩 짝을 지어 자신이 적은 가치가 왜 또는 얼마나 중요한지를 이야기해 보기
- 잠시 후 그 세 가지 중에 하나를 찢기(지우기)
- 그것을 왜 버렸는지 옆 사람과 이야기 나누기
- 잠시 후 남은 두 가지 중에 또 하나를 찢기(지우기)
- 그것을 왜 버렸는지 옆 사람과 서로 이야기 나누기
- 이제 하나 남은 가치를 위해 지난 일주일 동안 어떤 일을 했는지 이야기 나누어 보기
- 자신의 남은 가치와 그것을 위해 일주일 동안 한 일을 소개할 사람 자원받기

• 나의 소중한 가치 세 가지를 아래 칸에 하나씩 적으세요.

| | | |
|---|---|---|
| | | |

### 〈활동 5〉 왓츠잇투야(What's it to ya?)

왓츠잇투야는 양면에 단어가 적혀 있는 카드 180장, 플레이어 표시카드 6장, 그리고 6종류의 토큰(1부터 5까지 한장씩) 30개로 구성되어 있다. 이 보드게임은 나의 우선순위는 물론 타인의 생각도 추측해 보며 서로를 재미있게 알아갈 수 있는 보드게임의 하나이다.

각자 플레이어는 플레이어 표시카드 한 장과 그에 해당하는 1~5가 적힌 토큰을

가져간다. 180장의 단어카드를 잘 섞어 더미를 만든다(양면에 단어가 있기에 앞 뒤를 잘 섞어서 사용하면 좋다).

먼저 선 플레이어를 정하고 테이블 중앙에 선 플레이어가 양면 단어 카드 5장을 골라서 볼 수 있게 펴 둔다. 다음으로 선 플레이어는 출제자가 되어 자신이 가장 중요하다고 생각하는 것부터 중요하지 않은 것까지 1~5의 토큰을 보이지 않게 비공개로 단어카드 위에 놓는다. 이때 다른 사람들이 눈치채지 못하도록 하기 위해 1부터 순서대로 놓지 않는 것이 좋다.

이제 나머지 사람들이 출제자의 생각을 맞히는 시간이다. 각자 출제자가 어떤 순위로 토큰을 배열했을 지를 생각하며 양면카드 아래 출제자의 우선순위를 생각하며 1~5가 적힌 토큰을 선택해서 비공개로 놓는다. 모두 토큰을 놓고 나면 출제자는 첫번째 카드에 토큰을 모두 공개한다. 각 토큰의 숫자를 확인하고 정답을 맞힌 토큰만 남겨두고 각자의 토큰은 가져간다. 같은 방법으로 나머지 네 장의 카드를 순서대로 공개하며 정답을 확인한다. 출제자가 5개 단어 카드 중 1순위로 놓은 이유 등을 나누며 진행할 수 있다.

마지막으로 각 카드 아래 놓인 토큰 중에 누구의 토큰이 가장 많이 남아 있는지 확인하고 가장 정답을 많이 맞춘 플레이어가 단어카드 5장을 가져간다. 정답을 맞춘 플레이어가 여러 명이면 똑같이 나누어 갖는다. 혹 남게 되면 그 단어카드는 버린다. 그러나 아무도 정답을 맞히지 못했다면 출제자는 자신이 갖고 있는 카드 중 한장을 버린다. 카드 1장당 1점을 부여한다. 같은 방법으로 다른 사람이 선 플레이어가 되어 다음 라운드를 진행하고 두 번씩 출제자가 되면 게임을 종료한다. 그리고 전체 점수로 순위를 매긴다.

# 닮고 싶은 멘토

멘토라는 용어의 사용은 그리스 신화인 오디세이로부터 유래한다. BC 1250년경 오디세우스가 트로이전쟁에 나갈 때 그의 아들이자 왕자인 텔레마쿠스를 가장 믿을 만한 친구인 멘토에게 맡기고 떠나자, 멘토는 왕자의 교사로서, 조언자로서, 때로는 친구나 아버지로서 필요한 상담과 충고를 하여 왕국을 잘 이끌고 나갈 수 있도록 왕이 귀국하기까지 20년 동안 지도하여 지혜롭고 현명한 왕으로 성장시켰다는 데서 기인한다.

멘토의 개념은 명확하게 하나로 정의하기가 어렵지만, 양육자, 지도자, 안내자, 인도자, 상담자, 인생의 선배, 교사 등의 포괄적인 의미를 포함한다고 볼 수 있다.

나의 경우에도 우연히 만나게 된 멘토들이 있다. 대학 입학식 때 처음 뵌 교수님의 모습이 아직도 생생하게 남아있다. 입학식을 마치고 학과별로 학부모님들과 함께 하는 시간으로 기억된다. 40대 여자 교수님께서 학생지도에 대해 이런저런 이야기를 해 주셨는데, 얼마나 감동적이었는지 닮고 싶은 모델이 되었다. 물론 그분이 나의 지도교수님이시다.

그리고 대구에 있으면서 서울에 올라가지 못해 학교 가까운 성당을 다니며 만나게 된 신부님들, 닮고 싶은 좋은 성격적인 특성들을 지닌 교수님들, 그리고 학교 적응을 도와주시는 교직원 선생님들.... 닮고 싶은 사람의 여러 가지 생각과 행동을 학습해 나가다 보면 한층 성숙해지는 나를 발견하게 되기도 한다.

이제까지의 나를 있게 해 준 많은 중요한 타인들이 있었다. 삶의 어느 순간, 어떤 모습으로 만나, 어떤 영향을 받았는지에 따라 인생의 깊이와 폭이 많이 달라진다.

내가 지치고 힘들 때, 갑자기 에너지가 다운될 때 생각나는 사람이 있다면 나는 행복한 사람이다. 그리고 나에게 영향력 있는, 좋은 영향을 미치는 사람이 있고 자주 소통하면서 깨우침을 얻고 있다면 더 행복한 사람이 아닐 수 없다. 멘토는 꼭 실존

인물이어야 하는 것은 아니다. 멘토와 관련한 사례 몇 가지를 소개해 보면 다음과 같다.

첫째, 인도영화 '블랙'에서 멘토에 관한 부분이 나온다. 주인공 미셸은 시각장애인이며 농아이다. 그런 그녀가 만난 인생의 멘토는 그 다름 아닌 "사하이" 선생님이었다. 장애를 가진 미셸을 안쓰럽게 보기보다는 식탁 예절에서부터 하나하나 가르치기 시작한다. 이제까지의 선생님들과는 다르게 대하는 선생님이 처음엔 낯설지만 어느덧 선생님의 존재를 믿고 따르게 된다. 장애를 가졌지만 대학에 입학하게 되고 여러 번의 낙제에도 불구하고 졸업을 하게 되기까지 늘 선생님이 함께 해 준다. 사하이 선생님은 끊임없는 사랑과 노력으로 미셸에게 세상과 소통하는 법을 가르쳐주고 꿈을 펼 수 있게 도와준다.

둘째, 남자 조카 중에 중학교 1학년이 되던 해에 "고모 나는 운이 참 좋은 것 같아. 원래 공립은 5년에 한 번 샘들이 바뀌는데, 우리학교 체육 샘이 6년 되셨는데 계시거든. 배드민턴 라켓도 감아 주시고 점심 먹고 운동장에서 운동도 하고 너무 좋아. 나도 그 샘처럼 체육 선생님이 하고 싶어요." 어려서부터 운동 신경이 조금 남달랐지만 체력이 약해서 감히 누구도 운동하라는 말을 하지 못 했던 조카였다. 이젠 스스로 닮고 싶은 롤 모델이 생긴 것이다. 그래서 체육 선생님께 어떻게 하면 체육 선생님이 될 수 있는지도 물어보고 꿈을 갖게 되었다고 하니 얼마나 감동이던지.... 지금은 몸짱이 되어 자기 관리를 철저히 하고 건강해졌다. 헬스 트레이너의 꿈을 갖고 많은 고민을 하다가 대학을 졸업하고 계약직으로 호텔에 취업해 다니고 있다. 앞으로 어떤 모습으로 변화할지 기대가 된다.

셋째, 개인적인 이야기를 하자면 천주교 신자이면서 늘 웃으면서 다른 사람들에게 소개할 때 날라리 신자라고 이야기하곤 한다. 지금도 그렇지만.... 물론 모태 신앙을 가진 사람들에게 흔히 보여진다고 믿고 싶은 마음이 크지만! 이런 내게 기도하는 모습을 보여주신 분이 계시다. 또 피정의 중요성에 대해서도 많은 것을 알게 해 주시고 도전해 보도록 용기를 불어넣어 주셨다. 내게 있어 신앙적인 면에서 닮고 싶은 훌륭한 멘토라 할 수 있다. "잘 하는 것이 산을 타는 것과 기도"라는 분에게서 틈틈이 하느님과 친해지는 방법을 배우고 있다. 그러나 코로나 이후 신앙 생활이 이전처럼 회복되지 않고 있어 연락이 닿을 때 지레 움츠러 들기도 한다.

그리고 이젠 대학에서 학생들을 만나면서 그들에게 좋은 멘토 역할을 해야 한다는 부담을 갖게 되기도 한다. 닮고 싶은 누군가를 만나는 것도 중요하지만 누군가의 인생에서 닮아가고 싶은 이로 거명이 된다면 어찌 기쁘지 않을까!

몇 년 전 한 조사에서 '당신의 멘토는 누구인가요?'를 질문한 결과, 30%이상이 부모님이라고 응답했고, 39%가 직장 선배 혹은 상사, 13%가 유명인사, 12%가 시대의 위인, 6%가 학창시절 은사라고 답했다.

어쩌다 어른은 유튜브 짤방으로 즐겨보는 프로그램 중 하나였는데, 2022년 '어쩌다 어른 프리미엄 특강쇼'라는 타이틀로 다시 찾아왔다. 여전히 유튜브로 보고 있는데, 멘토에 대한 이야기가 나와서 놀랐다. 책을 수정하면서 내용을 추가해 나가고 있는데, 필요한 소재거리를 주다니 놀라웠다. 나에게 감동을 준 사람이면 나이가 많든 적든 상관없이 그리고 성별에 상관없이 그때그때 바뀐다는 김상중 MC는 톰크루즈를 멘토로 꼽았다. 이유는 나이는 숫자에 불과하다는 것을 보여준 산 표본이라고 했다. 게스트로 참여한 서경석 씨는 분야별로 멘토가 많다면서 가족 중에는 부모님, 그리고 같이 아침 라디오 방송을 진행하는 양희은 씨와 김상중 씨를 멘토로 소개했다. 이 두 분의 공통점으로 양희은 씨는 매일 녹화 1시간 전에 도착해서 준비하고 있고 김상중 씨는 2시간 전에 도착해서 있다는 것 그리고 꾸준한 자기계발과 자기관리 등을 이유로 들었다.

강사로 나온 송길영 부사장은 비전을 위해 배우고 도전하고 노력하기에 멘토가 요구된다고 하면서 멘토링과 관련한 키워드를 소개했다. 1위가 오은영, 2위가 유튜버, 3위가 구독자, 4위가 아이유, 5위가 김미경, 6위가 크리에이터였다. 이전의 멘토는 위인과 같은 사람이었다면 이젠 내가 원하는 필드의 전문성을 가진 분한테 배우는 것으로 바뀌었다고 소개했다. 시대가 바뀌면서 멘토의 개념도 달라지고 있다는 생각이 들었다.

그러면서 나의 전문성과 관련해 떠오르는 멘토가 한 분 더 떠올랐다. 다른 책을 쓰면서 소개하기도 했는데, 대학 다닐 때 멋지게 '생활과 심리학'이라는 교과를 강의해 주셨던 선생님이다. 교양으로 들은 과목이었지만 머리에 쏙쏙 들어왔고 재미도 있었다. 여러 자료들을 정리하면서 발견된 노트를 버리기 아까워했던 모습이 생각난다. 강의를 들으면서 나도 훗날 멋지고 재미있게 그리고 쉽게 강의하면 좋겠다는 생각을 했던 것 같다. 그렇게 바랐던 덕분에 조금은 이루어가고 있는 듯하다. 나의 전공을 학생들과 재미있게 풀어나가고 있으니!

### 〈활동 1〉 00에게 듣고 싶은 말

우연히 주말에 TV를 켰는데 '한 번쯤 멈출 수밖에'라는 프로그램이 재방송을 하고 있었다. 평상시 좋아하는 연예인인 이승기, 이선희, 이금희 씨가 나와서 하던 일을 멈추고 보게 되었다. 이 프로그램은 대한민국의 아름다운 길들 위로 떠나는, 한 박자 느린 슬로 기행 다큐로 2022년 1월 6일부터 시작해서 이선희 씨와 이금희 씨가 출연하고 게스트가 있는 듯했다. 코로나 상황으로 자유롭게 여행하지 못하는 시청자를 위해 여행지를 소개해 주는 프로그램인 듯했다. 이승기 씨가 나왔을 때는 목포로 떠난 여행이었고, 명소를 들릴 때마다 관련한 노래들도 소개가 되어 편안하게 볼 수 있었다. 세 명이 '목포의 눈물'이라고 문에 적힌 한 카페에 갔는데 '문화도시 목포에선 엽서를 쓰세요'라는 글과 함께 "내가 (　　　　　　　　　　　　)에게 듣고 싶은 말은 (　　　　　　　　　　　　　　　　　　)이다."라고 적힌 엽서가 비치되어 있었다. 세 명은 각자의 엽서를 완성했다. 소개해 보면 다음과 같다.

| 승기가 선희에게 듣고 싶은 말<br>(잘 자랐어) |
|---|
| 선희가 금희에게 듣고 싶은 말<br>(영화보러 가자) |
| 금희가 승기에게 듣고 싶은 말<br>(선배, 예능 같이 해요.) |

여기서 아이디어를 얻었다. 각자 자신의 엽서를 완성해 보면 좋을 듯하다. 이를 위해 먼저 가까이에서 나를 지켜본 사람이나 닮고 싶은 사람을 떠올려 보자. 그리고 그 사람이 나에게 해주었으면 하는 말을 생각해 보자. 이제 아래 빈칸을 완성해 보자.

내가 (　　　　　　　　　　　　　　　　　)에게
듣고 싶은 말은 (　　　　　　　　　　　　　　　　　　　　　　　　　　)
이다.

〈활동 2〉 **나에게 영향을 준 사람들 / 닮고 싶은 사람들**

지금까지의 인생에서 발달 단계별로 내 인생에서 지금의 내가 있기까지 '나에게 영향을 준 사람'을 생각해 보자. 가능하면 긍정적인 영향을 준 사람을 떠올려 보자. 그중에 따르고 싶고 닮고 싶은 사람이 멘토가 될 수 있다. 여러 발달 단계 동안에 멘토가 없었을 수도 있고 어떤 특정 발달 단계에서 닮고 싶은 멘토를 운 좋게 만날 수도 있다. 각자 자신의 발달 단계를 돌아보면서 멘토를 찾아보면 어떨까 싶다. 멘토는 꼭 실존인물이어야 할 필요는 없다. 드라마나 영화 속의 주인공이나 등장인물일 수도 있고 역사 속의 위인들일 수도 있다.

| 발단단계 | 인물(사건) | 영향 받은 점(닮고 싶은 점) |
|---|---|---|
| 유아기 | | |
| 아동기 | | |

| 청소년기 | | |
|---|---|---|
| 성인기<br>(대학생 이후) | | |

### 〈활동 3〉 생애곡선 그리기

자신의 이제까지 살아 온 인생을 돌아보면서 연령대별로 긍정적인 경험과 부정적인 경험을 떠올려 보고 혹은 만족스런 경험과 불만족스런 경험을 떠올려 보면서 아래 도표에 경험한 사건을 간단하게 표시하고 내용을 적어 보자.

긍정적(만족)

연령

부정적(불만족)

# 좋아하는 것을 직업으로!

좋아하는 일을 직업으로 가지고 돈을 벌며 생활할 수 있다는 것은 행복한 일 중에 하나라 할 수 있다. 이제까지의 나의 진로나 직업을 돌아보면 직업 전환이 그리 많은 편은 아니었다. 조교, 상담원, 교수가 이제까지 가져 본 직업의 전부인데, 세 가지 직업의 공통점은 아마도 사람과 관련한 것이고 가르치고 도와주는 일이라는 것이다. 어렸을 때부터 놀이를 해도 꼭 선생님 역할을 좋아했던 것이 나의 진로 선택에 영향을 준 것인지도 모르겠다.

나도 좋아하는 일을 직업으로 가진 사람 중에 한 사람이다. 강의하는 것을 좋아하고 다른 사람의 이야기 들어주는 것을 좋아하는데, 그런 분야의 일을 하고 있으니... 그래서인지 진로를 고민하는 학생들을 만나면 자주 하는 말이 정말 좋아하는 일인지를 점검해 보라고 하곤 한다. 논어에 보면 공자는 "아는 것은 좋아하는 것만 못하고, 좋아하는 것은 즐기는 것만 못하다(知之者, 不如好之者, 好之者, 不如樂之者)"라고 한 말과 일맥상통한다고 할 수 있다.

좋아하는 일은 흥미와 관련이 있다. 흥미란 어떤 종류의 활동 또는 사물에 대해 특별한 관심이나 주의를 가지게 하는 개인의 일반화된 행동경향을 말한다(장대운, 김충기, 박경애, 김진희, 1996). 흥미는 성장함에 따라 변화한다. 구체적인 것에서 추상적인 것으로, 수동적인 것에서 능동적인 것으로, 단편적인 것에서 종합적인 것으로, 미분화에서 분화의 형태로 변화하게 된다.

웹스터사전(1995)의 정의로 흥미를 살펴보면 "특정한 대상에 관심 쏟고 열중하려는 경향"이다. 흥미에는 4가지 요소가 있는데, 첫째는 "Attention"으로 대상에 대한 지속적인 관심을 말하고, 둘째는 "Feeling of like"로 좋아하는 느낌을 말하고, 셋째는 "Direction"으로 대상을 향한 방향성을 말하고, 넷째는 "Activity"로 대상에 관해 무엇인가를 하게 하는 것을 말한다. 즉, 우리가 대상에 대해 지속적인 관심을 가지며 좋아하는 것으로, 흥미 있는 대상을 향하게 되고, 그 대상에 대해 무엇인가를 자발적으로 하게 된다는 것이다. 또한 흥미 있는 대상에 대해 더 강한 선호도를 갖고 오랜 기간 동안 그 활동을 지속할 수 있게 해 준다.

일반적으로 흥미를 이해하고 평가하기 위해서는 체크리스트나 표준화된 흥미검사를 사용하는데, 우리나라에서 개발된 대표적인 흥미검사는 워크넷의 직업선호도검사(L형, S형)가 있고, 한국가이던스의 "Holland 적성탐색검사"가 있으며 어세스타의 "Strong 직업흥미검사"가 있다. 여러 검사 중에 어느 것을 받아볼까를 굳이 고민할 필요는 없는 것 같다. 이유는 모두 Holland의 이론에 기초를 한 검사들이기 때문이다. 대학에서는 학생상담센터를 이용하면 무료로 검사를 받고 해석도 받아볼 수 있다. 그리고 직업카드를 분류해 보는 것도 흥미에 관한 간편하면서도 유용한 정보를 얻을 수 있는 방법의 하나이다. 직업카드를 분류하는 가장 일반적인 방법은 각 카드에 적힌 직업에 대한 설명을 읽고 '좋아하는 일', '싫어하는 일', '좋지도 싫지도 않은 일'로 분류하는 것이다. 그리고 분류된 영역별로 공통점을 찾아보는 것이다.

직업카드를 분류하는 장점으로는 다른 지필검사 형식과는 다르게 직접 신체활동을 통해 참여하기에 능동적이라는 점을 들 수 있고 카드 분류를 통해 즉각적으로 결과를 볼 수 있기에 바로 피드백이 가능하다는 점이다.

**Tip 직업카드 종류 소개**

- 고등학생 및 대학생용 직업카드. 학지사
- 청소년용 직업카드. 한국고용정보원
- 청소년과 일반인을 위한 직업카드 200. 마인드 프레스

흥미와 관련한 것으로 홀랜드가 제시한 직업 흥미의 6가지 유형을 간략히 소개해 보고자 한다. 첫째, Realistic Type(현장형, 현실형, 실재형)은 기계, 도구, 외부활동을 좋아하고 자연이나 옥외에서의 활동을 선호하며, 구체적이고 현실적인 문제들을 선호하며, 남성적이고, 솔직하고, 성실하며, 검소하고, 지구력이 있고, 신체적으로 건강하며, 소박하고, 말이 적고 고집이 있으며, 직선적이고, 단순한 편이다. 분명하고 질서 정연하게 그리고 체계적으로 대상이나 연장을 사용하는 것을 좋아한다. 기계, 동물들을 조작하는 활동 내지는 신체적 기술들을 선호하고 교육적인 활동이나 치

료적인 활동은 좋아하지 않는다. 대표적인 직업 분야로는 엔지니어, 군사 분야, 농수산 분야, 스포츠 분야 등이 있고 운동선수, 트럭 운전사, 목수, 중장비 운전공 등이 대표적인 직업이다.

둘째, Investigative Type(탐구형)은 과학, 이론을 좋아하고 학문적 분야에서 연구하는 것을 선호하며 탐구심이 많고, 논리적이며 분석적이고 합리적이며 정확하고, 지적 호기심이 많으며, 비판적이다. 내성적이고 수줍음을 잘 타며, 신중하다. 관찰적, 상징적, 체계적, 물리적, 생물학적, 문화적 현상을 탐구하는 활동에 흥미를 보이지만, 사회적이고 반복적인 활동에는 관심이 부족하다. 대표적인 직업 분야로는 조사 분야, 의학 분야, 연구 분야, 자연과학 분야, 사회과학 분야 등이 있고 물리학자, 인류학자, 철학자, 수학자 등이 대표적인 직업이다.

셋째, Artistic Type(예술형)은 다른 사람과 다르고 싶어 하는 편이고 사고의 자유를 추구하며 철학, 심리학, 심미적인 자질과 창조에 가치를 두고, 자기표현을 잘 하며, 직·간접적인 예술 활동 참여를 선호한다. 상상력이 풍부하고, 감수성이 강하며, 자유분방하고, 개방적이고, 충동적이며, 독창적이고, 개성이 강하다. 협동적이지 않고 예술적 창조와 표현이나 변화와 다양성을 좋아하고 틀에 박힌 것을 싫어한다. 모호하고 자유로우며 상징적인 활동을 선호하지만 명쾌하고 체계적이고 구조화된 활동에는 흥미가 없다. 대표적인 직업 분야로는 음악 분야, 미술 분야, 극작가 분야, 가정, 가사 분야 등이 있고 시인, 소설가, 음악가, 조각가, 작곡가, 무대 감독, 희곡 작가, 미술가 등이 대표적인 직업이다.

넷째, Social Type(사회형)은 팀워크, 사회복지, 봉사로 표현될 수 있으며, 다른 사람과의 상호작용을 선호하며, 다른 사람과 공유하고 지원하는 것을 선호하고, 친절하고 이해심이 많으며 이상주의적이며, 우호적이고 관대하며 재치가 있다. 타인의 문제를 듣고, 이해하고 도와주고, 치료해 주고 봉사하는 활동에는 흥미를 보이나 기계, 도구, 물질과 함께 명쾌하고 질서 정연하며 체계적인 활동에는 흥미가 없다. 대표적인 직업 분야로는 사회복지 분야, 교직 분야, 사회과학 분야, 서비스 분야 등이 있고 임상 심리학자, 카운슬러, 선교사, 교사, 사회사업가 등이 대표적인 직업이다.

다섯째, Enterprising Type(진취형, 설득형)은 비즈니스, 정치, 지도자, 영향력으로 표현될 수 있으며, 권력, 지위, 리더십을 추구하며, 개인이나 조직의 목적을 위해 다른 사람을 지도하고 통제하며 설득하는 활동을 선호한다. 말을 잘하고, 설득적이며, 경쟁적이고, 야심적이며, 외향적이고 낙관적이고, 열성적이고 모험심이 있다. 조직의 목적과 경제적 이익을 얻기 위해 타인을 선도, 계획, 통제, 관리하는 일과 그 결과로 얻어지는 위신, 인정, 권위를 얻는 활동을 좋아한다. 반면에 관찰적, 상징적, 체계적 활동에는 흥미가 없다. 대표적인 직업 분야로는 사업 분야, 판매 분야, 정치 분야, 법률 분야, 유통 분야 등이 있고 자동차 세일즈, 경매인, 정치가, 바이어, 공식 집회 사회자 등이 대표적인 직업이다.

여섯째, Conventional Type(사무형, 관습형)은 조직, 재정으로 표현될 수 있으며, 수행자로서의 역할을 선호한다. 세부적이고 구체적인 작업을 체계적으로 하는 활동을 선호하며, 스스로 자기 자신을 통제하고 정확하고 빈틈이 없고 조심성이 있으며, 세밀하고 계획성이 있으며, 변화를 좋아하지 않으며, 완고하고 책임감이 강하다. 정해진 원칙과 계획에 따라 자료들을 기록, 정리, 조직하는 일을 좋아하고, 체계적인 작업환경에서 사무적, 계산적 능력을 발휘하는 활동을 선호하지만 창의적, 자율적이며, 모험적, 비체계적인 활동은 좋아하지 않는 편이다. 대표적인 직업 분야로는 행정 분야, 컴퓨터 활용 분야, 사무 분야, 회계·금융 분야 등이 있고 우체국 직원, 은행 출납계 직원, 수학자, 장부계원, 비서 등이 대표적인 직업이다.

### 〈활동〉 직업 흥미 이해하기

흥미와 관련해 소개하려는 활동은 예전에 한국심리검사연구소였다가 지금은 어세스타로 명칭이 바뀌었지만 "Strong 직업흥미검사" 워크숍에서 배부해 준 간단한 체크리스트로 흥미를 알아보는 방법이다.

우선 그룹 1에 앞에 밑줄 그어진 문항들을 쭉 보면서 자신과 유사하거나 선호하는 것에 ✔표하고, 그리고 그룹 1 아래 문장으로 제시된 부분을 읽고 매우 싫으면 1점으로, 싫으면 2점으로, 보통이면 3점으로, 좋으면 4점으로, 매우 좋으면 5점으로 기록을 한다. 각 그룹을 이런 방식으로 풀어보고 그룹별로 ✔표 한 수와 서열 척도로 점수 준 부분의 합을 그룹별로 내면 된다.

마지막으로 각 그룹은 홀랜드의 RIASEC 유형을 나타낸다. 즉, 그룹 1은 현장형, 그룹 2는 탐구형, 그룹 3은 예술형, 그룹 4는 사회형, 그룹 5는 진취형, 그룹 6은 관습형을 나타낸다. 가장 높은 점수를 받은 그룹을 확인하고 유형을 확인해 본다.

개인은 자신의 흥미유형과 일치하는 작업환경을 추구하는 경향이 있고, 자신의 흥미유형과 일치하는 작업환경에서 일할 때 자신의 잠재력을 최대한으로 발휘할 수 있다.

조금 더 정확한 검사결과를 보고 싶다면 다음에 소개해 놓은 검사(Tip) 중에 한 가지를 받아볼 것을 권한다.

| Group 1 | Group 2 | Group 3 |
|---|---|---|
| ________ 강건한 | ________ 비판적인 | ________ 창의적인 |
| ________ 순응하는 | ________ 호기심 많은 | ________ 비우호적인 |
| ________ 물질주의적인 | ________ 창의적인 | ________ 정서적인 |
| ________ 완고한 | ________ 독립적인 | ________ 표현적인 |
| ________ 실제적인 | ________ 지적인 | ________ 비현실적인 |
| ________ 현실적인 | ________ 논리적인 | ________ 독립적인 |
| ________ 엄격한 | ________ 수학적인 | ________ 혁신적인 |
| ________ 안정적인 | ________ 방법적인 | ________ 통찰력 있는 |
| ________ 무뚝뚝한 | ________ 합리적인 | ________ 자유분방한 |
| ________ 검소한 | ________ 과학적인 | ________ 예민한 |
| 손이나 도구를 사용하여 일하기, 물건을 수선하거나 만드는 일, 공구나 기계를 다루는 기술직 〈　　〉 | 수학·물리학·생물학·사회과학과 같은 학문분야에서 연구, 추상적인 문제 풀기, 분석적인 사고, 복잡한 원리나 방법 이해하기 〈　　〉 | 자신을 표현하기, 작가나 음악가, 연극인과 같은 예술적인 창의성, 미술·문학·음악·희곡작품 창작 〈　　〉 |
| ① 매우 싫다　② 싫다　③ 보통이다　④ 좋다　⑤ 매우 좋다 | | |

| Group 4 | Group 5 | Group 6 |
|---|---|---|
| _____ 수용적인 | _____ 야망 있는 | _____ 조직화된 |
| _____ 배려하는 | _____ 분명한 | _____ 책임질 수 있는 |
| _____ 공감적인 | _____ 자기주장적인 | _____ 효율적인 |
| _____ 우호적인 | _____ 확신하는 | _____ 질서정연한 |
| _____ 도움을 주는 | _____ 결정을 잘하는 | _____ 순응하는 |
| _____ 친절한 | _____ 지배적인 | _____ 실제적인 |
| _____ 설득적인 | _____ 열성적인 | _____ 정확한 |
| _____ 책임질 수 있는 | _____ 영향력 있는 | _____ 체계적인 |
| _____ 가르치는 | _____ 설득적인 | _____ 보수적인 |
| _____ 이해하는 | _____ 생산적인 | _____ 잘 통제된 |
| 다른 사람들과 협력하여 일하기, 다른 사람들의 복지에 대한 관심, 사람들을 교육하거나 치료하는 일<br><　　> | 개인과 조직의 목적을 위해 타인을 지도·통제·설득, 권력·지위·성취에 대한 야망과 열정, 판매업·매매업·정치 활동 등<br><　　> | 세부적이고 질서정연한 것, 자료의 체계적인 정리, 자신에게 기대되는 것이 무엇인지, 정해진 일이 무엇인지 정확히 구조화된 일<br><　　> |
| ① 매우 싫다 ② 싫다 ③ 보통이다 ④ 좋다 ⑤ 매우 좋다 | | |

**Tip 흥미를 알아볼 수 있는 검사 소개**

- 워크넷 : 직업선호도검사
- 어세스타 : Strong 직업흥미검사
- 한국가이던스 : Holland 적성탐색검사

**〈내가 받은 흥미 검사〉**

- 검사 기관 :
- 검사 일시 :
- 검사 종류 :
- 검사 결과 :
- 새로이 알게 된 점:

# 알쏭달쏭한 나의 성격

직장인들이 사회생활을 하면서 가장 어려운 것은 무엇일까? 자기가 맡은 일에 대한 지식은 15% 정도 차지하는 반면 인간관계가 85%를 차지한다는 보고를 들은 적이 있다. 대학생을 상담하면서도 인간관계를 어려워하는 학생들을 종종 만나게 된다. 예전에 내가 만난 학생 중에는 혼자서 다니고 혼자 밥 먹는 것이 어려워 굶다가 집에 가서 식사를 해결하는 학생도 있었고 선후배 관계의 어려움을 호소하는 학생도 있었다. 물론 혼밥하는 사람들도 많아지고 코로나19 이후 혼자 식사하는 것이 당연하고 자연스러워지긴 했지만 예전에는 혼자 밥 먹는다는 것이 평범한 일상은 아니었다. 이처럼 인간관계에 어려움을 초래하는 이유는 성격적인 요인이 많은 부분을 차지한다.

대학원을 졸업하고 박사과정이 개설되기를 기다리며 처음 몸 담은 직장에서 놀라운 경험을 하였다. 상담원이 남녀 각각 3명씩 6명으로 구성되었다. 성별만 3:3이 아니라 일하는 스타일도 3:3으로 나뉘었다. 3명은 어떤 프로그램을 하나 맡으면 기획하고 홍보하고 프로그램이 실시될 때까지의 준비에 거의 한두 달의 시간을 쏟았다. 그러나 나머지 다른 사람들은 불과 몇 주 전에 기획하고 프로그램을 홍보하고 일정이 임박해져야 발동이 걸려서 프로그램을 준비한다. 옆에서 보고 있노라면 더 걱정되고 조바심이 났지만 결과는 놀랍게도 프로그램에 참여한 사람들의 수가 비슷하고 만족도도 비슷하다는 것이었다. 거의 항상 미리미리 준비하고 또 점검하고 다시 점검하는, 대학 다닐 때는 시험 때 여유부릴 수 있을 만큼 미리 준비해 놓던 나의 성격에 대해 회의를 갖게 되었던 때이기도 하다. 솔직히 늑장을 부려도 일이 되는 것을 보고는 부럽기도 했다. 그래서 가끔은 그들을 따라 정해진 시간까지 조바심을 안 내고 여유를 가져보려고 노력했지만 거의 20~30년의 시간이 지났어도 크게 달라진 것은 없다. 성격이라는 것은 쉽게 잘 변하지 않는 부분이기도 하다.

박사과정이 늦게 개설되면서 선배와 후배들과 같이 공부할 기회가 생겼다. 내가 좋아하고 같이 어울려 다니던 부류의 사람들에게는 공통점이 있었는데, 기발하고 재미있고 번뜩이는 아이디어가 많은 사람들이었다. 내가 갖고 있지 않은 성격적인 특성인 직관적인 사람들이라 할 수 있다. 최근에 핫한 이슈로 뜨고 있는 창의성과도 관련이 된다. 지금도 여전히 그런 사람들을 만나면 좋다. 예전에 계절 학기 수업을 하면서 교재발표를 하는데, 대부분은 책의 내용을 요약해서 파워포인트 자료로 만들어 읽어가며 발표했다. 그런데 한 조에서 '책 읽어주는 남자' 컨셉으로 발표하는 것을 보고 혼자 얼마나 뿌듯해하고 미소 지었는지 모른다. 다른 교과에서 '베니스의 상인'의 인물 분석을 과제로 내 주었을 때도 대부분의 조에서 파워포인트 자료로 발표하는데, 한 조만 수업 전에 칠판에 졸라맨으로 등장인물을 그리고 화살표와 상징적인 표현으로 관계를 그려 놓고 칠판을 짚어가며 발표하는데 얼마나 명료하게 정리를 하던지... 그 모습에 감동을 받기도 했다. 아마 내게는 "모두 '예'라고 할 때 '아니오' 할 수 있는 사람"을 부러워하는 기질이 있는 것 같다. 이렇게 주위에 기발한 사람들을 많이 가까이에 두다 보니 조금씩 나에게도 아이디어가 번뜩이기 시작하는 것 같다. 그들을 따라잡을 수 있을 만큼은 아니지만 말이다.

강의하는 모습만을 본다면 아마 나는 외향적인 사람으로 많이 비추어진다. 그러나 나의 본래적인 성향은 내향형이다. 여기서 이야기하는 내향과 외향은 흔히 우리가 생각하는 것과는 다르게 에너지의 방향성이 어디에 있느냐로 결정이 된다. 내향적인 사람은 에너지가 자기 자신에게 있고 외향적인 사람은 세상 돌아가는 일이나 다른 사람에게 있다. 내향형이기에 누군가를 만나서 이야기하고 나면 집에 돌아와서 녹다운이 되곤 한다. 그 사람에게 집중을 해서 이야기를 들어주다 보면 진이 빠진다고 해야 할까?! 강의를 하면서 외향적인 성향은 많이 길러진 것 같다. 이처럼 성격은 자신이 맡은 역할이나 하고 있는 일에 따라 조금씩 영향을 받게 된다. 그러나 편안하고 자연스러운 경향은 여전히 내향이라 할 수 있다. 주말에 아무것도 하지 않고 하루 종일 집에 있어도 편안하고 좋다. 이렇게 충전의 시간을 가지면 다음 일주일을 조금 더 생기 있게 보내게 되는 듯하다.

성격이란 개인이 가지고 있는 고유한 성질이나 품성(네이버 국어사전)을 말하며, 개인의 욕구, 자아개념, 성취동기, 포부수준, 대인관계 등 여러 가지 요인을 포함하는 복합적인 심리적 특성(장대운 외, 1996)으로 정의하기도 한다. 올포트는 "환경에 대한 개인의 독특한 적응을 결정하는 개인 내의 정신적, 신체적 체계들의 역동적 조직"이라 했다. 즉, 다른 사람과 구분해 주는 독특한 모습이 환경에 적응하면서 나타나는 것이라 할 수 있다.

성격은 인성, 인품, 성품, 기질 등 다양한 용어로 표현되고 있어 정확히 정의내리기는 어렵지만 통상적으로 사회생활을 할 때 자기를 대표하거나 상징하는 참된 모습이라 할 수 있다. 성격은 진로선택은 물론 직업적응에 매우 큰 영향을 미치기 때문에 진로상담에서 미리 자신의 성격을 파악하는 것은 매우 중요한 일이라 할 수 있다.

성격을 알아볼 수 있는 다양한 검사들이 소개되어 있다. 대표적인 검사의 하나가 성격유형 검사(Myers-Briggs Type Indicator: MBTI)이다. 이 검사는 1921년에 브릭스(Briggs)가 융(Jung)의 심리유형이론을 접하면서 딸 마이어스(Myers)와 함께 개발한 것이다. MBTI는 외향과 내향(E-I), 감각과 직관(S-N), 사고와 감정(T-F), 판단과 인식(J-P)의 네 가지 선호경향성을 중심으로 16가지 유형으로 나누어 설명을 한다. 성격유형검사는 대학의 학생상담센터를 이용하면 무료로 받아볼 수 있다. 그리고 최근에는 '놀면 뭐하니?', '아는 형님' 등에서 언급이 되어 더 많이 일반인들에게도 알려진 검사이기도 하다.

성격유형검사는 사람의 성격을 16가지 유형으로 나누어 설명한다. 아래와 같은 4가지 선호경향성이 서로 어우러져서 16가지 성격유형이 나온다.

| | | |
|---|---|---|
| 외향(E)<br>Extroversion | 에너지의 방향(주의 초점)<br>⟷ | 내향(I)<br>Introversion |
| 감각(S)<br>Sensing | 정보수집(인식의 기능)<br>⟷ | 직관(N)<br>Intuition |
| 사고(T)<br>Thinking | 판단과 결정(판단의 기능)<br>⟷ | 감정(F)<br>Feeling |
| 판단(J)<br>Judging | 이행양식(생활양식)<br>⟷ | 인식(P)<br>Perceiving |

첫째, 에너지의 방향이 어디를 향하느냐로 외향과 내향으로 나뉘게 된다. 외향형은 자기 이외에 타인이나 세상 돌아가는 일에 관심이 많은 반면 내향형은 에너지가 자기에게 쏠린다. 외향형의 특성으로는 폭넓은 대인관계를 유지하며 사교적이며 정열적이고 활동적이다. 그리고 자기외부에 집중하고, 적극성을 띠며 말로 표현하는 편이고 경험한 다음에 이해하며 쉽게 알려진다. 내향형은 깊이 있는 대인관계를 유지하며 조용하고 신중하며 이해한 다음에 경험한다. 자기내부에 주의집중을 하고, 집중력이 있으며, 글로 표현하는 편이고 사람들에게 서서히 알려진다.

둘째, 정보수집을 어떻게 수집하느냐에 따라 감각형과 직관형으로 나뉘는데 감각형은 오감을 통해 정보를 수집하는 반면 직관형은 육감을 통해 정보를 수집한다. 감각형의 특성으로는 오감에 의존하여 실제의 경험을 중시하며 지금 현재에 초점을 맞춘다. 정확하고 철저하게 일을 처리하며, 사실적으로 사건을 묘사하며 나무를 보려는 경향이 있고 가꾸고 추수하는 데 비유할 수 있다. 직관형의 특성으로는 육감 내지 영감에 의존하며 미래지향적이고 가능성과 의미를 추구한다. 그리고 신속하고, 비약적으로 일을 처리하고, 아이디어가 번뜩이고, 비유적이고 암시적인 묘사를 잘 하고, 숲을 보려는 경향이 있으며, 씨 뿌리는 것에 비유할 수 있다.

셋째, 어떻게 판단하고 결정하느냐에 따라 사고형과 감정형으로 나눌 수 있다. 사고형은 객관적인 데이터에 기초해 판단한다면 감정형은 주관적인 것에 기초해 판단하는 유형이라 할 수 있다. 사고형의 특성으로는 진실과 사실에 주로 관심을 갖고 논리적이고 분석적이며 객관적으로 판단한다. 원리와 원칙을 중시하고, 맞다-틀리다가 중요한 기준이며, 규범이나 기준을 중시하고, 지적 논평을 좋아한다. 감정형의 특성으로는 사람들과의 관계에 주로 관심을 갖고 상황적이며 포괄적이고 정상을 참작한 설명을 한다. 의미와 영향이 중요하고 좋다-나쁘다가 중요한 기준이며, 나에게 주는 의미를 중시하고, 우호적이며 협조를 한다.

넷째, 생활양식이 어떠한가에 따라 판단형과 인식형으로 나눌 수 있다. 판단형은 뚜렷한 목적의식이 있고 시간관리를 잘 하는 반면 인식형은 선비스타일이라고 할 정도로 여유 있으며 융통성이 있다. 판단형의 특성으로는 분명한 목적과 방향이 있으며 기한을 엄수하고 철저히 사전계획하며 체계적이다. 정리 정돈을 잘하고, 의지적으로 추진하고, 신속한 결론을 내고, 통제와 조정을 잘한다. 뚜렷한 기준과 자기의사가 분명한 편이다. 인식형의 특성을 살펴보면 목적과 방향은 변화 가능하고 상황에 따라 일정이 달라지며 자율적이고 융통성이 있다. 상황에 맞추는 개방성이 있고, 이해로 수용하며, 유유자적하고 적응력이 뛰어나다. 재량에 따라 처리될 수 있는 포용성이 있다.

MBTI가 붐이 되면서 특이한 현상의 하나로 생각되는 것은 특히, Z세대의 경우 자기소개할 때도 자연스럽게 본인의 유형을 이야기하는 것이다. 학기 초 조별로 수업을 진행하는 경우, 조원끼리 자기소개를 하도록 하는데, 많은 학생들이 '저는 MBTI 유형이 ISTJ예요, 저는 ENTP예요'처럼 자신의 MBTI 유형을 분명하게 이야기하는 것에 살짝 놀랐다. 물론 이전에도 중고등학교에서 MBTI를 실시해서 이 검사를 알고 있는 학생들이 있었지만 분명하게 저는 ESTJ인데라고 이야기하기보다는 'EN뭐라고 나오는데...'라며 명확한 유형을 이야기 못하는 경우가 많았다. 이처럼 10대에서 30대 사이에 성격유형검사가 유행하는 것은 '내가 중요하기 때문이다'라고 보는 입장도 있고 자신의 성격을 알림으로써 오해를 줄이고 상대 성격을 알고 무례하지 않게 대처하기 위함으로 보기도 한다. 후자의 경우 공통적으로 알고 있다는 것으로 말문을 여는 수단이 되기도 하고 연결점을 쉽게 찾아주는 것으로 볼 수도 있다.

MBTI는 네 가지 기질로도 구분해서 설명을 하기도 하는데, 네 가지 기질에는 SP, SJ, NF, NT가 있다. 각 성격유형 4글자 중 두 가지가 있는지를 확인해 보면 본인의 기질이 무엇인지 알 수 있다. 나의 경우 ISFJ 유형으로 기질은 SJ이다. 각각의 기질 특성에 대해 살펴보자.

Tip 성격유형 특성 (MBTI 연구소 자료)

| | | | |
|---|---|---|---|
| **ISTJ**<br>**세상의 소금형**<br><br>한 번 시작한 일은 끝까지 해내는 사람들 | **ISFJ**<br>**임금 뒤편의 권력형**<br><br>성실하고 온화하며 협조를 잘 하는 사람들 | **INFJ**<br>**예언자형**<br><br>사람과 관련된 뛰어난 통찰력을 가지고 있는 사람들 | **INTJ**<br>**과학자형**<br><br>전체적인 부분을 조합하여 새로운 비전을 제시하는 사람들 |
| **ISTP**<br>**백과사전형**<br><br>논리적이고 뛰어난 상황적응력을 가지고 있는 사람들 | **ISFP**<br>**성인군자형**<br><br>따뜻하고 감성을 가지고 있는 겸손한 사람들 | **INFP**<br>**잔다르크형**<br><br>이상적인 세상을 만들어 가는 사람들 | **INTP**<br>**아이디어뱅크**<br><br>비평적인 관점을 가지고 있는 뛰어난 전략가들 |
| **ESTP**<br>**수완 좋은 활동가형**<br><br>친구, 운동, 음식 등 다양한 활동을 선호하는 사람들 | **ESFP**<br>**사교적인 유형**<br><br>분위기를 고조시키는 우호적인 사람들 | **ENFP**<br>**스파크형**<br><br>열정적으로 새로운 관계를 만드는 사람들 | **ENTP**<br>**발명가형**<br><br>풍부한 상상력을 가지고 새로운 것에 도전하는 사람들 |
| **ESTJ**<br>**사업가형**<br><br>사무적, 실용적, 현실적으로 일을 많이 하는 사람들 | **ESFJ**<br>**친선도모형**<br><br>친절과 현실감을 바탕으로 타인에게 봉사하는 사람들 | **ENFJ**<br>**언변능숙형**<br><br>타인의 성장을 도모하고 협동하는 사람들 | **ENTJ**<br>**지도자형**<br><br>비전을 가지고 사람들을 활력적으로 이끌어가는 사람들 |

첫째, SP는 활동지향적이고 자유로운 것을 좋아하며 때론 대담하기도 하고 자발성이 뛰어나며 즉흥적이고 충동적인 경향을 보인다. 그리고 감각적 미식가라 불릴

만큼 맛에 대해 민감한 편이고 모험심과 호기심이 많다. 그러나 정리정돈은 어려워하는 편이다. 막내 남동생이 이 기질인데, 정말 정리정돈이 안 된다. 그리고 결혼해서 아이들이 둘이나 있는데도 본인의 취미 생활인 바다낚시를 가끔 떠나는 편이다. 가족들은 걱정도 하고 말려도 보지만 모험심이 있다고 해야 할까?? 자기가 하고 싶은 것은 하는 편이다. 이런 SP 기질은 모두가 그런 것은 아니지만 좀처럼 미래 걱정을 안 하고 유연한 업무환경을 선호한다. 남동생의 이전 직업은 호텔리어였다. 3교대로 근무가 유동적이지만 그 안에서 본인의 여가를 잘 즐겼던 것 같다.

두 번째, SJ는 모범생이나 착한 아이라는 별칭을 가지고 있을 가능성이 있으며 보호자 역할을 선호해서 누군가를 챙겨주고 배려해 주는 성향이 있다. 또 안정감과 소속감을 추구하며 책임감이 강하고 준비성이 뛰어나며 정리정돈도 잘한다. 그리고 타인의 반응에 영향을 많이 받는다. 물건 수집이나 골동품 수집 등의 취미가 있고 사업, 경영, 교직 등의 직업을 갖는 경우가 많다고 한다. 나의 경우를 보아도 자랄 때 엄마가 키우며 걱정할 것이 별로 없었다는 말씀을 하시는 것을 보면 무난하게 자기 할 일을 잘 하며 지낸 것 같다. 우표도 모아 보았고 책장 앞에 여러 가지 조그마한 물건들을 늘어 놓는 것을 좋아하고 지금은 조금 정리정돈이 안 되는 듯하지만 물건은 늘 제자리에 놓여 있어야 마음이 편하다.

세 번째, NT는 늘 진지한 표정을 짓고 있으며 '왜'라는 질문을 많이 하고 지적인 호기심이 강하다. 자기주장이 강하고 비판력이 있고 혁신적이며 부정적인 반응에 민감한 편이다. 네 가지 기질 중에 가장 독립적이며 컨설턴트, 고위 경영자, 과학자, 금융분석가 등이 해당되는 직군으로 나타난다. 바로 밑에 남동생이 NT인데, 어렸을 때부터 지적 호기심이 많아서 장난감 오토바이를 사 주어도 분해를 해서 조립을 했고 늘 '왜'라는 질문을 많이 했었던 기억이 난다. 물론 지금도 '왜 그렇게 생각하는데'라는 말을 많이 한다.

마지막 NF는 의사소통에 능한 경향이 있고 상상력이 풍부하고 정서적 민감성도 뛰어나다. 가장 감정에 치우치는 특성이 있으며 동정심도 많고 개별적인 관계를 중요시하고 소집단 학습 방식을 선호한다. 정체감 갈등을 제일 많이 경험하고 가장 감정에 치우치는 성격 특성을 보인다. 그래서 종종 예술가 타입이라고 불리기도 한다. 예술가, 심리상담가, 사회운동가, 인문학 담당교사, 인사담당자 등이 해당되는 직군으로 소개된다.

이외에도 기능으로도 설명할 수 있고, 각 유형의 주기능과 부기능 등도 있지만 교양에서 다룰 수 있는 정도만 소개해 보았다.

### 〈활동 1〉 성격유형 이해하기

각 번호별로 제시되어 있는 두 개의 문항 중 나에게 해당하는 것에 ○표해 보자. 두 유형 중에서 ○표가 많은 쪽이 자신의 유형이 된다(이 부분은 예전 자료라 출처를 찾지 못한 아쉬움이 있다).

| 표시 | 외향형 (E 유형) | 번호 | 내향형 (I 유형) | 표시 |
|---|---|---|---|---|
| | 나는 여러 친구들과 많이 사귀는 편이다. | 1 | 나는 몇 명의 친구들과 깊이 사귀는 편이다. | |
| | 새로운 사람들을 만나는 것이 신난다. | 2 | 새로운 사람들을 만나게 될 때, 앞으로 어떻게 지낼까 걱정된다. | |
| | 처음 보는 사람들을 만나면 내가 먼저 말을 건넨다. | 3 | 처음 보는 사람들을 만나면, 다른 사람이 나에게 먼저 말을 건넨다. | |
| | 나의 생각이나 느낌을 다른 사람들에게 얘기하는 편이다. | 4 | 나의 생각이나 느낌을 내 마음속에 간직하고 있는 편이다. | |
| | 나는 사람들과 함께 즐기는 놀이가 좋다. | 5 | 나는 나 혼자 하는 놀이가 좋다. | |
| | 나는 많은 친구들에게 얘기하길 좋아한다. | 6 | 나는 친한 친구들에게 얘기하길 좋아한다. | |
| | 친구들과 함께 공부하면 잘 된다. | 7 | 나 혼자 공부하면 더 잘 된다. | |
| | 나는 나의 생각과 느낌을 말로 표현하는 것이 편하다. | 8 | 나는 나의 생각과 느낌을 글로 표현하는 것이 편하다. | |
| | 주위 사람들은 내가 활발하다고 말한다. | 9 | 주위 사람들은 내가 얌전하다고 말한다. | |
| | ← 외향형 ○표시 수 | 합계 | 내향형 ○표시 수→ | |

| 표시 | 감각형 (S 유형) | 번호 | 직관형 (N 유형) | 표시 |
|---|---|---|---|---|
| | 나는 사람들에게 내가 직접 보고 들은 것에 대해 얘기하는 것을 좋아한다. | 1 | 나는 사람들에게 내가 상상으로 생각한 것에 대해 이야기하는 것을 좋아한다. | |
| | 나는 실제로 있었던 사람이나 사실에 대한 책을 좋아한다. | 2 | 나는 상상으로 지어낸 이야기를 좋아한다. | |
| | 어려운 일에 부딪히면 하던 일을 잘 못한다. | 3 | 어려운 일에 부딪치면 도전하고 싶은 마음이 생긴다. | |
| | 나는 무엇을 할 때 전에 배웠던 대로 하는 것이 편하다. | 4 | 나는 무엇을 할 때 새로운 방법을 생각해서 해 볼 때 더 재미있다. | |
| | 나는 그려진 그림에 색칠하기를 좋아한다. | 5 | 나는 이야기 지어내기를 좋아한다. | |
| | 나는 현재에 최선을 다하는 것이 중요하다고 생각한다. | 6 | 나는 미래에 대한 꿈을 갖는 것이 중요하다고 생각한다. | |
| | 나는 다른 사람이 가르쳐 준 방법대로 하는 편이다. | 7 | 나는 나 스스로 나만의 방법을 만들어서 하는 편이다. | |
| | 내가 좋아하는 책은 읽은 것이라도 또 읽는다. | 8 | 나는 새로운 다른 책을 읽는 것이 좋다. | |
| | 나는 부지런하고 성실하다는 얘기를 듣는 편이다. | 9 | 나는 기발하고 엉뚱하다는 얘기를 듣는 편이다. | |
| | ← 감각형 ○표시 수 | 합계 | 직관형 ○표시 수→ | |

| 표시 | 사고형 (T 유형) | 번호 | 감정형 (F 유형) | 표시 |
|---|---|---|---|---|
| | 나는 불공평한 것이 가장 나쁘다고 생각한다. | 1 | 나는 다른 사람의 마음에 상처를 주는 것이 가장 나쁘다고 생각한다. | |
| | 나는 공부 잘하는 실력 있는 학생으로 인정 받고 싶다. | 2 | 나는 사람들 사이에서 인기가 좋은 학생으로 인정받고 싶다. | |
| | 우리 편이 지면 다음 번에는 이기도록 계획을 짠다. | 3 | 우리 편이 지면 '다음에 이기면 되지' 하면서 친구들의 기분을 좋게 해준다. | |
| | 친구의 잘못된 점은 지적해 주는 편이다. | 4 | 친구의 잘못된 점을 지적해 주면 친구가 어떻게 생각할까 걱정이 돼서 말하지 않는 편이다. | |

| | | | | |
|---|---|---|---|---|
| | 나는 공평한 사람이 되고 싶다. | 5 | 나는 친절한 사람이 되고 싶다. | |
| | 게임에서 이기면 기분이 아주 좋다. | 6 | 게임에서 이기면 기분은 좋지만 진 사람은 기분이 어떨까 생각한다. | |
| | 나는 똑똑한 사람으로 인정받고 싶다. | 7 | 나는 따뜻한 사람으로 인정받고 싶다. | |
| | 도둑질을 하는 학생은 벌을 받아야 한다고 생각한다. | 8 | 도둑질을 하는 학생은 도둑질을 하지 않도록 도움을 받아야 한다고 생각한다. | |
| | 벌금을 받을 때는 규칙대로 정확하게 받아야 한다. | 9 | 벌금을 받을 때는 상황에 따라 그 사람의 사정을 고려해서 받아야 한다. | |
| | ← 사고형 ○표시 수 | 합계 | 감정형 ○표시 수→ | |

| 표시 | 판단형 (J 유형) | 번호 | 인식형 (P 유형) | 표시 |
|---|---|---|---|---|
| | 내가 해야 할 일을 먼저 하고 논다. | 1 | 내가 할 수 있는 일이라면 먼저 재미있게 놀고 난 후에 해도 괜찮다. | |
| | 수업계획에 따라 차근차근 가르쳐 주시는 선생님이 좋다. | 2 | 그때그때마다 우리가 좋아하는 것에 맞추어 수업내용을 바꿔서 가르치는 선생님이 좋다. | |
| | 나는 정리정돈 된 깨끗한 방이 좋다. | 3 | 나는 내 마음대로 흩어놓을 수 있는 방이 좋다. | |
| | 나는 하기 쉽게 잘 짜여진 숙제를 좋아한다. | 4 | 나는 새로운 방법으로 하는 숙제를 좋아한다. | |
| | 자전거를 탈 때 어디로 갈지 미리 생각하고 탄다. | 5 | 자전거를 탈 때 그냥 달리고 나서 어디로 갈지 생각한다. | |
| | 나는 일기장이나 과제물을 잘 챙기는 편이다. | 6 | 나는 약속이나 과제물을 잘 잊어먹는 편이다. | |
| | 무엇을 공부해야 할지 자세하게 가르쳐 주시는 선생님이 좋다. | 7 | 우리들 스스로 공부할 것을 선택하도록 맡기시는 선생님이 좋다. | |
| | 게임의 규칙은 절대로 바뀌어서는 안 된다. | 8 | 게임의 규칙은 경우에 따라 바뀔 수 있다. | |
| | 나는 일을 계획적으로 해내는 편이다. | 9 | 나는 일을 그때그때 해내는 편이다. | |
| | ← 판단형 ○표시 수 | 합계 | 인식형 ○표시 수→ | |

## 〈활동2〉 성격유형과 직업

〈참고문헌〉

1. 성격유형: 학생지도를 위한 진로상담. 한국교총원격연수원(2006)
2. 성격유형과 진로탐색(심혜숙 역, 1999)

〈방법 및 유의점〉

1. **좋고 나쁜 것이 없으므로 바라는 것이 아닌 자기에게 더 가까운 쪽을 선택하여 화살표를 따라 내려갑니다.**
2. **성격유형과 관련된 직업은 참고일 뿐 흥미나 능력에 따라 달라질 수 있습니다.**
3. **직업과 관련된 자세한 정보는 워크넷이나 커리어넷을 참고하여 직접 찾아보세요.**

| E | I |
|---|---|
| 나는 정열적이고 활동적, 적극적이다. 경험한 다음에 이해한다. 많은 친구와 넓게 사귄다. 다른 사람에게 쉽게 알려진다. | 나는 조용하고 신중하다. 나는 이해한 다음에 경험한다... 몇몇의 친구와 깊게 사귄다. 다른 사람에게 서서히 알려진다. (이 칸의 내용이 나에게 더 맞으면 다음 페이지에서 하세요.) |

| S | N |
|---|---|
| 나는 사람이나 사물을 대할 때 지금, 현재 상황을 중요하게 생각한다. 실제의 경험을 중요하게 생각한다. 정확하게 일처리를 한다. | 나는 사람이나 사물을 대할 때 미래 가능성을 중요하게 생각한다. 창의적인 생각이나 아이디어를 중요하게 생각한다. 신속하게 일처리를 한다. |

| T | F | T | F |
|---|---|---|---|
| 나는 판단하거나 결정을 내릴 때 진실이나 사실에 관심을 둔다. '맞다, 틀리다'를 중요하게 생각한다. 원리와 원칙, 규범과 기준을 중요하게 생각한다. | 나는 판단하거나 결정을 내릴 때 나와 관련된 사람이나 관계에 관심을 둔다. '좋다, 나쁘다'를 중요하게 생각한다. 나에게 주는 의미와 영향을 원칙보다 더 중요하게 생각한다. | 나는 판단하거나 결정을 내릴 때 진실이나 사실에 관심을 둔다. '맞다, 틀리다'를 중요하게 생각한다. 원리와 원칙, 규범과 기준을 중요하게 생각한다. | 나는 판단하거나 결정을 내릴 때나와 관련된 사람이나 관계에 관심을 둔다. '좋다, 나쁘다'를 중요하게 생각한다. 나에게 주는 의미와 영향을 원칙보다 더 중요하게 생각한다. |

| J | P | J | P | J | P | J | P |
|---|---|---|---|---|---|---|---|
| 나는 정리정돈을 잘하고 계획적으로 생활한다. 분명한 목적의식과 방향을 가지고 나의 의지대로 일을 해낸다. | 나는 상황에 맞추어 생활한다. 융통성과 적응능력을 가지고 목적과 방향은 변화될 수 있다고 생각한다. | 나는 정리정돈을 잘하고 계획적으로 생활한다. 분명한 목적의식과 방향을 가지고 나의 의지대로 일을 해낸다. | 나는 상황에 맞추어 생활한다. 융통성과 적응능력을 가지고 목적과 방향은 변화될 수 있다고 생각한다. | 나는 정리정돈을 잘하고 계획적으로 생활한다. 분명한 목적의식과 방향을 가지고 나의 의지대로 일을 해낸다. | 나는 상황에 맞추어 생활한다. 융통성과 적응능력을 가지고 목적과 방향은 변화될 수 있다고 생각한다. | 나는 정리정돈을 잘하고 계획적으로 생활한다. 분명한 목적의식과 방향을 가지고 나의 의지대로 일을 해낸다. | 나는 상황에 맞추어 생활한다. 융통성과 적응능력을 가지고 목적과 방향은 변화될 수 있다고 생각한다. |

| ESTJ | ESTP | ESFJ | ESFP | ENTJ | ENTP | ENFJ | ENFP |
|---|---|---|---|---|---|---|---|
| 중소기업 관리자, 구매담당원, 교사(상업, 공업, 기술),관리자, 음식점 주인, 경찰관, 학교장, 은행직원, 공장 감독자, 시도 정부 관리자, 판매 관리자 | 마케팅전문가, 형사, 목수, 중소기업 관리자, 경찰관, 회계감사원, 기능직 종사자, 농부, 소방 관리자, 공중보건 종사자, 운송 및 기계기사 | 초중고 교사, 의료비서, 헤어드레서(메이크업 아티스트), 행정가, 치과보조원, 교사(언어치료), 종교교육자, 전문 간호사, 외국어교사 | 아동보육사, 운송업종사자, 도서관 직원, 회계원, 디자이너, 구조원, 유치원교사, 학생지도 교사, 호흡기 치료사, 가게 주인, 항공엔지니어 | 경영컨설턴트, 변호사, 인력자원 관리자, 컴퓨터 연구자, 판매 관리자, 회사중역, 마케팅 전문가, 인사, 노사관계활동가 | 사진사, 마케팅 전문가, 언론인, 배우, 컴퓨터시스템 분석가, 정신과 의사, 엔지니어(화학), 건축가, 엔지니어(기계), 홍보(광고작가), 예술가(연예인) | 종교교육 지도자, 사제직, 목사, 종교율법학자, 승려, 보건 교사, 사이코드라마 치료사, 배우, 교사(미술, 연극, 음악), 자살 혹은 위기개입 상담자 | 사이코드라마 치료사, 언론인, 재활상담가, 교사(미술, 연극, 음악), 상담가, 연구보조원, 학교상담가, 심리학자, 종교교육 지도자 |

•대학원생이 제출한 과제임

▶나의 성격은?

▶나의 성격과 비슷한 사람이 가질 수 있는 직업 몇 가지?

▶내가 잘 할 수 있는 직업은?

▶내가 몰랐던 새로운 직업은?

**<방법 및 유의점>**

1. **좋고 나쁜 것이 없으므로 바라는 것이 아닌 <u>자기에게 더 가까운 쪽을 선택</u>하여 화살표를 따라 내려갑니다.**
2. **성격유형과 관련된 직업은 참고일 뿐 흥미나 능력에 따라 달라질 수 있습니다.**
3. **직업과 관련된 자세한 정보는 워크넷이나 커리어넷을 참고하여 직접 찾아보세요.**

I

나는 조용하고 신중하다.
나는 이해한 다음에 경험한다.
몇몇의 친구와 깊게 사귄다.
다른 사람에게 서서히 알려진다.

| S | N |
|---|---|
| 나는 사람이나 사물을 대할 때 지금, 현재 상황을 중요하게 생각한다.<br>실제의 경험을 중요하게 생각한다.<br>정확하게 일처리를 한다. | 나는 사람이나 사물을 대할 때 미래 가능성을 중요하게 생각한다.<br>창의적인 생각이나 아이디어를 중요하게 생각한다.<br>신속하게 일처리를 한다. |

| T | F | T | F |
|---|---|---|---|
| 나는 판단하거나 결정을 내릴 때 진실이나 사실에 관심을 둔다.<br>'맞다, 틀리다'를 중요하게 생각한다.<br>원리와 원칙, 규범과 기준을 중요하게 생각한다. | 나는 판단하거나 결정을 내릴 때 나와 관련된 사람이나 관계에 관심을 둔다.<br>'좋다, 나쁘다'를 중요하게 생각한다.<br>나에게 주는 의미와 영향을 원칙보다 더 중요하게 생각한다. | 나는 판단하거나 결정을 내릴 때 진실이나 사실에 관심을 둔다.<br>'맞다, 틀리다'를 중요하게 생각한다.<br>원리와 원칙, 규범과 기준을 중요하게 생각한다. | 나는 판단하거나 결정을 내릴 때나와 관련된 사람이나 관계에 관심을 둔다.<br>'좋다, 나쁘다'를 중요하게 생각한다.<br>나에게 주는 의미와 영향을 원칙보다 더 중요하게 생각한다. |

| J | P | J | P | J | P | J | P |
|---|---|---|---|---|---|---|---|
| 나는 정리정돈을 잘하고 계획적으로 생활한다.<br>분명한 목적의식과 방향을 가지고 나의 의지대로 일을 해낸다. | 나는 상황에 맞추어 생활한다.<br>융통성과 적응능력을 가지고 목적과 방향은 변화될 수 있다고 생각한다. | 나는 정리정돈을 잘하고 계획적으로 생활한다.<br>분명한 목적의식과 방향을 가지고 나의 의지대로 일을 해낸다. | 나는 상황에 맞추어 생활한다.<br>융통성과 적응능력을 가지고 목적과 방향은 변화될 수 있다고 생각한다. | 나는 정리정돈을 잘하고 계획적으로 생활한다.<br>분명한 목적의식과 방향을 가지고 나의 의지대로 일을 해낸다. | 나는 상황에 맞추어 생활한다.<br>융통성과 적응능력을 가지고 목적과 방향은 변화될 수 있다고 생각한다. | 나는 정리정돈을 잘하고 계획적으로 생활한다.<br>분명한 목적의식과 방향을 가지고 나의 의지대로 일을 해낸다. | 나는 상황에 맞추어 생활한다.<br>융통성과 적응능력을 가지고 목적과 방향은 변화될 수 있다고 생각한다. |

| ISTJ | ISTP | ISFJ | ISFP | INTJ | INTP | INFJ | INFP |
|---|---|---|---|---|---|---|---|
| 도시개발기술자, 경찰, 공익사업 관리자, 시도정부 관리자, 중소기업 관리자, 교정직 종사자, 회계사 | 농부, 장교, 엔지니어(전기), 운송기사, 치과위생사, 기계공, 법률비서, 서기, 조사연구원, 교정원 | 종교수도회(평신도), 준간호사, 사무관리자, 초,중,고 교사, 유치원 교사, 행정가(사회봉사), 언어치료사, 도서관사서 | 가계주인, 조사연구원, 사무관리자, 치과보조사, 기계조작원, 목수, 형사, 실무 간호사, 법률비서, 서기관, 방사선과 기사 | 건축가, 변호사, 컴퓨터 전문가, 법조인, 행정부 관리자, 경영컨설턴트, 인력자원 관리사, 과학자(화학), 연구종사자, 사회봉사자 | 화학자, 컴퓨터 전문가, 건축가, 연구보조원, 순수예술가, 컴퓨터프로그래머, 법률가, 조사연구원, 정부행정 관리자, 사회과학자, 전기기사, 생물학자 | 종교교육지도자, 순수예술가, 수도승, 컨설턴트, 싸이코드라마 치료사, 목사, 성직자, 의사(병리학), 영어교사, 건축가, 사제, 자살위기 상담자 | 순수예술가, 정신과 의사, 가출청소년 상담가, 건축가, 편집자, 연구 보조원, 자살, 위기 상담자, 심리학자, 종교교육자, 사회과학자, 작가 |

**Tip 성격을 알아볼 수 있는 검사 소개**

- 워크넷: 직업선호도검사 L형
- 한국에니어그램교육연구소: 에니어그램검사
- 마음사랑인지행동치료센터: TCI 기질 및 성격검사사

**〈내가 받은 성격 검사〉**

- 검사 기관:
- 검사 일시:
- 검사 종류:
- 검사 결과:
- 새로이 알게 된 점:

## 나의 강점 발견

2011년 우리 대학교 신문에 실었던 “다르다는 것을 인정하며 자신을 찾아가기”라는 제목의 글 중에 일부를 소개하며 강점에 대해 고민해 보고자 한다.

몇 년 전에 우연히 보게 된 “마당을 나온 암탉”이라는 애니메이션 영화는 삶에 대해 여러 가지를 생각하게 해 주었다. 양계장에서 알을 낳는 것이 전부인 “잎새”라는 암탉이 마당에서 줄지어 다니는 오리와 다른 닭들을 보며 “나도 언젠가는 마당에 나가 알을 품어보리라”는 희망을 갖는다. 그 희망을 이루기 위해 3일 동안 모이를 안 먹고 쓰러져 드디어 주인에게 다른 죽은 닭들과 함께 버려져 세상 밖으로 나오게 된다. 양계장 밖에서 처음으로 맞이한 것은 족제비의 공격.... 잎새가 나중에 “나그네”라 이름 붙여 준 청둥오리의 도움으로 생명을 구하고 그렇게 그리던 마당을 찾아가 늘 보았던 친구들 하나하나에게 나름 의미있는 이름을 지어주지만 그들로부터 환영 대신 냉대를 받고 쫓겨나게 된다.

그리곤 숲으로 돌아와 우연하게 꿈에 그리던 알을 품게 되는데 다름 아닌 청둥오리의 알! 알은 시간이 지나 부화해서 처음 본 잎새를 엄마로 알고 쫓아다닌다(심리학에서는 이를 각인현상이라고 한다). 잎새가 간절히 바라던 꿈이 이루어지는 순간이다. “초록”이라는 오리를 키우면서 경험하는 기쁨, 행복 그리고 초록의 성장과 더불어 찾아오는 자아정체감의 갈등 등을 너무 예쁘게 그리고 감동적으로 묘사한다. 또 자신을 아낌없이 내어주는 부모님의 사랑 특히, 모성애에 대해서도 많은 것을 생각하고 느끼게 해 준다.

요즈음 초등학생부터 성인에 이르기까지 왕따로 고민하는 사람들이 많이 있다. 이 영화에서도 “초록”이는 엄마와 다르게 생겼다는 이유로 물가에 사는 다른 동물들이 같이 놀아 주지 않는다. 그리고 나중에 같은 청둥오리 무리에서도 야생으로 자란 무리와는 다르다는 이유로 어려움을 경험하게 된다.

초록이가 사람에게 잡혀 날개를 잘릴 뻔한 위험한 상황에 맞닥뜨리게 되었을 때 목숨을 걸고 자신을 구해 준 엄마의 헌신적인 사랑을 느끼며 다르다는 것을 받아들이게 된다. 그리고 청둥오리 가운데 "파수꾼"이 되는 과정에서 다른 청둥오리들로부터 인정받게 되고 자연스럽게 청둥오리 무리의 일원이 되어간다.

우리는 살면서 서로 다르다는 것 때문에 힘든 때가 종종 있다. 과일에는 수박, 참외, 복숭아, 포도, 오렌지, 사과 등과 같이 다양한 종류가 있는 것처럼 다양한 종류의 사람이 있다는 것을 아는 것, 그리고 사과에도 부사, 홍옥, 아오리 등과 같이... 같은 사과이지만 다른 색과 맛을 지닐 수 있듯이 사람도 비슷해 보여도 다를 수 있다는 것을 이해하고 존중해 주면 조금 더 살 만한 세상이 될 수 있지 않을까!

청둥오리인 초록이가 자신이 날 수 있다는 것을 알아가는 과정에서 자기 안에 감추어진 재능을 발견해 간다. 우리도 내가 무엇을 잘 할 수 있는지를 알기 위해서는 여러 가지 시도를 해 보아야 한다. 그런 시도와 경험을 통해 어떤 일이 자신 있는 일인지 그리고 어떤 일은 능력 밖의 일인지를 판단할 수 있을 것 같다. 물론 나도 몰랐던 나의 재능을 발견하게 된다면 금상첨화일테고....

최근에 심리학의 트렌드를 이야기한다면 아마도 긍정심리학, 행복심리학일 것이다. 이런 분야에서 강조하는 것이 강점 발견이다. 뛰어난 성과를 내는 최선의 방법은 무엇일까? 약점을 발견해서 고치는 것일까? 강점 발견의 대가인 마커스 버킹엄은 아니라고 이야기하며 자신의 강점을 발견해서 그것을 발휘하는 것이 훨씬 더 성과를 낼 수 있으며 자신의 강점을 발휘하는 직업을 선택하면 몰입의 가능성도 훨씬 높아진다고 이야기한다.

강점과 관련해서 살펴볼 개념으로는 미덕이 있다. 미덕은 사전적인 정의로 살펴보면, 아름답고 갸륵한 덕행, 아름다운 덕성이며, 강점은 미덕을 함양하는 방법이라 할 수 있다.

이를 조금 더 구체적으로 살펴보면, 미덕은 일반적으로 인격에 묻어 있는 특성으로 인간의 강점이나 자생력의 원천이며, 의미 있는 삶의 목적을 느끼는 데 기여하며, 지혜라는 인지적 역량에 기초한다. 반면에 강점은 자신에게 가장 큰 만족을 주며, 이를 발휘해 성공을 거두고 강점 때문에 주위 사람들로부터 칭찬을 듣거나 상을 받고 바쁜 하루를 보내도 보람과 기쁨이 샘솟게 해 준다.

| 미덕 | 강점 |
|---|---|
| 지혜와 지식 | 호기심, 학구열, 판단력, 창의성, 사회성 지능, 예견력 |
| 용기 | 호연지기, 끈기, 지조 |
| 사랑과 인간애 | 친절, 사랑 |
| 정의감 | 시민정신, 공정성, 지도력 |
| 절제력 | 자기통제력, 신중성, 겸손 |
| 초월성 | 감상력, 감사, 낙관주의, 영성, 용서, 유머감각, 열정 |

'위대한 나의 발견 강점혁명'이라는 책에서는 강점을 한 가지 일을 완벽에 가까울 만큼 일관되게 처리하는 능력이라고 정의한다. 그리고 강점은 재능과 지식과 기술의 조합으로 이루어진다(박정숙, 2013). 따라서 강점을 구축한다는 것은 자신의 가장 뛰어난 재능을 발견하고 지식과 기술을 통해 그것을 다듬어 가는 것이라 할 수 있다.

어떤 학자는 6가지 미덕과 24가지 강점을 이야기하기도 하고 다른 학자는 34가지 강점을 이야기하기도 한다. 24가지 강점을 간략하게 설명해 놓은 자료가 있어 소개해 본다(김인자, 2009).

|  |  |
|---|---|
| **호기심** | 새로운 것에 대한 적극적인 관심, 불분명한 것을 그냥 지나치지 않음. |
| **학구열** | 새로운 것을 알고 싶어 하며, 배울 기회만 있다면 어디든 간다. |
| **판단력** | 절대 성급한 판단을 하지 않고, 확실한 증거를 기준으로 결정을 내린다. 또한 결단을 바꿀 능력도 있다. |
| **창의성** | 무언가 하고 싶은 일이 있을 때, 그 목적을 달성하기 위해 새로우면서도 타당한 방법을 찾는 데 남다른 능력이 있다. |
| **사회성 지능** | 다른 사람들의 동기와 감정을 금방 알아채고 그에 맞게 반응할 줄 안다. |
| **예견력** | 모두 수긍하는 세상의 이치를 정확히 아는 능력 |
| **호연지기** | 어렵고 위험해서 다른 사람들이 꺼려하는 것에도 아랑곳하지 않는 지적, 정서적 태도 |
| **끈기** | 일단 시작한 일은 끝내 해낸다. |
| **지조** | 진실하게 말하고 참되게 행동한다. |

| | |
|---|---|
| **친절** | 다른 사람들에게 선행을 베푸는 일을 즐겨 한다. |
| **사랑** | 다른 사람들과 밀접한 관계를 소중히 여긴다. |
| **시민정신** | 헌신적이고 충실해서 언제나 자기가 해야 할 몫을 다하고<br>집단의 성공을 위해 열심히 노력한다. |
| **공정성** | 개인적인 감정에 따라 다른 사람들에 대한 결정을 편파적으로 하지 않는다.<br>또한 모든 사람에게 똑같은 기회를 준다. |
| **지도력** | 단체를 조직하고 관리하는 능력이 남다르다. |
| **자기통제력** | 적절한 시기가 올 때까지 자신의 욕망, 욕구, 충동을 자제한다. |
| **신중성** | 모든 결정 사항들을 충분히 검토한 뒤에야 비로소 행동으로 옮긴다.<br>또한 멀리 보고 깊이 생각한다. |
| **겸손** | 자신을 낮출 줄 알며 자만하지 않는다. |
| **감상력** | 모든 분야의 미, 빼어난 작품과 기교를 감상할 줄 안다. |
| **감사** | 자신에게 일어난 일을 늘 기쁘게 생각하며, 절대 당연한 것으로 받아들이지 않는다. |
| **낙관주의** | 자신이 최고가 될 날을 기대하며 계획을 세우고 계획대로 실천한다. |
| **영성** | 우주의 더 큰 목적과 의미에 대한 믿음이 크다.<br>그래서 더 큰 계획에서 자신의 쓰임새가 있을 것이라고 생각한다. |
| **용서** | 자신에게 잘못한 사람을 용서하고 항상 만회할 기회를 준다.<br>가련하고 불쌍히 여겨 복수심을 버리는 것이다. |
| **유머감각** | 잘 웃거나 다른 사람에게도 웃음을 선사한다. 또한 삶을 긍정적으로 보는 경향이 크다. |
| **열정** | 활기가 넘치고 정열적이다. |

**Tip 강점을 알아볼 수 있는 검사 소개**

- 학지사 심리검사 연구소: 성격강점 검사(30분 소요)
  → 학생상담센터에서 무료로 이용할 수 있다.

**〈활동 1〉 강점 목록(송원영 외, 2009)**

다음 강점의 목록은 갤럽에서 200만 명으로부터 조사한 강점들을 정리한 것으로 각 사람에게서 5개씩의 강점을 찾고 개발할 수 있다고 한다. 이러한 강점은 자신의 재능(무의식적인 이끌림)과 지식(사실, 경험을 통해 습득한 정확한 지식)과 기술(경험적 지식 및 재능을 체계적으로 만들고 익히는 것)에 따라 형성된다. 각 목록을 살펴보고 자신에게 있다고 생각하는 목록에 대해 앞의 괄호에 ✔표해 보자.

( ) 개발자 : 잠재력, 가능성에 초점. 남을 돕는 성격임
( ) 개인화 : 개인들 사이의 특수성과 고유성을 파악함
( ) 경쟁 : 비교 대상이 필요하고 이기는 것을 즐김
( ) 공감 : 찬반을 떠나 상대방을 본능적으로 이해함
( ) 공평 : 균형을 중요시하여 평등한 적용을 지킴
( ) 관계자 : 친한 친구들에게서 많은 기쁨과 힘을 얻음
( ) 긍정성 : 칭찬에 관대함. 잘 웃고 항상 긍정적임
( ) 매력 : 다른 사람들이 자기를 좋아하게 만듦
( ) 맥락 : 시작을 궁금해 하며, 구조 파악을 좋아함
( ) 명령 : 주로 일을 지휘함. 대립을 두려워하지 않음
( ) 미래지향 : 수평선 너머의 미래의 비전을 좋아함
( ) 복구자 : 문제해결하기를 좋아함
( ) 분석가 : 논리적이고 엄격하며 객관적이고 중립적임
( ) 사고 : 정신활동을 좋아하며 내성적임
( ) 성취자 : 끝없이 성취에 대한 필요를 느낌
( ) 신념 : 책임, 도덕성 등의 기본적 가치를 중요시함
( ) 신중함 : 자제력을 갖는 진지한 사람
( ) 연결성 : 사려 깊고 배려할 줄 알며 수용적임
( ) 의사소통 : 설명, 묘사, 말하기, 글쓰기를 좋아함
( ) 자기확신 : 능력뿐만 아니라 판단에도 믿음을 가짐

(　　　) 적응력 : 상황에 맞는 유연한 대처능력을 갖고 있음

(　　　) 전략 : 앞으로 나아갈 수 있는 최선의 길을 찾음

(　　　) 조정자 : 실용적인 유연성의 완벽한 표본임

(　　　) 조화 : 의견표현을 자제하고 합의와 지지를 구함

(　　　) 중요성 : 인정받기를 원하는 성품

(　　　) 질서 : 질서정연하고 계획된 삶을 좋아함

(　　　) 착상 : 창조적인 생각을 함으로써 즐거움을 느낌

(　　　) 책임 : 모든 일이 끝날 때까지의 의무감을 느낌

(　　　) 초점 : 구체적이고 측정 가능한 목표를 설정함

(　　　) 최상주의자 : 강점을 최상의 것으로 만들고 싶어 함

(　　　) 탐구심 : 물건을 수집하여 유용성을 지속시킴

(　　　) 포괄성 : 모두가 하나라는 생각. 본능적으로 수용적임

(　　　) 학습자 : 내용이나 결과보다 과정이 더 흥미로움

(　　　) 행동주의자 : 실제 일을 통해 평가받기를 좋아함

- 자신의 대표 강점 :

- 강점을 발휘했던 경험 나누기 :

**〈활동 2〉 행동가치 강점 검사(김인자, 2009)**

문항을 읽고 자신과 유사한 정도에 따라
① 나와 매우 다르다, ② 나와 다르다, ③ 보통이다,
④ 나와 비슷하다, ⑤ 나와 매우 비슷하다 중에 하나에 체크해 보자.

| 강점 영역과 의미 | | ① | ② | ③ | ④ | ⑤ | 소계 | 합계 | 미덕 |
|---|---|---|---|---|---|---|---|---|---|
| 호기심 | 1) 언제나 세상에 대해 호기심이 많다. | | | | | | | | 지혜와 지식 |
| | 2) 쉽게 싫증을 낸다. | | | | | | | | |
| 학구열 | 1) 새로운 것을 배울 때 전율을 느낀다. | | | | | | | | |
| | 2) 박물관이나 다른 교육적 장소에 한 번도 가본 적이 없다. | | | | | | | | |
| 판단력 | 1) 판단력이 필요한 주제가 있을 때면, 아주 이성적으로 사고한다. | | | | | | | | |
| | 2) 성급하게 판단하는 경향이 있다. | | | | | | | | |
| 창의성 | 1) 어떤 일을 하는 데 필요한 새로운 방법을 찾는 걸 좋아한다. | | | | | | | | |
| | 2) 내 친구들은 대부분 나보다 상상력이 뛰어나다. | | | | | | | | |
| 사회성 지능 | 1) 어떤 성격의 단체에 가도 잘 적응할 수 있다. | | | | | | | | |
| | 2) 다른 사람들의 감정에 아주 둔하다. | | | | | | | | |
| 예견력 | 1) 항상 꼼꼼히 생각하고 더 큰 것을 볼 줄 안다. | | | | | | | | |
| | 2) 내게 조언을 구하러 오는 사람은 거의 없다. | | | | | | | | |
| 호연지기 | 1) 강력한 반대도 무릅쓰고 내 주장을 고수할 때가 많다. | | | | | | | | 용기 |
| | 2) 고통과 좌절 때문에 내 의지를 굽힐 때가 많다. | | | | | | | | |
| 끈기 | 1) 한번 시작한 일을 끝까지 해낸다. | | | | | | | | |
| | 2) 일을 할 때면 딴전을 피운다. | | | | | | | | |
| 지조 | 1) 약속을 반드시 지킨다. | | | | | | | | |
| | 2) 친구들은 내게 솔직하게 말하는 법이 없다. | | | | | | | | |
| 친절 | 1) 자발적으로 이웃을 도와준다. | | | | | | | | 사랑과 인간애 |
| | 2) 다른 사람들의 행운을 내 일처럼 좋아한 적이 거의 없다. | | | | | | | | |

| 사랑 | 1) 본인의 기분과 행복 못지않게 내 기분과 행복에 관심을 기울이는 사람이 있다. | | | | | | | | 사랑과 인간애 |
|---|---|---|---|---|---|---|---|---|---|
| | 2) 다른 사람들이 베푸는 사랑을 제대로 받아들이지 못한다. | | | | | | | | |
| 시민 정신 | 1) 어떤 단체에 가입하면 최선을 다한다. | | | | | | | | 정의감 |
| | 2) 소속 집단의 이익을 위해 내 개인적인 이익을 희생시킬 생각은 없다. | | | | | | | | |
| 공정성 | 1) 어떤 사람에게든 똑같이 대한다. | | | | | | | | |
| | 2) 내가 싫어하는 사람을 공정하게 대하기가 힘들다. | | | | | | | | |
| 지도력 | 1) 일일이 참견하지 않고도 사람들이 단합해 일하도록 이끌어 준다. | | | | | | | | |
| | 2) 단체 활동을 조직하는 데는 소질이 없다. | | | | | | | | |
| 자기 통제력 | 1) 내 정서를 다스릴 줄 안다. | | | | | | | | 절제력 |
| | 2) 다이어트를 오래 하지 못한다. | | | | | | | | |
| 신중성 | 1) 다칠 위험이 있는 일은 하지 않는다. | | | | | | | | |
| | 2) 나쁜 친구를 사귀거나 나쁜 사람들을 만나는 경우가 있다. | | | | | | | | |
| 겸손 | 1) 다른 사람들이 나를 칭찬할 때면 슬그머니 화제를 돌린다. | | | | | | | | |
| | 2) 스스로 한 일을 추켜세우는 편이다. | | | | | | | | |
| 감상력 | 1) 음악, 미술, 연극, 영화, 스포츠, 과학, 수학의 아름다움과 경이로움을 보고 전율한 적이 있다. | | | | | | | | 초월성 |
| | 2) 평소에 아름다움과는 전혀 무관하게 지낸다. | | | | | | | | |
| 감사 | 1) 아무리 하찮은 일이라도 항상 고맙다고 말한다. | | | | | | | | |
| | 2) 내가 받은 은혜에 대해 거의 생각하지 않는다. | | | | | | | | |
| 낙관 주의 | 1) 항상 긍정적인 면만 본다. | | | | | | | | |
| | 2) 내가 하고 싶은 일을 하기 위해 철저하게 계획한 적이 거의 없다. | | | | | | | | |
| 영성 | 1) 삶의 목적이 뚜렷하다. | | | | | | | | |
| | 2) 사명감이 없다. | | | | | | | | |
| 용서 | 1) 과거의 것을 문제 삼지 않는다. | | | | | | | | |
| | 2) 기어코 복수하려 애쓴다. | | | | | | | | |

| 유머 감각 | 1) 되도록 일과 놀이를 잘 배합한다. | | | | | | | | |
|---|---|---|---|---|---|---|---|---|---|
| | 2) 우스갯소리를 거의 할 줄 모른다. | | | | | | | | |
| 열정 | 1) 무슨 일을 하든 전력투구한다. | | | | | | | | |
| | 2) 의기소침할 때가 많다. | | | | | | | | |

[채점]

- 강점의 첫 번째 홀수 문항은 체크한 번호가 점수가 된다.
- 두 번째 짝수 문항은 역점수화한다.
- 둘의 합을 낸다.
- 높은 점수 받은 5가지를 찾아보면 이것이 나의 강점이 된다.

- 높은 점수 받은 상위 다섯 가지(강점) :

- 강점을 발휘한 경험 나누기 :

**Tip 미덕 찾기**

버츄 카드는 52가지 미덕이 적혀 있는 카드로서 자신의 미덕을 발견하고 경험한 사례들을 나눔으로써 자신에 대한 긍정적인 부분을 고려할 수 있다.

### 〈활동 3〉 강점 발견 인터뷰

- 모르는 사람끼리 짝을 짓는다.
- 한사람이 다른 사람을 인터뷰한다.
- 인터뷰할 내용은 '당신의 잘난 점 또는 뛰어난 점이나 장점을 다섯 가지 이상 이야기해 주세요.'이다.
- 대답을 충분히 듣고 메모한 후, 역할을 바꾸어 진행한다.
- 잠시 후 각자 인터뷰한 짝을 다른 사람들에게 소개한다.
- 상대방이 소개할 때 가장 기분 좋아지고 자부심을 갖게 한 항목을 찾아보고 24개 강점 중에서 어떤 것과 관련 있는지를 찾아보자.

## 들어봤나?
## 다중지능!

다중지능이론은 인간의 잠재적 능력과 그것의 발달에 깊은 관심을 가진 하워드 가드너(Howard Gardner)가 주장했다. 그는 인간의 사고 전체를 이끄는 한 가지 형태의 인지는 없으며, 적어도 여덟 가지의 지능이 있고 이들은 마치 파이(pie)의 조각들처럼 서로 독립적으로 작용한다고 보았다.

다중지능이 등장하게 된 배경은 1970년대까지 주류였던 지능 검사 즉 IQ에 대한 강렬한 비판과 함께 등장했다. 전통적인 입장에서의 지능은 IQ검사라는 단일한 척도로만 바라보고 지능검사가 언어와 논리-수학 영역에 국한해 한정된 학업 성취 능력만을 진단해 주고 지적 잠재능력을 간과하고 급변하는 사회 속에서 다양한 영역에서의 성공이나 성취를 예언하는 지표가 되지는 못해서 이에 대한 반대로 다중지능을 주장하게 되었다.

그리고 뇌 손상을 입은 사람들에 대한 연구에서 각각의 능력은 하나의 영역에, 하나의 신경기능이 있고 상호 독립적임을 시사해 주기도 했으며, 천재나 비범한 사람들이 모든 영역에서 뛰어난 것이 아니라 구체적인 하나의 특수 영역에서 뛰어난 재능을 보인다는 연구도 다중지능이 등장하게 된 배경의 하나이다.

다중지능이란 지능을 사회 속에서 직면해 있는 문제를 해결하는 지적인 능력, 풍부한 환경과 자연스런 상황에서 그 문화권에서 가치를 두고 있는 사물을 창조하는 능력으로 새롭게 정의하고 있다. 즉 한 문화권 혹은 여러 문화권에서 가치 있게 인정되는 문제를 해결하거나 산물을 창조해 내는 능력 또는 능력들의 조합이라 할 수 있다.

다중지능이론의 특징을 몇 가지 소개해 보자.

첫째, 모든 개개인은 이 여덟 가지 지능을 모두 가지고 있다. 8가지 지능 중에 어떤 것은 조금 더 발달되어 있고 다른 것은 덜 발달되어 있을 수 있지만 모두에게 8가지 지능은 다 있다는 것이다. 나의 경우에도 음악 지능이나 신체운동 지능이 다른 지능보다 낮지만 없는 것은 아니다. 반면에 자기이해 지능과 인간친화 지능은 나머지 다른 지능보다 훨씬 높아서 교수라는 직업에서도 이 지능들을 잘 발휘하고 있고 인간관계를 맺으면서도 잘 활용하고 있다.

둘째, 모든 사람은 각각의 지능을 적절한 어떤 수준까지 개발시킬 수 있다. 나의 경우, 낮은 지능의 하나가 신체운동 지능인데, 대학생일 때 교양 필수에 체육이 있어서 한학기는 탁구를 선택하고 한 학기는 배구를 선택해서 중고등학교 시절에 받아보지 못했던 체육 점수(A+)를 받았다. 대학원을 다니면서는 마음에 맞는 선후배로 구성된 4명이 볼링 동호회를 만들어서 함께 목숨 걸고 매주 볼링을 치러 다녔다. 점수도 상당히 높은 수준까지 올려놓고 멤버들과 종목을 바꿔보기로 하고 스키를 타러갔다가 하루 종일 걷는 연습만 하다 지쳐서 이것은 나의 운동이 아니라 생각하고 접었던 기억도 있다. 이처럼 어느 정도까지는 연습이나 노력에 의해 이룰 수 있는 수준이 있는 듯하다.

셋째, 여덟 가지 지능들은 여러 가지 복잡한 방식으로 함께 작용한다. 각각의 지능이 독립적이지만 함께 작용할 수 없다는 의미는 아니다. 즉, 지문이 있는 수학문제를 생각해 보자. 논리수학지능만으로 수학문제를 푼다고 할 수 있을까?! 문제의 의미를 이해하는 것은 언어지능과 관련이 된다. 이처럼 각 지능들은 서로 독립적인 기능이 있지만 필요한 경우에는 상호작용을 한다.

넷째, 각 지능 영역 내에서도 그 지능을 향상시킬 수 있는 많은 방법들이 있다. 나의 경우, 낮은 지능이 음악 지능이지만 트롯을 통해 음악 지능을 향상시키고 있다. 2020년 '미스터 트롯'이라는 프로그램으로 트롯 열풍이 불었고 나도 그에 편승해서 트롯을 많이 듣고 좋아하게 되었다. 그리고 국민가수라는 프로그램을 통해 발라드까지, 그리고 싱어게인을 통해 가수에 대한 관심까지... 관심도 별로 없고 좋아하는 줄도 몰랐던 음악이 이젠 친숙하게 느껴지는 것을 보면 다양한 방법으로 지능을 향상시킬 수 있다는 사례의 하나라 할 수 있다.

2014년부터 재미있는 진로선택 교과를 운영하면서 학생들을 통해서도 많은 정보를 얻을 수 있었다. 대면수업으로 진행되었을 때 조별 활동으로 다중지능을 높이는 방법에 대해 고민해 보도록 주제를 주었었는데 특이하게 기억에 남아서 외부에서 강의할 때도 많이 예로 활용했던 예를 공유해 보려 한다. 첫 번째는 프리랜서라는 조의 발표 내용이다. 특이하게도 군 입대를 통해서 8가지 지능을 모두 높일 수 있다는 것에 놀랐고 학생들의 기발함에 감탄했었던 기억이 난다. 그 조원에게 폭풍 칭찬을 해 주었다. 여러분도 아래 표를 보고 다른 것에 접목시켜 보는 것도 해 보면 좋을 듯하다.

**다중지능을 높이는 방법** (Team Freelancer)

| 지능 | 높이는 방법 | 군입대를 통해 다중지능을 높이는 방법 |
|---|---|---|
| 언어 | 한국에 처음 방문한 외국인과 친구가 되어 의사소통해보기, 자기소개서 작성해보기 | 앞존법 사용하기, 복명복창을 생활화 하기, 휴식할 때 국방일보 보기, 하루 일과를 수양록에 작성해보기 |
| 논리수학 | 계산기 쓰지 않고 돈 계산하기, 지인들의 휴대폰번호 외우기 | 자신의 주특기 교본 암기하기, 개인 총기 및 훈련물자 분해와 조립을 생활화 하여 완벽하게 숙지하기, 간부 및 선임 이름·직책·서열 외우기, 훈련 중에 실제상황이라면 어떻게 대처할지 상상해보기 |
| 공간 | 운전면허 따기, 레고 조립하기, 클라이밍하기, 특정 사물을 보고 특징 잡아내서 그려보기 | 관물대 정리정돈 생활화하기, 훈련 시 주변풍경과 비슷하게 얼굴 및 신체 위장하기, 나침반 및 지도 이용하여 길 찾기, 전투복 및 전투와 단정하게 착용하기 |
| 음악 | 뮤지컬·음악회·콘서트·노래방 가보기, | 군가외우기, 음악방송 챙겨보기, 개인정비시간에 노래방가기 |
| 신체운동 | 기존에 내리던 버스정류장에서 3정거장 전에 내려서 집까지 걸어가기, 승강기 사용하지 않고 계단으로 집에 올라가기, | 기상 시 스트레칭 하기, 걸그룹 댄스 따라 하기, 일과 종료 후 꾸준히 개인 체력단련하기 |
| 자연친화 | 최소한의 장비·물건으로 캠핑·등산가기, 재활용품사용 생활화하기, 캠퍼스 내에 8경 찾아보기 | 생활관 내 식물 키우기, 부대 내 잡초제거 및 수목관리하기, 훈련 시 특이한 식물 및 동물 관찰하기 |
| 인간친화 | 교내에 동아리 가입하기, 국토순례가기, 조별활동 성실하게 참여하기 | 전우들과 작업(춘계 및 추계 진지공사) 및 훈련(유격훈련, 혹한기훈련 등) 하기, 대민지원 참여하기, 간부 및 전우의 말 경청하기, 후임 고민 들어주기 |
| 자기성찰 | 템플스테이 해보기, 혼자 여행가보기(휴대폰, MP3같은 미디어 없이) | 수양록 작성 및 실천 여부 점검하기, 종교 활동하기, 입대 전 자신의 과거를 되돌아보며 전역 후 계획세우기 |

몇 년 전부터 이런 워크시트를 주고 조별로 관련 지능에 대해 작성해 보도록 했었다. 이것을 이용해 학생들이 작업한 내용을 한번 살펴보자.

| 언어 | 논리 수학 | 공간 | 음악 |
|---|---|---|---|
| | | | |

| 신체운동 | 자연친화 | 인간친화 | 자기성찰 |
|---|---|---|---|
| | | | |

**<사례 1>**

| 언어 | 논리 수학 | 공간 | 음악 |
|---|---|---|---|
| 독서 많이 하기<br>신문 많이 읽기<br>독서 클럽 활동<br>대화하기 | 퍼즐, 보드게임<br>돈 계산하기<br>추리 소설 상상하며 읽어보기<br>가계부 작성하기 | 장난감 분해 조립<br>보물찾기 놀이<br>지도보고 길 찾기<br>방 꾸미기<br>운전하기 | 노래 많이 듣기<br>노래부르기<br>악기 연주하기<br>공연 예술 관람<br>클럽가기 |
| **신체운동** | **자연친화** | **인간친화** | **자기성찰** |
| 헬스 다니기<br>스트레칭<br>가까운 거리 걸어다니기<br>유행하는 춤 따라 춰보기 | 식물 키우기<br>나무 심기<br>등산 가기<br>애완동물 기르기<br>자연 다큐 감상 | 동아리 활동<br>봉사하기<br>뒷풀이 참여<br>아르바이트<br>조별 활동 열심히 하기 | 일기쓰기<br>자기 전<br>10분 생각하기<br>포트폴리오<br>자기계발서 읽기 |

**<사례 2>**

| 언어 | 논리 수학 | 공간 | 음악 |
|---|---|---|---|
| 외국인이랑 대화하기,<br>편지, 구연동화,<br>단어의 뜻과 어원 찾기,<br>어학연수, 웅변하기 | 스도쿠, 은행,<br>지뢰찾기, 주식 투자,<br>경매하기, 바둑,<br>오목, 체스, 젠가,<br>추리소설, 발명하기,<br>뉴스 시청, 질문 많이하기 | 내비게이션,<br>종이접기, 도미노,<br>3D영화, 후진주차,<br>풍경화 그리기, 큐브,<br>나침반 활용하기 | 클럽가기,<br>교가 외우기,<br>오디션 참가,<br>노래방가기,<br>노래 흥얼거리기 |
| **신체운동** | **자연친화** | **인간친화** | **자기성찰** |
| 춤추기, 무예 수련,<br>조기 축구,<br>지각일때 뛰기 | 자전거 이용, 산림목,<br>텃밭 가꾸기,<br>별자리 보기,<br>캠핑가기, 분리수거,<br>한학촌 관광,<br>잔반 줄이기,<br>네셔널지오그래픽<br>(동물의 왕국) | 군대, 회식, 경청,<br>대외활동, 상담하기,<br>설득/교섭, 포옹,<br>소개팅하기, 헌팅,<br>친구들과 게임하기,<br>조별활동 | 점보기, 토정비결,<br>잔소리, 강연 듣기,<br>자기반성, 도 닦기,<br>셀카, 아싸 되어보기,<br>회개, 홀로 여행 |

다중지능이론이 주는 가장 큰 시사점은 인간의 지능이 단순히 한 가지로 이루어

져 있지 않고 여러 가지 많은 종류의 지능으로 이루어져 있다는 것이다.

가드너는 인간의 지능은 음악 지능(musical intelligence), 신체운동 지능(bodily-kinesthetic intelligence), 논리수학 지능(logical-mathematical intelligence), 공간 지능(spatial intelligence), 언어 지능(linguistic intelligence), 인간친화 지능(interpersonal intelligence), 그리고, 자기성찰 지능(intrapersonal intelligence), 자연친화 지능(naturalist intelligence)의 8가지로 나누었다. 최근에는 8개 이외에 9번째 지능이 있을 가능성을 이야기했다. 이 지능을 실존지능(영성지능)이라 한다. 실존 지능은 인간의 존재 이유, 참 행동의 의미, 삶과 죽음에 대해 고민하고 스스로 답을 찾아가는 능력을 포함하는 지능이다. 즉, 인생의 의미, 삶의 근원적 가치 등을 추구하는 능력이라 할 수 있다. 삶의 근본적인 의미를 추구하는 실존지능이 높은 사람들의 공통점으로는 담대한 태도, 폭넓은 관점, 사람을 이끄는 힘이다. 높은 지능이 같더라도 이 실존지능의 차이에 따라 전혀 다른 인생을 살 수도 있다. 이유는 삶과 행복에 참 가치에 대한 영적, 실존적 판단기준이 다르기 때문이다.

**다중지능을 높이는 방법(문용린, 2004)**

| 지능 | 방법 |
|---|---|
| 음악 지능 | - 사건과 인물, 감정과 추억 등을 음악과 결부하여 기억한다.<br>- 노래의 음정과 리듬을 생각하며 노래 부르는 습관을 들인다.<br>- 쉽고 대중적인 악기 한 가지의 연주법을 익힌다.<br>- 음악 감상에 몰입한다.<br>- 음악과 관련된 취미는 종종 재능의 발견이나 전직의 계기가 된다.<br>- 여건이 허락한다면 악보를 보면서 노래한다. |
| 신체 운동지능 | - 조깅이나 걷기 말고 다소 복잡한 동작과 기술을 요하는 레저스포츠를 익힌다.<br>- 일정한 전문적 기교가 필요한 운동을 한 가지 정도 택해서 주기적으로 해 본다.<br>- 춤이나 스포츠 종목에서 구분 동작을 하나하나 떠올려 실행한다.<br>- 아이디어, 사고, 정서를 표현할 때 신체를 이용한다.<br>- 스트레칭 습관을 들인다.<br>- 임의로 자신만의 동작을 창안해 본다. |

| | |
|---|---|
| 논리 수학 지능 | - 생활 속에서의 셈을 어렵다거나 귀찮게 여기지 않고 직접 해 본다.<br>- 정보와 자료들을 일정한 기준에 따라 분류하는 작업에 앞장선다.<br>- 추리소설 등을 읽을 때 잠깐 멈추고 다음에 어떤 일이 일어날지 생각해 본다.<br>- 기계, 장치 등이 어떻게 움직이는지 원리를 유심히 따져 본다.<br>- 투자자가 아니더라도 두뇌 훈련 차원에서 주식시장의 세부 동향을 주시한다. |
| 공간지능 | - 장소와 건물 등으로 사물과 인물을 연상하여 기억하는 습관을 들인다.<br>- 정보를 그림이나 도표로 풀어내어 다른 사람에게 자주 설명해 준다.<br>- 가구나 집기, 장식물 등을 배치할 때 가급적 먼저 간단한 그림을 그려 계획을 세운다.<br>- 디자인, 패션의 기능적 발상에 대해 주의를 기울인다.<br>- 나름대로의 생각으로 그림의 의미를 해석해 본다. |
| 언어 지능 | - 아이디어, 생각, 정서 등을 글이나 말로 표현하기 위해 노력한다.<br>- 문서를 작성할 때 다양한 종류의 사전을 습관적으로 참고한다.<br>- 연극 대본이나 시를 큰 소리로 읽어 본다.<br>- 책이나 신문에 나오는 이야기를 일기나 수필로 재구성해 본다.<br>- 휴식을 취할 때는 읽을거리로 소일을 삼는다. |
| 인간친화 지능 | - 다른 사람과의 협업과 분업을 추구한다.<br>- 조직 내에서의 의사소통, 비즈니스상의 설득과 교섭에 적극적으로 나선다.<br>- 취향이 맞는 사람과 공통의 문화적 경험을 많이 쌓는다.<br>- 다른 사람의 말을 끝까지 경청하는 태도를 기른다.<br>- 다른 사람의 감정을 느끼고 의사를 파악하기 위해 주의를 기울인다. |
| 자기성찰 지능 | - 자기계발을 위한 계획을 세우고, 그 실천 여부를 스스로 점검한다.<br>- 매일 일기를 쓰거나 자신에게 있었던 일을 정리 또는 반성하는 글을 쓴다.<br>- 자기 내면세계에 집중하여 기도나 묵상 또는 명상을 한다.<br>- 해결하기 어려웠던 문제를 떠올려서 그 대안을 생각해 본다.<br>- 자신을 홍보하는 광고를 만들거나 자서전을 쓴다. |
| 자연친화 지능 | - 꽃, 나무, 애완동물 등을 기르면서 세세한 관심을 가져 본다.<br>- 자연과 환경에 관한 책과 자료를 많이 읽는다.<br>- 자연 다큐멘터리 등의 영상물을 즐겨 본다.<br>- 질병이나 건강과 관련하여 인체의 구조 등에 대해 관심을 갖는다.<br>- 산에 오르거나 자연현상이 있는 곳에 가 보고 그 경험을 기록한다. |

〈활동 1〉 **다중지능검사 : 나의 높은 지능은?(문용린, 2004)**

문항을 읽고 해당 번호를 108쪽의 표에 체크해 보자.

① 전혀 그렇지 않다　② 별로 그렇지 않다　③ 보통이다
④ 대체로 그렇다　⑤ 매우 그렇다

1. 취미 생활로 악기 연주나 음악 감상을 즐긴다.
2. 운동 경기를 보면 운동선수들의 장·단점을 잘 집어낸다.
3. 어떤 일이든 실험하고 검증하는 것을 좋아한다.
4. 손으로 물건을 만들고, 그림을 그리는 것을 좋아한다.
5. 다른 사람들보다 어휘력이 풍부한 편이다.
6. 친구나 가족들의 고민거리를 들어 주거나 해결하는 것을 좋아한다.
7. 나 자신을 되돌아보고, 앞으로의 생활을 계획하는 것을 좋아한다.
8. 자동차에 관심이 많고, 각각의 공통점과 차이점을 알고 있다.
9. 악보를 보면 그 곡의 멜로디를 어느 정도 알 수 있다.
10. 평소에 몸을 움직이며 활동하는 것을 좋아한다.
11. 학교 다닐 때 수학이나 과학과목을 좋아했다.
12. 어림짐작으로도 길이나 넓이를 비교적 잘 알아맞힌다.
13. 글이나 문서를 읽을 때 문법적으로 어색한 문장을 잘 찾아낸다.
14. 직장 내 성희롱이 왜 발생하고 어떻게 하면 좋을지 알고 있다.
15. 나의 건강 상태나 기분 컨디션을 정확히 파악할 수 있다.
16. 옷이나 가방을 보면 어떤 브랜드인지 바로 알아맞힐 수 있다.
17. 다른 사람의 연주나 노래를 들으면 어떤 점이 부족한지 안다.
18. 어떤 운동이라도 한두 번 해 보면 잘 할 수 있다.
19. 다른 사람의 말 속에서 비논리적인 점을 잘 찾아낸다.
20. 다른 사람의 그림을 보고 평가를 잘 할 수 있다.
21. 나의 어렸을 때 꿈은 작가나 아나운서였다.
22. 다른 사람들로부터 다정다감하다는 소리를 자주 듣는다.

23. 내 생각이나 감정을 상황에 맞게 잘 통제하고 조절한다.
24. 동물이나 식물에 관하여 많은 정보를 알고 있다.
25. 다른 사람과 노래할 때 화음을 잘 넣는다.
26. 운동을 잘 한다는 말을 자주 듣는다.
27. 회사 생활에서 발생하는 문제의 해결 절차와 방법을 잘 안다.
28. 내 방이나 사무실을 꾸밀 때, 어떤 재료를 사용해야 하고 어떻게 배치해야 할지 잘 알아낸다.
29. 글을 조리 있고 설득력 있게 쓴다는 말을 자주 듣는다.
30. 직장 동료나 상사의 기분을 잘 파악하고 적절하게 대처한다.
31. 평소에 내 능력이나 재능을 계발하기 위해 노력하고 있다.
32. 동물이나 식물을 좋아하고 잘 돌본다.
33. 악기를 연주할 때 음정, 리듬, 빠르기, 분위기를 정확히 표현한다.
34. 뜨개질이나 조작, 조립과 같이 섬세한 손놀림이 필요한 활동을 잘할 수 있다.
35. 물건의 가격이나 은행 이자 등을 잘 계산한다.
36. 그림 그리기나 만들기를 잘한다고 칭찬 받은 적이 있다.
37. 책이나 신문의 사설을 읽을 때 그 내용을 잘 이해한다.
38. 가족이나 직장 동료, 상사 등 누구와도 잘 지내는 편이다.
39. 내 일정을 다이어리에 정리하는 등 규칙적인 생활을 위해 노력한다.
40. 나는 현재 동식물과 관련된 직업에 종사하고 있다.
41. 어떤 악기라도 연주법을 비교적 쉽게 배운다.
42. 개그맨이나 탤런트, 주변 사람들의 행동을 잘 흉내 낼 수 있다.
43. 어떤 것을 암기할 때 무작정 외우기보다는 논리적으로 이해하여 암기하곤 한다.
44. 새로운 지식을 습득할 때 그림이나 개념 지도를 그려가며 외운다.
45. 학교 다닐 때 국어 시간이나 글쓰기 시간을 좋아했다.
46. 내가 속한 집단에서 내가 해야 할 일을 잘 찾아서 수행한다.
47. 어떤 일에 실패했을 때 그 원인을 철저히 분석해서, 다음에는 그런 일이 생기지 않도록 노력한다.

48. 동식물이나 특정 사물이 갖는 특징을 분석하는 것을 좋아한다.
49. 빈칸을 주고 어떤 곡을 채워보라고 하면 박자와 전체 곡의 분위기에 맞게 채울 수 있다.
50. 연기나 춤으로 내가 전하고자 하는 것을 잘 표현할 수 있다.
51. 어떤 문제가 생기면 성급하게 결론을 내리기보다는 여러 가지로 그 원인을 밝히려고 한다.
52. 고장 난 기계나 물건을 잘 고친다.
53. 다른 사람이 하는 말의 핵심을 잘 파악한다.
54. 다른 사람들 앞에서 프레젠테이션이나 연설을 잘한다.
55. 앞으로 어떻게 성공해야 할지에 대해 뚜렷한 신념을 가지고 있다.
56. 환경 문제를 해결할 수 있는 방법들을 많이 알고 있다.

| A | | B | | C | | D | | E | | F | | G | | H | |
|---|---|---|---|---|---|---|---|---|---|---|---|---|---|---|---|
| 1 | | 2 | | 3 | | 4 | | 5 | | 6 | | 7 | | 8 | |
| 9 | | 10 | | 11 | | 12 | | 13 | | 14 | | 15 | | 16 | |
| 17 | | 18 | | 19 | | 20 | | 21 | | 22 | | 23 | | 24 | |
| 25 | | 26 | | 27 | | 28 | | 29 | | 30 | | 31 | | 32 | |
| 33 | | 34 | | 35 | | 36 | | 37 | | 38 | | 39 | | 40 | |
| 41 | | 42 | | 43 | | 44 | | 45 | | 46 | | 47 | | 48 | |
| 49 | | 50 | | 51 | | 52 | | 53 | | 54 | | 55 | | 56 | |
| 합계 | | 합계 | | 합계 | | 합계 | | 합계 | | 합계 | | 합계 | | 합계 | |

[채점]

- 세로 항목별 점수를 다음 공식에 넣어 100점 만점으로 환산한다.
- (총점 - 7) / 7 X 25 = 각 지능의 점수

  각각의 세로 항목에 해당하는 지능

A 음악 지능　　　　　B 신체운동 지능
C 논리수학 지능　　　D 공간 지능
E 언어 지능　　　　　F 인간친화 지능
G 자기성찰 지능　　　H 자연친화 지능

### 〈활동 2〉 다중지능과 직업

다음은 여러분에게 어떤 능력이 더 우수한지 알아보기 위한 검사지이다. '전혀 그렇지 않다'면 1점, '별로 그렇지 않다'면 2점, '대체로 그렇다'면 3점, '매우 그렇다'면 4점에 ✔표해 보자. 그리고 합계에는 3가지 문항 점수의 합을 적어보자.

| 영역 | 문항 | 전혀 (1점) | 별로 (2점) | 대체로 (3점) | 매우 (4점) | 합계 (점) |
|---|---|---|---|---|---|---|
| 언어 지능 | 1. 나는 글을 통해서 나의 느낌이나 주장을 잘 표현할 수 있다. | | | | | |
| | 2. 나는 글을 읽거나 다른 사람의 말을 들을 때 중심 내용을 잘 이해할 수 있다. | | | | | |
| | 3. 나는 나의 의견이나 기분을 상대방에게 말로 잘 전달할 수 있다. | | | | | |
| 논리 수학 지능 | 1. 나는 여러 가지 사실들로부터 일반적인 결론을 끌어낼 수 있다. | | | | | |
| | 2. 나는 수학 문제를 잘 파악하고 다양한 방법으로 답을 구할 수 있다. | | | | | |
| | 3. 나는 복잡한 계산도 정확하게 할 수 있다. | | | | | |
| 음악 지능 | 1. 나는 처음 듣는 노래도 음의 높낮이와 장단에 따라 부를 수 있다. | | | | | |
| | 2. 나는 악기로 간단한 곡을 잘 연주할 수 있다. | | | | | |
| | 3. 나는 음악에 푹 빠져서 감상할 수 있다. | | | | | |

| | | | | | | |
|---|---|---|---|---|---|---|
| 신체 운동 지능 | 1. 나는 운동장 다섯 바퀴를 중간에 멈추지 않고 달릴 수 있다. | | | | | |
| | 2. 나는 선생님이 처음으로 시범보이는 동작을 잘 따라할 수 있다. | | | | | |
| | 3. 나는 피구를 할 때 아주 빠르게 던지는 공을 잘 피할 수 있다. | | | | | |
| 공간 지능 | 1. 나는 짧은 시간 안에 사물의 특징이 잘 나타나게 그릴 수 있다. | | | | | |
| | 2. 나는 종이접기나 로봇조립을 할 때 그림으로 된 설명서를 잘 이해한다. | | | | | |
| | 3. 나는 가구나 물건을 옮겨서 보기 좋고 편리하게 배치할 수 있다. | | | | | |
| 대인 관계 지능 | 1. 나는 친구의 어려운 사정을 들으면 마음이 아프다. | | | | | |
| | 2. 나는 처음 만나는 사람과도 금방 편하게 이야기할 수 있다. | | | | | |
| | 3. 나는 한 번 사귄 친구와 오랫동안 친구로 지낸다. | | | | | |
| 자기 이해 지능 | 1. 나는 쉽게 화를 내지 않으며 화가 나더라도 잘 누그러뜨릴 수 있다. | | | | | |
| | 2. 나는 잘못된 일에 대해서 내 책임을 인정하는 편이다. | | | | | |
| | 3. 나는 목표를 세우고 이를 이루는 방법에 대해 계획을 세워 실천할 수 있다. | | | | | |
| 자연 친화 지능 | 1. 나는 평소에 동물에 관한 프로그램이나 글을 관심 있게 본다. | | | | | |
| | 2. 나는 식물을 잘 보살피며 내가 돌보는 식물은 잘 자라는 편이다. | | | | | |
| | 3. 나는 환경보호를 위하여 일상생활에서 실천하고 있다. (예: 분리수거, 일회용품 덜 쓰기) | | | | | |

♣ 가장 점수를 많이 받은 지능(적성)을 순서대로 3가지 적어 보세요

① ② ③

* 앞의 8가지 다중지능 중에서 높은 점수를 받은 지능을 찾아 사다리를 타고 내려가 보세요. 그 부분에 재능이 있는 사람들이 대체로 잘 할 수 있는 직업, 그 분야의 대표적인 사람의 예, 그 지능을 더 발전시킬 수 있는 몇 가지 방법이 안내되어 있습니다.

**지 방법**이 안내되어 있습니다.

| 나의 강점지능 | <언어지능> | <논리-수학 지능> | <음악지능> | <신체-운동 지능> | <공간지능> | <대인관계 지능> | <자기이해 지능> | <자연친화 지능> |
|---|---|---|---|---|---|---|---|---|
| | 말과 글로 자신의 생각과 감정을 표현하며 다른 사람의 말과 글을 이해할 수 있는 능력 | 숫자에 대한 감각이 빠르며 논리적으로 사고하여 문제를 해결하는 능력 | 노래를 부르고 악기를 연주하며 음악을 감상할 수 있는 능력 | 기초 체력을 바탕으로 춤, 운동, 연기 등을 쉽게 익히고 창조하는 능력 | 도형, 그림, 지도, 입체 등을 구상 창조하며, 머릿속으로 그림을 그리며 생각할 수 있는 능력 | 사람들과 잘 어울리고 도움을 주고받으며 더불어 살아가는 능력 | 자신의 생각과 감정을 알며 자신을 돌아보고 감정을 조절할 수 있는 능력 | 자연에 대하여 관심을 가지고 탐구하고 보호할 수 있는 능력 |

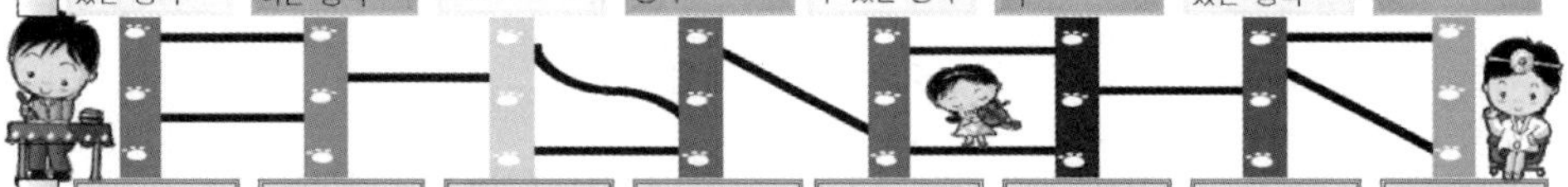

| 강점지능 관련 직업과 대표적인 사람 | 언어지능 | 논리-수학 지능 | 음악지능 | 신체-운동 지능 | 공간지능 | 대인관계 지능 | 자기이해 지능 | 자연친화 지능 |
|---|---|---|---|---|---|---|---|---|
| 직업 | 교사, 정치인, 심리치료사, 사업가, 영업사원, 정치가, 종교지도자, 광고인, 임상가 등 | 엔지니어, 수학자, 물리학자, 과학자, 은행원, 컴퓨터 프로그래머, 구매 대리인, 생활 설계사, 공인 회계사, 회계 감사원, 회사원(경리, 회계업무), 탐정, 의사, 수학교사, 과학교사, 법조인, 정보기관원 등 | 성악가, 연주가, 작곡가, 지휘자, 음악치료사, 음향기술자, 음악평론가, 피아노조율사, DJ, 가수, 댄서, 음악교사, 음반제작자, 영화음악작곡가, 반주자, 음악공연연출가 등 | 홈쇼핑호스트, 작가, 사서, 방송인, 기자, 언어학자, 연설가, 변호사, 영업사원, 정치가, 설교자, 학원강사, 외교관, 성우, 번역가, 통역사, 문학평론가, 프로듀서, 판매원, 개그맨, 경영자, 아나운서, 시인, 리포터 등 | 신학자, 심리학자, 작가, 발명가, 철학자, 정신분석학자, 성직자, 작곡가, 기업가, 예술인, 심리치료사, 심령술사, 역술인, 자기인식훈련프로그램지도자, 간호사, 특수학교교사, 레크리에이션지도자 등 | 안무가, 무용가, 엔지니어, 운동선수, 스포츠해설가, 체육학자, 외과의사, 공학자, 물리치료사, 레크리에이션지도자, 배우, 무용교사, 체육교사, 보석세공인, 군인, 스포츠에이전트, 경락마사지사, 발레리나, 산악인, 치어리더, 경찰, 체육관관장, 경호원, 뮤지컬배우, 조각가, 도예가, 정비기술자, 카레이서, 파일럿, 마술사 등 | 조각가, 항해사, 디자이너, 엔지니어, 화가, 건축가, 설계사, 사진사, 파일럿, 코디네이터, 애니메이터, 공예가, 미술교사, 탐험가, 택시운전사, 화장품관련직업, 동화작가, 요리사, 외과의사, 치과의사, 큐레이터, 서예가, 일러스트레이터, 그래픽디자이너 등 | 환경운동가, 환경분야공무원, 여행가, 탐험가, 동물학자, 식물학자, 유전공학자, 생물학자, 수의사, 농화학자, 조류학자, 천문학자, 고고학자, 한의사, 의사, 약사, 농장운영자, 조리사, 동물조련사, 요리평론가, 식물도감제작자, 원예가, 약초연구가, 화원경영자, 생명공학자, 생물교사, 지구과학교사 등 |
| 대표적인 사람 | 링컨, 처칠, 간디 | 아인슈타인, 스티븐호킹, 빌게이츠, 안철수 | 모짜르트, 정명훈, 조수미, 서태지 | 줄리어스시저, 셰익스피어, 오프라윈프리, 유재석, 이외수 | 프로이드, 성철스님, 테레사수녀, 이상 | 나폴레옹, 찰리채플린, 타이거우즈, 박지성, 강수진, 김연아 | 피카소, 가우디, 월트디즈니 | 허준, 파브르, 제인구달, 윤무부 |
| 발전 및 보완을 위한 일 | 친구사귀기, 공동작업하기, 학급임원하기, 다른 사람 가르치기, 봉사활동, 여행하기도 좋아요. | 분류, 실험, 수학문제풀기, 과학공부하기, 계산하기, 퀴즈와 수수께끼 풀기, 원칙 발견하기에 관심을! | 노래만들기, 음악감상하기, 악기배우기, 음에 맞추어 콧노래하기, 합창하기, 랩 만들기를 즐겨요. | 책이나 신문 읽기, 대화하기, 글쓰기, 외국어 배우기, 유머 말하기, 동화들려주기를 많이 해요. | 일기쓰기, 자서전쓰기, 할 일 계획하기, 명상하기, 삶의 목표 생각하기, 기분이나 감정변화 관찰, 행동원칙 생각도! | 동작과 움직임 따라하기, 요가하기, 줄넘기,등 운동하기, 안무하기, 팬토마임하기, 말하지 않고 의사소통하기는 어때요.? | 어울리게옷입기, 그림그리기, 사진찍기, 미로찾기, 영화나 비디오보기, 퍼즐 맞추기, 약도그리거나 읽기도 good! | 식물가꾸기, 애완동물 기르기, 환경관련 기사 읽기, 자연 비디오 보기, 별과우주관찰, 환경관련 단체 가입하기도 좋죠? |

1. 위의 직업 중 내가 잘 몰랐던 새로운 것이 있나요?
   커리어넷(http://www.careernet.re.kr/) 노동부워크넷(http://www.work.go.kr/) 한국직업정보시스템(http://know.work.go.kr/) 등에서 찾아 자세하게 알아보세요.
2. 나의 강점 지능으로 내가 잘 할 수 있다고 생각하는 직업 3가지를 순서대로 적고 1번의 참고 사이트 등에서 그 직업에 대한 궁금증을 해결하세요.
   ① ② ③
3. 내가 잘 할 수 있는 직업 분야에서 성공한 사람들에 대해 조사해 보세요. 그리고 내가 꿈을 이루려면 어떤 노력을 해야 할까요?
4. 자기가 좋아하고 자신 있게 할 수 있는 일을 하는 사람은 행복합니다. 위의 내용을 바탕으로 '나의 꿈 소개서'를 작성해 보세요.
   (옆의 양식을 참고로 컴퓨터나 다른 종이에 창의적으로 멋지게!)

**( )의 꿈 소개서**

1. 날짜: 년 월 일
2
3. 다중지능 우수 순위:
   ① ② ③
4. 학습을 마친 후 희망 직업:
5. 꿈을 이루기 위해 내가 할 일:

**[참고문헌]**

- 교육인적자원부(2003), 초등학생용 양성평등 진로지도프로그램.
- 민항기(2008), 다중지능이론을 적용한 초등학생용 웹기반 진로안내시스템의 설계 및 구현. 부산교육 대학교 석사학위논문.
- 유니텔원격연수원(2008), 희망과 감동이 있는 학급경영, 서울.
- 정인수(2009), 거울도서관에 숨겨진 마법의 직업물감, 서울: 한국고용정보원.
- http://cafe.naver.com/value3up.cafe?iframe_uri=/ArticleRead.nhn?articleid=1003
  · 대학원생이 제출한 과제임

〈 토의주제 〉

- 높은 지능과 관련된 직업은?
- 낮은 지능을 보완하기 위한 방법은?

# 신체조건도 중요하네

지금은 교양교육대학이 Tabula Rasa College로 명칭이 변경되었고 소속도 단과대학 소속으로 변경되었다. 지금도 지도학생은 자율전공부 학생들이지만 2011년까지는 소속이 자율전공부였다. 자율전공부는 전공이나 학과를 정하지 않고 계열만 정하고 들어와서 1학년을 보내면서 자신의 전공을 찾아가는 학부이다. 따라서 지도학생이 1학년밖에 없고 이 학생들이 자신이 전공할 학과를 잘 찾아가도록 도와주기 위해서 한 학기에 한 번씩 지도교수와 상담을 하도록 시스템화되어 있었다.

진로와 관련한 상담을 진행하면서 그 동안 큰 비중을 두지 않았던 부분은 신체조건에 관한 것이었다. 2006년부터 지도학생들을 상담해 왔는데, 두 명의 학생들을 만나면서 진로 선택에 있어 신체조건이 중요하다는 것을 절실하게 깨닫게 되었다.

몇 년 전에 상담한 학생은 색약이었는데, 그것을 고2 말 즈음 알게 되었다고 한다. 그 동안 미술을 공부하려고 거기에 쏟아 부은 열정과 시간과 노력 그리고 돈.... 많은 것들을 감수하면서 보낸 중고등학교 시절이었을 텐데, 갑작스레 알게 된 색약이라는 판정에 자못 놀라고 당황스러웠으리라. 그래서 자율전공부에 진학해서 진로에 대한 고민을 하는 1년여의 유예기간을 따로 갖게 된 경우였다. 지금은 그 학생이 어느 학과에 진학을 했는지 기억은 나지 않지만 덕분에 진로 관련 강의를 하면서 신체적인 조건을 잘 고려해야 한다고 강조하고 다니게 된 것 같다. 색약임을 미리 알았더라면 그 많은 시간과 열정을 그곳에 쏟는 대신 다른 것에 에너지를 쏟고 준비할 수 있었을 테니 말이다. 그 학생은 만화 그리는 동아리에 가입해서 자신이 좋아하는 그림을 취미로 그릴 수 있어 그나마 다행이었다.

또 신체적인 조건과 관련해 떠오르는 학생이 한 명 더 있다. 이 학생은 상담을 하러 와서는 자신이 직업 선택에 있어 중요하게 생각하는 기준은 돈이라고 자신 있게 이야기하면서 주말에 교통 요지에서 과일 파는 아르바이트를 한다고 했다. 다들 한 번씩은 경험한 적이 있을 것이다. 교통이 밀리는 곳에서 비닐 봉투에 담긴 과일을 파는 사람들 말이다. 그 당시 하루 일당이 4만원이고 주어진 과일을 다 팔면 5만원을 받기도 했다고 한다. 그러면서 그 학생은 자신이 중요하게 생각하는 돈을 어떻게 벌어야 하는지를 명확히 꿈꾸게 되었던 것 같다. 특히 과일과 사람을 트럭에 싣고 가다가 한곳 한곳에 내려주는 역할을 하는 사람을 부장이라고 한다는데 면허를 빨리 따고 시스템을 익혀서 그 일을 해 보고 싶다고 이야기했다. 덧붙이는 말이 "대학에 괜히 왔나 보다"라는 것이었으니, 대학에 몸 담고 있는 나로서는 학생이 안쓰럽기도 하고 더 넓은 시야를 갖게 되길 바라는 마음이 컸다. 상담을 할 즈음에는 벌써 자퇴를 해도 돌려받을 수 있는 등록금이 거의 없기도 해서 돈을 중요하게 생각하는 친구이기에 이번 학기는 학교를 다니며 주말에 아르바이트를 하며 경험을 쌓아 보는 것으로 잠정 합의를 했었다. 만약 2학기에 상담신청을 안 하고 안 나타나면 이 학생은 자퇴를 한 것이다. 그러나 이 친구가 2학기 개강을 하고 얼마 후 연구실 문을 두드리는 것이 아닌가?! 놀랍고 반갑기도 했다. 어찌된 영문인지를 물어본즉 방학을 맞아 일주일에 5일에서 6일 계속 아르바이트를 했다고 한다. 대구의 날씨는 30도를 훨씬 웃돌기에 너무 덥다는 표현만으로는 부족하다. 매일 뜨거운 날씨에 아르바이트를 하던 중 학생이 아토피가 있어서 햇볕 알러지를 일으켜 무척 고생을 했단다. 방학과 더불어 본격적으로 시작한 아르바이트를 통해 이 일은 자신에게 맞지 않음을 경험으로 알게 된 것이다. 그리고는 돈이 중요하니까 열심히 공부해서 장학금을 타겠다는 목표까지 세웠으니 얼마나 다행인지....

신체조건은 직업을 갖고 일하는 데 필요한 체력, 체격, 체질 등의 신체적 특성과 건강상태를 말한다(전도근, 2011). 직업과 관련해서 자신의 신체조건을 잘 이해하는 것은 필수이며 이런 저런 다양한 활동들을 통해 자신에게 맞는 일인지 여부를 점검해 나가는 것은 꼭 필요한 일이기도 하다.

그리고 직업과 관련된 것은 아니지만 경험의 중요성을 깨닫게 한 사례를 하나 소개해 보려 한다. 2010년 연말부터 2011년 새해에 제주도에서 진행되는 피정 프로그램이 있었다. 2박 3일 일정 중에 하루가 한라산 등반이나 관광이었으니 산에 관심을 갖기 시작한 나로서는 뿌리칠 수 없는 유혹에 어머님과 함께 신청을 했다. 물론 어머님은 관광을, 난 등반을 신청해서 1월 1일 새해 눈 덮인 한라산을 올랐다. 정말 경험하기 어려운 일 중에 하나라고 다들 한마디씩 덧붙여 주시니 으쌰으쌰가 더 되었다. 산을 정말 잘 타는 분은 아이젠도 안 하고 스틱도 없이 너무 가볍게 올랐지만 이런저런 장비를 갖춘 나는 헥헥거리며 서로의 응원과 지지에 힘입어 백록담 정상에서 한 컷의 사진을 찍는 기념적인 날을 맞게 되었다. 조금 더 긴장이 풀어진 상태에서 산을 내려오는데 거의 중반을 넘어서부터 자꾸 아이젠에 눈이 껴서 나무에 털기를 몇 차례 하며 내려왔다. 또 신발끈이 자꾸 풀어져서 멈추어서 끈을 다시 매야 하는 상황이 발생했다. 같이 간 다른 사람들을 기다리게 하는 것이 미안해 큰 불편은 아니라 생각하고 대충 매고 내려왔다. 숙소에 다 도착해 발을 보니 오른쪽 엄지발가락이 퍼렇게 멍이 들기 시작한 것이다. 으악~~ 중간에 눈이 아이젠에 끼고 끈이 풀어질 때 조금만 멈추어서 다시 제대로 확인만 했어도 발톱에게 고생을 안 시킬 수 있었던 것을.... 무심하게 무시하고 무대포로 하산한 덕에 몸이 고생하게 된 것이다. 더 놀라운 것은 발톱이 빠지고 자연스럽게 되는 데는 꼬박 6개월 이상이 걸렸으니 잠깐의 실수로 치룬 대가는 엄청났다. 이처럼 어떤 일이 자신의 신체적 조건에 안 맞는다면 잠깐 멈추어서 점검하는 것은 꼭 필요하다.

신체적인 조건을 고려해야 하는 몇 가지 직업들을 소개해 보고자 한다.

| 장애 | 부적당한 직업 | 예 |
|---|---|---|
| 근시 | 충분한 시력을 요하는 직업 | 정밀기계공, 교통종사원, 식자공, 활판문선, 인쇄공, 인쇄조각공, 금은세공사, 사진기술자 |
| 색맹 | 색채를 명확히 구별해야 하는 직업 | 화가, 장식도안가, 의사, 교통종사원, 염색공, 색판제작인쇄공, 자수공, 미술서예가, 의사 |
| 난청 | 재해 위험이나 귀 사용이 많은 직업 | 음악가, 조율사, 시계수리공, 통신사, 판매원, 교사, 간호사, 의사 |
| 피부병 | 화공약품 제조, 기호품 취급 직업 | 화학공, 염색공, 피혁공 |
| 악취 | 대인관계를 많이 하는 직업 | 서비스업 종사자, 의사, 간호사, 교원 요리사, 이용업 종사자, 외교관 |
| 손 떨림 | 손으로 작업하는 직업 | 자수공, 도안가, 제본가, 네일아티스트 |
| 간질 | 위험재해가 많은 직업 | 기계운전공, 전선공, 고층청소부 |

**〈활동〉 직업과 신체적 조건 조사하기**

내가 관심을 두고 있는 직업이나 아는 직업 중에 신체적 조건을 고려해야 하는 것이 있다면 고민해 보며 작성해 보자.

| 직업 | 고려할 신체적 조건 |
|---|---|
| | |
| | |
| | |
| | |
| | |

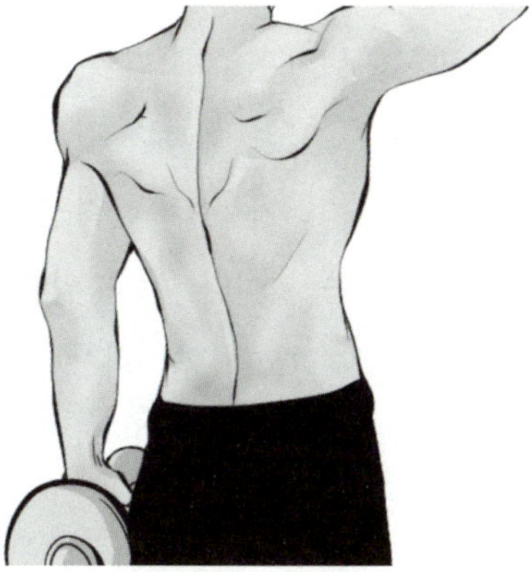

## 진로선택에 있어 마음의 근육은?

진로와 관련한 마음의 근육을 진로탄력성이라 한다. 진로탄력성의 개념을 살펴보기 위해서는 회복탄력성의 개념을 먼저 알아보아야 한다. 2000년대부터인가 회복탄력성(resilience)이라는 개념이 붐처럼 유행했다. 나도 관련된 책을 읽고 공부하고 강의에 한 부분에 넣어 소개하기도 했다. 제자들 중에는 연구 주제로 활용하기도 했다. 실패나 좌절의 상황에서 오뚜기처럼 다시 일어설 수 있는 힘을 이야기한다. 몸에 근력이 있는 것처럼 마음에도 근력이 있다는 것이다.

네이버 사전의 정의에 따르면, 실패나 부정적인 상황을 극복하고 원래의 안정된 심리적 상태를 되찾는 성질이나 능력, 역경이나 고난을 이겨내는 긍정적인 힘이라고 한다. 김주환(2019)은 회복탄력성을 자신에게 닥치는 온갖 역경과 어려움을 오히려 도약의 발판으로 삼는 힘이라고 했다. 볼펜 안에 용수철을 보면 양손으로 누르면 쭈그러들지만 놓으면 이내 원래 모습으로 돌아가는 것과 같다. 다시 말하면 곤란한 상황에 직면했을 때 이를 극복하고 환경에 적응하고 정신적으로 성장하는 능력이다. 회복탄력성 지수는 역경이나 고난을 이겨내는 긍정적인 힘의 정도를 총합하여 하나의 수치로 나타낸 것으로 감정통제력, 낙관성, 충동통제력, 원인분석력, 공감능력, 적극적 도전성, 자기효능감의 7가지 요인으로 구성되어 있다.

보통 회복탄력성은 1:2의 법칙으로 1/3의 사람들이 높게 가지고 태어난다고 한다. 누구에게나 있지만 정도의 차이가 있는 회복탄력성은 체계적인 훈련이나 노력으로 키워갈 수 있다고 하니 얼마나 다행인가! 회복탄력성을 키우는 방법에는 가장 중요한 것이 긍정적인 정서를 향상시키는 것이다. 이를 위해 할 수 있는 것들의 예로는 명상하기, 선행베풀기, 인생에서 좋은 일고 추억 회상하기, 잘 되는 일에 집중하기, 운동하기, 감사하기 등이 있다. 이외에도 각자 나만의 긍정적인 정서를 향상시킬 수 있는 방안을 모색해 보면 좋을 듯하다.

자, 이제 진로탄력성의 개념을 정의해 보자. 진로탄력성은 진로와 관련해서 개인이 실패하거나 좌절하거나 어려움을 겪는 위기의 상황에서 이를 참아내고 유연하게 적응해 나가는 것이라 할 수 있다. 즉 진로 환경에서의 변화에 적응할 수 있는 개인의 특성이나 능력을 말한다. 회복탄력성의 구성요인이 있었던 것처럼 진로탄력성도 구성요소를 나누어 살펴볼 수 있다. 첫째, 개인적 요소로 자기신뢰(자신의 생활역량에 대한 전반적인 믿음의 정도)와 성취열망(개인이 세운 목표를 달성하고자 하는 의지)이 있고, 둘째, 직무적 요소로 진로자립과 변화대처가 있으며, 셋째, 사회적 요소로 관계활용(사회적 지지, 자원을 활용하는 태도나 활동)이 있다. 진로탄력성이 높은 개인은 불확실하고 좌절의 상황에서도 자신의 목표 달성과 직업적 적응 및 성공을 추구한다.

**< 진로탄력성의 구성요소 >**

| | | |
|---|---|---|
| 개인적 요소 | 자기신뢰 | 자기효능감, 강인성, 자기인식, 자존감, 내적 통제성 |
| | 성취열망 | 성공윤리, 미래지향, 성취욕구, 목표지향, 낙관성 |
| 직무적 요소 | 진로자립 | 지속적인 학습, 학습된 지략, 취업능력, 가치주도 |
| | 변화대처 | 변화의지, 변화대처기술, 위험감수, 유연성 |
| 사회적 요소 | 관계활용 | 대인관계구축, 지지자원확보, 자원확보 |

### 〈활동〉 나의 진로탄력성 정도 알아보기

* 각 문항을 읽고 당신에게 가장 적합하다고 생각되는 번호를 괄호 안에 써 주세요.

매우 그렇다는 5점, 그런 편이다는 4점, 보통이다는 3점,
그렇지 않다는 2점, 전혀 그렇지 않다는 1점으로 표시하면 된다.

1. 나는 잘 할 수 있을 거라고 믿는다. (　　)
2. 나의 진로에서 어떤 일도 결국엔 잘 될 것이라고 확신한다. (　　)
3. 나는 나의 진로에서 성공할 수 있다고 자신한다. (　　)

4. 어떤 상황에서도 나에 대한 믿음을 가진다. (　　)
5. 내가 원하는 진로에서 성공할 자신이 있다. (　　)
6. 진로과정에서 어려움에 부딪힐 때도 나 자신을 믿는다. (　　)
7. 내가 추구하는 삶의 비전(목적)이 있다. (　　)
8. 나는 이루고 싶은 뚜렷한 목표를 가지고 있다. (　　)
9. 나는 이루고 싶은 구체적인 목표와 계획이 있다. (　　)
10. 내가 생각하는 분명한 성공의 기준이 있다. (　　)
11. 나는 꿈과 목표를 이룬 모습을 생각하면 의욕이 생긴다. (　　)
12. 나는 목표의식이 분명한 편이다. (　　)
13. 진로와 관련해서 더욱 발전하기 위해 꾸준히 학습한다. (　　)
14. 나의 전문성을 발전시키기 위해 노력한다. (　　)
15. 내 진로에서 전문가가 되기 위해 계속 배우려 한다. (　　)
16. 나는 진로와 관련하여 새로운 기술을 배우려 한다. (　　)
17. 진로와 관련해서 잘 모르는 것이 있으면 배우려고 한다. (　　)
18. 나는 진로를 위해 준비하며 노력한다. (　　)
19. 나는 역동적인 변화를 오히려 즐기는 편이다. (　　)
20. 나는 실패와 좌절에 대한 두려움이 작다. (　　)
21. 낯선 새로운 사람들과 함께 일하는 것이 힘들지 않다. (　　)
22. 갑작스런 변화에도 짜증내지 않고 차분히 대처한다. (　　)
23. 사회변화에 민감하고 적절하게 대처한다. (　　)
24. 나의 진로에 갑작스런 변화에도 유연하게 대처한다. (　　)
25. 나를 재충전할 수 있는 활동을 함께하는 사람들이 있다. (　　)
26. 진로에서 좌절했을 때 친구나 가족의 위로가 도움이 된다. (　　)
27. 주위사람들과 대화를 나누며 진로의 스트레스를 해소한다. (　　)
28. 나의 스트레스를 털어 놓을 수 있어서 큰 힘이 되어 주는 사람들이 있다. (　　)
29. 내 주위에 나를 응원하고 격려해 주는 사람들이 있다. (　　)
30. 내 주변 사람들은 나에게 관심과 사랑을 가지고 있다. (　　)

# 내가 보는 나, 남이 보는 나

나이가 들어도 인정하기 싫은 내 모습이 있는 듯하다. 이전에 근무하던 대학에 잘 아는 분과 저녁을 함께 하며 담소를 나누다가 예전에 있었던 이런저런 이야기를 하게 되었다.

10년 이상이 지난 일이지만 다시 듣는 이야기가 편할 리 없으니.... 아직도 미숙한 내 모습을 보게 되었다.

다른 사람과 균형을 이루며 일하는 부분! 내 일은 아니지만 전체적으로 보면 학교를 위해 필요한 일들을 서로 도와야 하는 상황이었던 것 같다. 도와준다는 것과 내 일을 안 하며 전적으로 그 일만 해야 하는 것과의 차이랄까....

시간을 내어 도와주더라도 개인주의 성향이 강한 나로서는 급한 내 일을 우선시 할 수밖에 없었다. 그러나 자기 업무가 학교 입장에서 얼마나 중요한 일인지를 아는 사람은 이런 내 모습을 이해하기 쉽지 않았을 터이다. 더군다나 입사한 지 얼마 되지 않은 나이 많은 그리고 상담이라는 특이한 일을 하는 신입이었으니....

지금 그 상황이라면 어떨까를 생각해 보게 된다. 아마도 나는 똑같은 선택을 하겠지.... 그러나 표현하는 법이 달라질 것 같다. 상대방이 하는 일이 얼마나 중요한 일인지를 이야기해 주고 상대방의 마음을 읽어 준 후에 누구도 도와줄 사람이 없어서 잠시 하던 일을 하고 오겠다고 양해를 구할 것 같다.

이번 만남에서도 "그땐 내가 사회생활을 많이 한 것도 아니고 미숙해서 그랬나 보네"라고 말하고 넘길 수도 있을 법한데, 극구 변명을 하게 되다니.... 오히려 아직도 그때 일을 이해 못하는 부류가 있다는 말에 "나를 알지도 못하며 그런 말을 하다니..."라며 발끈해지기까지 하니 아직도 도를 더 닦아야 성숙의 길로 가려나 보다!

진로를 선택함에 있어 가장 우선해야 할 일이 자기이해이다. 늘 강의 중에 자신의 모습을 객관적으로 보는 것이 중요하다고 이야기하면서 객관적으로 이야기해 주는 나의 모습에 거부를 표하는 나는 모순이라는 생각도 살짝 들어 부끄럽기도 하다. 자기를 알아간다는 것, 객관적으로 본다는 것이 얼마나 어려운 일인지 새삼 생각해 보게 된다.

이와 관련해서 '조하리의 창(Johari Window)'을 소개해 보고자 한다. 조셉 러프트(Joseph Luft)와 해리 잉햄(Harry Ingham)에 의해 고안된 것으로 자기 개방의 정도를 설명한다(Luft, 1969). 이들은 사람의 심리가 4등분된 창과 같이 이루어졌다고 본다.

| | 자신이 아는 부분<br>(known to self) | 자신이 모르는 부분<br>(unknown to self) |
|---|---|---|
| 타인에게 알려진 부분<br>(known to others) | I<br>열린 창<br>(open area) | II<br>보이지 않는 창 (blind area)<br>"내가 그런 사람으로<br>비춰지는지<br>정말 몰랐어" |
| 타인에게 알려지지 않은 부분<br>(unknown to others) | III<br>숨겨진 창<br>(hidden area)<br>"너한테 그런 면이 있는 줄<br>몰랐어" | IV<br>미지영역<br>(unknown area) |

첫째, 서로가 아는 '열린 창' 영역은 나도 알고 있고 타인도 알고 있는 나의 성향들에 관한 부분이라 할 수 있다. 즉 내가 아는 부분이고 이를 자유롭게 상대방에게 공개해서 상대방도 알고 있는 나에 관한 사항이다(이재창, 1995). 예를 들면, 누군가가 평상시에 남을 잘 배려한다고 생각하고 있는데, 남들도 누구 하면 "배려"라는 단어를 떠올린다면 아마 열린 창 영역에 해당된다고 할 수 있다. 이런 열린 창 영역에서는 칭찬이 지나치면 아부가 될 수 있고 야단이나 핀잔이 지나쳐도 독이 될 수 있다. 그러나 서로를 알고 있다는 점에서 두 사람의 관계는 대체로 평온하다(현창국, 2009).

둘째, '보이지 않는 창'은 다른 사람들은 알고 있는데, 나 자신은 모르고 있는 부분이다. 나는 모르고 있었는데 다른 사람들이 "너 이런 것 같아"라고 말해주는 영역이라 할 수 있다. 예를 들면, 이상한 버릇 같은 것일 수 있다. 내가 모르고 있었던 나의 장점과 단점을 다른 사람이 이야기해 주면 가끔은 고마움을 느끼게 되기도 한다. 따라서 내가 몰랐던 나를 재발견하게 도와줄 수 있는 영역이기도 하다(현창국, 2009).

셋째, '숨겨진 창'은 자신은 알고 있지만 다른 사람은 모르는 부분이다. 겉으로 표현하지 않은 생각이나 느낌, 또 나만이 가지고 있는 비밀사항이 해당된다. 속 깊은 이야기를 나누기 전까지는 상대방이 알아차리기 어려운 부분이거나 감추고 있는 부분일 수 있어 오해가 발생할 수도 있다. 내가 알고 있는 내용에 대해 상대가 모르고 있기 때문이다. 개인주의적인 성향이 강한 사람이 이런 모습을 남들에게 들추어내지 않고 지내고 있다가 결정적인 순간에 자기에게 이로운 선택을 하게 되면 주위사람들이 놀라게 된다. 그리고 만약 누군가가 이 영역에서 나에게 충고를 한다면 짜증이 날 수도 있다(현창국, 2009).

넷째, '미지의 창'은 나도 모르고 있고 상대방도 모르는 영역에 해당이 된다. 아직 자신이나 타인에게 발견되지 않은 미개발된 부분이다. 이 영역에서는 전문가의 도움이 필요하다는 것이 심리학자들의 공통된 의견이다(현창국, 2009). 또는 자기탐색을 통해 자신을 발견하고 이를 타인에게 공개함으로써 축소시킬 수 있다.

결국 '조하리의 창'이 강조하는 영역은 '보이지 않는 창'이다. 그것은 상대에 대한 관심과 배려이다. 상대의 장점을 살피려는 마음가짐이 의사소통의 열쇠인 셈이다(현창국, 2009).

'조하리의 창'에 비추어 나의 사례를 본다면 아마도 나는 숨겨진 창에 대한 피드백을 받았다고 생각해서 기분 나빴고 상대방은 보이지 않는 창에 대한 피드백을 해주었다고 생각했을 수도 있을 것 같다.

여러분도 각자 자신의 창을 채워 보면 좋겠다. 내가 생각해 오던 나의 모습, 주위 친한 사람들로부터 들었던 이야기를 토대로 작성할 수 있는 만큼만 채워 보자. 자신이 생각하는 나와 남들을 통해 보는 나에 대해 고민해 보는 시간이 될 수 있을 것이다.

### 〈활동〉 내가 보는 나 그리고 남이 보는 나

나는 혼자가 아니기에 자신을 이해하는 데 있어 자신의 관점과 타인의 관점으로 살펴볼 수 있다. 내가 보는 나 그리고 타인이 보는 나를 생각해 봄으로써 자신을 조금 더 객관적으로 볼 수 있고 총체적인 관점에서 볼 수 있다.

평상시 내가 생각하는 나에 대해 자연스레 떠오르는 것들을 중심으로 그리고 주위에 친한 사람들이 들려주는 나에 대해 생각하고 기록해 보자. 인정하기 힘든 부분은 무엇이고 받아들여지는 부분은 무엇인지 자유롭게 이야기 나누어 보자.

| | 자신이 아는 부분 (known to self) | 자신이 모르는 부분 (unknown to self) |
|---|---|---|
| 타인에게 알려진 부분 (known to others) | | |
| 타인에게 알려지지 않은 부분 (unknown to others) | | |

직업의 종류는 얼마나 될까? 그리고 그중에서 내가 아는 직업은 몇 개나 될까? 직업은 꼭 가져야 하는 걸까? 어떻게 하면 다양한 직업을 조금 더 심도 있게 탐색해 볼 수 있을까? 직업 정보를 알아볼 수 있는 유용한 인터넷 사이트는 무얼까? 내가 하려는 일에 필요한 최소한의 능력이나 그 외 더 요구되는 능력은 무얼까? 어떤 자격증에 도전해야 할까? 등등 직업과 관련해서 고민해 봄직한 주제들이 많이 있다.

직업을 탐색하는 길에서는 이와 같은 다양한 고민들을 미래 직업세계 변화와 기업에서 요구하는 인재상 등에 비추어 하나하나 풀어가고자 한다.

CHAPTER

# 03

## 직업을 탐색하는 길

# 직업에 담긴 의미

직업(職業)이란 다음 사전에서는 '개인이 사회에서 생활을 영위하고 수입을 얻을 목적으로 한 가지 일에 종사하는 지속적인 사회 활동'이라 하고 위키백과사전에서는 "생계유지를 위해서 하는 일"이라 정의한다. 직업을 고용형태에 따라 분류하면, 크게 정규직, 비정규직, 프리랜서 등으로 구분한다.

교육인적자원부(2002) 자료에 따르면, 직업은 개인이 일정 시기에 계속적으로 수행하는 경제 및 사회 활동으로서 보수가 따르는 일을 의미한다. "직(職)"이란 관(官)을 중심으로 하는 직무라는 관직의 뜻과 직분을 맡아 이행한다는 사회적 역할 이행의 의미가 있고, "업(業)"에는 생계를 유지하기 위해 전념하는 일이라는 뜻과 자기 능력을 발휘하기 위하여 어느 한 가지 일에 몰두하고 전념한다는 의미가 포함되어 있다.

**Tip_직업과 관련된 용어(전도근, 2011)**

| 구분 | 정의 |
|---|---|
| 일 | 수입과 관계없는 계속적인 정신적 · 육체적 활동 |
| 직업 | 경제적 소득을 얻거나 사회적 가치를 이루기 위해 참여하는 계속적인 정신적·육체적 활동 |
| career | 보수나 시간에 관계없이 한 인간이 평생 동안 하는 일의 총체 |
| occupation | 반드시 보수가 지불되는 직업 |
| job | 직업의 최소 단위를 구체적으로 표현한 것 |

직업을 한 마디로 정의하기는 어렵지만 이제까지 가져 온 직업을 통해 나름의 정의를 내려 본다면 아마도 직업은 나의 생리적인 부분을 충족시켜 주며 나의 삶에 의미를 더해 주는 것이라 할 수 있다. 가르치는 일, 상담을 하면서 학교나 외부 기관

에서 수입을 얻음으로써(경제적인 부분) 등 따습고 배부른 생리적인 욕구들이 충족되기도 하고 직업인으로서 더 나은 나를 만들기 위해(자아실현) 자기개발도 하고 다양한 준비나 시도를 하며 삶의 의미를 찾아가게 된다. 이런 일련의 과정을 통해 심리적이고 사회적인 충족이 되는 것 같다.

이런 부분이 흔히 이야기하는 직업의 기능과도 일맥상통한다고 볼 수 있다. 직업의 기능에는 생계유지의 수단, 사회생활 및 봉사의 수단, 자아실현의 수단 등이 있다. 어렵고 힘든 시기에는 생계유지의 수단이 크게 부각되었으나 최근에는 노령화나 퇴직이 빨라지면서 사회생활 및 봉사의 수단으로 생각하는 사람들이 증가하고 있고 직업을 자아실현의 수단이라고 생각하는 사람들도 많이 있다. 즉, 직업을 통해 능력을 발휘하고, 꿈과 비전을 성취하는 사람들이 많아졌다.

요약해 보면, 직업은 먹고사는 생계유지의 문제를 해결하는 차원을 넘어 사회생활 및 봉사를 하거나 자아를 실현하는 것이라 할 수 있다.

학자들이 정의해 놓은 것보다도 각자 생각하는 직업의 의미는 무엇일까를 고민해 보는 것은 취업을 준비하는 대학생들에겐 더 의미있는 일이 될 것이다. 여러분이 생각하는 직업이란 무엇일까? 이를 고민하다 보면 아마도 직업의 기능적인 부분도 언급이 될 것이다.

많은 사람들이 삶을 살아가면서 직장이나 직업을 몇 번 바꿀까? 우선 이제까지의 나를 돌아보면 지방의 대학교에 조교 11개월, 도 단위 상담실에 상담원 1년 7개월, 대학교에 상담원 10년 9개월 그리고 지금 대학교에서는 교수 16년차.... 같은 대학교에서 조교와 상담원을 했었으니 직장은 3번 정도 바꾸었다 할 수 있고, 직업은 조교, 상담원, 교수로 3번 정도 바꿈이 있었다.

미국 어느 조사에 따르면, 많은 사람들이 12번 직장을 바꾸고 4번 정도 직업을 바꾼다고 한다. 이렇게 보면 앞으로 나는 직장에 대한 변화는 더 있을 수 있고 직업에 대한 변화는 그리 많지 않을 듯 하지만 평균 수명이 증가하면서 앞으로는 이런 추이도 변화가 될 듯하다.

나의 직장 변화를 돌이켜 보니 한 직장에서 다른 직장으로 옮긴 이유에서 어떤 공통점이 발견된다. 석사과정 때 논문을 앞둔 학기에 지도교수님이 지방에 있는 대학에 같은 학과에서 조교를 뽑는데, 해보겠냐는 제안에 경력이 된다면 교통비와 월급이 같더라도 할 수 있다는 생각에 흔쾌히 오케이를 했다.

조교 생활 11개월을 하고 그 대학 교수님들은 계속해 주기를 원하셨지만 조교 생활을 해 본 사람들은 알겠지만 농담처럼 하는 말인 "오래 할 것은 못 된다"라는 말처럼 과감하게 백수가 되더라도 접기로 했다. 아마 이런 선택을 한 이유는 조교 업무 자체가 전문성을 띤 일이 아니고 단순함과 보조 업무가 전부였기 때문이리라. 거기에 덧붙여 구속이 많고 자유롭지 못함에 쉽게 그만두기를 선택할 수 있었던 것 같다.

그리고 박사과정이 개설되기를 기다리던 중 지방에 도 단위 상담실이 개소되면서 상담원을 뽑는다는 소식을 접한 뒤 지원서를 내고 합격해서 다니기를 1년 7개월! 일은 재미있고 상담자로서 자기성장을 이루는 기회였다. 상담 관련한 다독과 교육들... 아마 이 시기가 상담에 도움이 되는 여러 가지를 배웠던, 열정을 가장 많이 가졌던 시기라 해도 과언이 아닐 정도이다. 학력이 높은 사람들로 구성되어 있으나 그 당시만 해도 월급이 무척 적었던 시절이어서 이전에 조교로 근무하던 대학에서 학생생활연구소로 와 주기를 청할 때 약간 망설이긴 했지만 개인적인 이유와 함께 같은 업무를 하는데 월급이 조금 더 많고 안정적인 대학을 선택하는 것은 아마 당연한 일이었던 것 같기도 하다.

그 대학에서 10년 넘게 근무하게 될 줄은 상상도 못한 일이지만 지금 돌아보니 누구의 간섭도 받지 않는 자율적인 근무환경이 그 일을 지속하게 했던 것 같다. 상담하는 사람을 뽑아 놓고 업무의 전문성과 독특성이 있기에 관여할 수 있는 사람이 없었던 것이다. 제한된 범주 안에서 약간의 일탈을 즐기면서 하고 싶은 여러 가지를 했던 것 같다. 그러던 차에 대학도 기업처럼 변화의 물결을 맞게 되고 부서 통폐합이 되면서 독립적인 일임에도 불구하고 누군가에게 보고를 해야 하는 시스템이 마련되면서 '아... 이제 옮길 때가 되었구나'를 생각하게 되었다.

그러던 차에 지금의 대학에서 내가 연구하던 분야에서 사람을 뽑기에 덥석 원서를 냈다. 이제까지와는 사뭇 다른 출퇴근이 안 되는 먼 곳인 데다가 연봉도 삭감되는 조건을 감수하면서 지원을 했다. 이직을 고려하면서 좋은 점은 KTX 개통으로 접근성도 있고 외부 활동도 자유롭게 할 수 있고 방학이 있다는 것이었다. 상황이 이러하니 가족들의 찬반이 만만치 않았다. 결국은 시간을 돈으로 산다고 결론을 짓고 자유를 찾아 떠나와서 벌써 만 16년을 보내고 있다.

이렇게 지나온 경력을 되새김질해 보니 내게 있어 좋은 직업은 좋아하는 일이며 재미있는 일이어야 하는 전제 조건이 붙고 그 다음은 자유라는 것을 깨닫게 되었다. 누군가의 지시를 받거나 감독받는 것을 많이 불편해한다. “나에게 자유가 아니면 죽음을 달라”까지는 아니어도 어느 정도 타협점을 넘어서면 이직을 꿈꾸게 되는 것 같다.

좋은 직업이란 어떤 것일까? 최근에는 취업난이 심해서인지 공무원을 하고 싶다는 학생들을 많이 만난다. 공무원의 좋은 점을 꼽으라고 하면 연금이 나온다는 것(안정성)과 칼퇴근 후에 자유로운 여가 시간을 가질 수 있다는 것 그리고 행정이 딱 적성에 맞는 것 같다는 이야기를 한다. 그리고 교사를 하고 싶다는 학생들도 많이 만나게 되는데 그 친구들도 좋은 점으로 연금과 방학 그리고 가르치는 것을 좋아해서 하고 싶다고 이야기한다.

상담을 하다 보니 부모님 중에 사업으로 성공한 부모들은 자녀가 사업을 물려받았으면 하는 경우가 많은 듯하다. 예전에 방학을 맞아 가족 몇 명과 대만으로 패키지여행을 했는데, 수시에 합격한 딸과 함께 엄마가 여행하는 팀이 있었다. 조금 친해져 이야기를 하다 보니 집안에 사업하는 사람이 많이 있고 아들과 딸 둘 다 경영학을 전공한다고 했다. 경영학 전공이 꼭 사업과 연결되는 것은 아닐지라도 가능성이 많은 학과이긴 하다. 그리고 교사로서 만족감이 높은 부모들은 자녀가 교직이 되는 학과에 진학해서 교사가 되길 바라는 경우가 많이 있고 또 부모 중에 한명이라도 공무원인 경우에는 자녀가 공무원이 되길 바라는 것 같다. 나의 경우도 교수라는 직업에 만족도가 높은 편이어서 조카들 중에 교수가 되면 좋겠다는 바람이 있다. 우연인지는 몰라도 설날 연휴에 대학에 다니는 큰 조카가 “교수도 좋은 것 같다”는 이야기를 하며 관심을 보이는데, 선뜻 “공부하는 것만 좋아하면 교수 좋지”라는 말로 바로 맞장구치게 된다.

〈활동〉 **직업의 의미**

여러분이 생각하는 직업은 무엇인지 그리고 좋은 직업이란 무엇인지를 생각나는 대로 정리해 보자. 그리고 대학에 들어와서 취업을 하려는 이유 또는 직업을 가지려는 이유는 무엇일까를 생각하고 작성해 보자.

| | |
|---|---|
| 나에게 있어 직업이란? | |
| 좋은 직업의 조건 | |
| 직업을 가져야 하는 이유<br>(취업하려는 이유) | |

# 늘 한결같은 모습이 노하우

이전에 살던 아파트 근처에 노상에서 과일을 파는 할머니가 계셨다. 싱싱한 과일을 팔고 늘 한두 개라도 과일을 더 얹어 주시기도 한다. 이렇게 한두 번 과일을 사다 보니 단골이 되었다.

그러나 사실은 단골이 되기 전에 하나의 사건이 있었다. 단골이 되기 전의 어느 날인가 감을 샀는데, 집에 와서 확인해 보니 밑에는 상한 것이 들어 있었다. 다시 옷을 갈아입고 나가기가 쉽지 않았지만 시장 노점에서 연세 드신 분들에게 물건을 사고 후회한 적이 여러 번 있던 터라 너무 속상하고 억울한 생각이 들어 상한 감을 몇 개 들고 달려갔다.

그런데 과일 파는 할머님의 반응은 의외였다. 정말 베테랑이시라는 것이 느껴졌다. 변명을 하고 몰라라 하는 것이 아니라 깜짝 놀라고 많이 미안해 하시면서 교환해 주었다. 내가 가져간 개수보다 더 많이 주시며 미안해 하시는데... 감동을 받았다. 그때 마음을 먹었던 것 같다. 과일은 이 할머님께 사야겠다고... 그리고 어찌나 솔직하신지 오늘 과일은 신통치 않다고 말씀하시며 싸게 주기도 하고 가끔은 오늘은 과일이 모두 싱싱하니 좋은 것으로 골라가라고 배짱 아닌 배짱을 튕기기도 하신다. 어느덧 할머님께서 무엇을 권하시든 "따를 수 있다"라는 믿음이 생긴 것 같다.

또 하나 할머님만의 비법이 있다. 아는 사람들은 다들 나에게 이상한 거라고 이해 못하지만 과일 파는 할머님을 그냥 지나치기가 쉽지 않다. 아니 너무 어렵다. 이유인 즉, 늘 노점에 앉아 계시다가 지나가는 나를 보면 일어나서 인사하며 몇 마디를 건네신다. "벌써 개강했나요?", "주말에 서울 다녀오셨어요?" 등등. 그런 분을 그냥 지나친다는 것은 쉽지 않은 일이다. 그 앞을 지날 때는 조금이라도 과일을 사게 된다. 할머님이 무엇을 사달라고 아는 척을 하시는 것은 아닐 텐데도 고객 관리를 나름 하시는 방법이라 생각된다. 사실은 가끔 정말 사지 말아야겠다는 생각이 들 때는 빙 돌아서 간 적도 있다.

그리고 버스로 세 정거장 떨어진 곳으로, 반대 방향으로 이사를 왔다. 그러나 여전히 싱싱한 과일을 사고 싶을 때는 할머님께 들르곤 한다. 이젠 멀리서 일부러 왔다고 덤이 더 늘었다. 여전히 반가운 얼굴로 미소지어 주신다.

반면에 이전에 살던 아파트 단지의 슈퍼 아주머니는 어느 날은 기분이 좋아서인지 상냥하게 이야기해 주고 이야기하지 않아도 비닐에 물건을 넣어서 건네주신다(지금은 봉투를 사야 하지만 그 당시는 공짜로 넣어주었다). 그러나 어느 날은 묻는 말에 대답도 안 하시고 봉투에도 넣어주지 않아 봉투 하나 달라고 말해야 하는 때도 있다. 늘 손님들과 부대껴야 하는 상황인지라 그 마음이 헤아려지기도 하지만 과일 파는 할머님과는 조금 대조적인 모습이라 약간 낯설기도 하다.

'어떤 일을 하든 한결같은 마음으로 내가 만나는 누군가에게 관심을 표현하고 먼저 인사하면 이것이 인맥관리가 되는 것은 아닐까'라는 생각이 든다. 이런 모습이 직업의식일 수 있다.

직업의식이란 다음 사전의 정의에 따르면 "각각의 직업에 종사하는 사람들에게서 나타나는 특유한 태도나 가치관, 도덕관 따위를 통틀어 이르는 말"이라고 나온다. 유사한 개념이 직업관일 것 같은데, 전도근(2011)은 직업관이란 개인이나 사회의 구성원이 직업에 대해 갖고 있는 태도나 가치관이라 했고 직업관은 변하기도 하지만 대개는 청소년기에 형성되어 변하지 않는 경향이 있으므로 청소년기의 올바른 직업관 형성은 매우 중요한 것으로 강조한다.

나의 경우도 예외는 아니다. 2006년에 지금 다니는 대학에 자리가 생겨서 대구라는 낯선 곳에 처음 왔다. 학생도 낯설고 교수라는 직업도 처음이라 긴장도 되고 기대도 되고 나름 많은 준비를 했던 시기였다. 사실 그해는 박사학위논문을 쓰던 해여서 개인적으로 마음의 여유나 시간적인 여유는 지금보다 훨씬 없었다. 그럼에도 불구하고 첫해 내가 만난 학생들에겐 정말 친구 같은 교수로서 다가가려고 무척 많은 노력을 기울였던 때라 생각된다. 다정다감한 그리고 무언가를 전해 주려 노력하고 애쓰던 모습이 기억난다.

시간이 흘러 2011년이 되었을 때, 어느 덧 6년차를 맞으며 2010년을 마무리하면서 생각한 것은 초심으로 돌아가자는 것이었다. 외부의 일도 많아지고 개인적인 영역이 생기면서 학생들과 함께 하는 것과 더불어 우선순위가 뒤섞였다고나 할까! 매일 반복되는 일상의 매너리즘에 빠진 듯하기도 하고 학생들이 있음에 내가 있다는 생각보다는 "요즈음 애들은 정말 왜 그러는 거야"라는 식으로 학생 탓을 하고 있는 나를 발견하곤 한다. 그래서 자주 스스로에게 처음 마음처럼 학생들을 존중해 주고 친구 같은 교수가 되고 우선순위를 학생에게 두자고 다시금 되뇌게 된다. 이외에도 재미있는 강의로 학생들에게 생활과 연결해서 유용한 지식을 전달해 주어야 한다는 생각도 강하게 있다.

과일 파는 할머님이 늘 한결같은 모습으로 나를 대해 주시던 것처럼 나도 학생들에게 처음처럼 따뜻함과 배려적인 모습으로 다가가자고 다짐해 본다. 교수인 내가 갖고 있는 직업의식을 생각해 보게 될 뿐 아니라 학생들이 교수라면 적어도 이런 직업의식은 있어야 하는 것 아닌가라는 것들이 있을 것 같기도 하다.

더불어 인생에서 순간순간 일을 시작하면서 했던 다짐이나 자신의 모습에 기대를 했던 것이 있다면 한번 돌이켜 생각해 봄직하다.

### 〈활동〉 직업의식 알아보기

직장인이라면 가져야 할 공통적인 직업의식에는 어떤 것이 있을까? 또 내가 관심 있어 하는 직업이나 영화나 드라마에서 보았던 직업 중에 독특하게 필요한 직업의식에는 어떤 것이 있을까?

**〈공통으로 요구되는 직업의식〉**

**〈특정 직업에서 요구되는 직업의식〉**

| 직업명 | 요구되는 직업의식 |
|---|---|
|  |  |
|  |  |
|  |  |
|  |  |

# 아르바이트도 경력이 되도록!

설날 연휴를 보내기 위해 차를 몰고 상경을 했다. 주차장에 주차를 하고 나서려니 또르륵 하고 동그란 플라스틱 모양의 것이 떨어진다. 순간 차의 부속품은 모두 중요한 것이라 생각하고 손에 넣었다. 차 내부에 이와 유사한 부품이 있는지 찾아보았으나 보이지 않아 포기하고 일단 보관해 두었다.

며칠 간의 연휴를 보내고 대구에 도착해 자주 다니는 카센터를 방문했다. 정비사가 보시더니 처음 보는 부속이라며 여기저기를 둘러본다. 결론은 잘 모르겠지만 차에 꼭 필요한 부품은 아닌 듯하다고 하여 자동차 바퀴에 공기압만 체크하고 돌아왔다. 그 부속품은 정비사에 손에 맡겨두고....

며칠이 지나서 대구 내려오며 하이패스가 안 되었던 기억이 났고 '혹 하이패스 관련 부속인가'라는 생각을 하게 되었다. 확인해 보니 하이패스에 나사처럼 생긴 동그란 모양의 것이 없어서 제대로 작동이 안 되었던 것이다. 그 부속을 안 들고 온 것을 자책하며 그래도 자동차 전문가라면 왠지 버리지 않고 보관하고 있으리라는 기대를 하며 다음 날 아침 일찍 카센터를 다시 방문했다.

정비사의 주머니에서 두 개 중에 하나가 나왔고 다른 하나가 영 찾아지지를 않았다. 정비사 말씀이 자신도 어떤 부속인지 궁금해서 어제까지도 주머니에서 만지작거렸고 잡동사니처럼 놓아두는 박스 안에 두었을 거라며 여기저기를 뒤적여서 마침내 발견해 내었다. 물론 두 가지 부속이 모두 하이패스 관련 부속이었지만 차 안 어딘가에 또 있어야 할 부속을 찾지 못해 맞출 수는 없었다.

돌아오면서 아... 이런 분이 정말 자신이 하고 있는 일에 전문가라는 생각이 들었다. 글래드 웰의 "아웃라이어"라는 책에 나오는 내용이 생각난다. 보통 사람보다 성공을 거둔 사람을 아웃라이어라 한다. 아웃라이어가 되는 데 필요한 시간은 얼마일까? 1만 시간이라고 한다. 그래서 1만 시간을 매직 넘버라고 하기도 한다. 만 시간은 하루에 3시간씩 10년을 일해야 하고 6시간씩 5년을 일해야 하는 시간이다. 그래서 학생들이 처음 직장을 갖고 그 분야에 감을 잡고 전문가가 되려면 적어도 3년 이상은 근무해야 한다고 이야기하는 나름의 근거를 갖게 되었다.

나의 경우를 보아도 그렇다. 2001년부터 상담 분야에서 진로와 관련한 일을 했다. 이전에 나에게 진로 영역은 그냥 한 부분이었다고 할 수 있다. 우연한 기회에 여러 교수들과 진로와 관련한 프로젝트를 시작하게 되었고 관심이 증폭되고 또 다른 프로젝트를 하고 연구 논문을 쓰면서 이 분야의 전문가로 인정받게 되었다. 생각했던 것보다 오래 걸리긴 했지만 이 책도 진로와 관련한 경력의 산물이다.

한 가지에 몰입해서 일하다 보면 영화나 드라마를 보거나 책을 읽으면서도 연결점을 찾게 되는 것 같다. 인터넷에서 상담했던 자료를 모아 책을 낸 이후로 다음에 책을 쓰면 자기개발서를 써보고 싶다고 노래를 부르던 내가 나의 일상에서 느낀 점들을 진로와 관련해 쓰려고 시도하는 것만 보아도 어느 정도 연결고리를 만들며 생활하는지를 알 수 있으리라 생각된다.

학생들과 상담하다보면 자신이 하고 싶은 일이 있지만 자기가 잘 해낼 수 있는지 또는 잘 맞는 일인지에 대해 의구심을 갖는 경우를 많이 만난다. 제일 먼저는 그 분야의 일을 직접, 간접으로 경험해 볼 기회를 가져 보도록 제안한다. 이유는 이런 일, 저런 일을 해 보면서 가슴 설레는 일을 만날 수도 있고, 때론 하기 싫은 일을 하다보면 가슴속에 진정으로 하고 싶은 일에 대한 새싹이 생길 수 있으리란 기대 때문이다.

요즈음 대학생들은 내가 대학 다닐 때와는 사뭇 다른 풍경을 하고 있다. 주중에도 방과 후에 아르바이트를 하고 때론 주말을 이용해 아르바이트를 하며 용돈을 벌고 학비에 보태고.... 가끔 도가 지나쳐 새벽까지 아르바이트를 하고 학교에 나와 힘들어 하는 친구들을 보면 무엇이 먼저여야 하는지, 우선순위에 대해서도 많은 생각을 하게 한다. 재미있는 것은 학생들이 쉽게 하는 아르바이트가 서빙이다. 카페나 음식점에서의 서빙 말이다. 때론 카페에서 일하며 바리스타 자격증을 따고 대우를 제대로 받으며 일하는 학생들을 보기도 한다. 또 대형 마트나 퓨전 레스토랑에서 많은 다양한 사람들을 상대하면서 내성적인 학생들은 적극적인 태도로 변하기도 하고 돈 버는 일이 쉽지 않다는 것도 알게 된다.

학비 마련 때문에 급하게 하는 아르바이트가 아니라면 또 자신의 꿈이 그곳에 있지 않다면 흔히 하는 서빙말고 하고 싶은 일과 관련된 아르바이트를 해 보라고 권하기도 한다. 퓨전 레스토랑에서 같은 일을 하더라도 시간 때우기로 또는 시급 받는 것으로 만족하며 일하는 학생들도 있고 자신의 꿈이 그곳에 입사하는 것이어서 아르바이트하며 매일 경험을 일지로 쓰고 입사 면접에서 그것을 제출하여 자신이 느낀 점, 개선 방향, 아이디어를 이야기해 합격의 영광을 얻는 학생도 있다.

또 요즈음 취업과 관련해 사회봉사도 학점으로 인정되고 경력의 한 부분이 되기도 한다. 지도학생 중에 사회봉사를 신청해 이수시간을 채우지 못해 F학점을 받는 경우를 종종 보기도 한다. 아주 드물게는 깜짝 놀랄 만한 학생들을 만나기도 한다. 사회봉사도 다른 학생들이 많이 하는 기관에서 하는 것이 아니라 2학년 때 가고 싶은 학과와 관련한 기관에서 하는 것을 보고는 어찌나 대견스러웠던지.... 어느 해인가는 경찰행정학과에 가고 싶어 하는 학생 몇 명이 경찰서를 방문해 사회봉사를 신청한 것이다. 그 기관에서도 흔쾌히 수락을 해서 경찰들이 하는 일을 대략적으로 경험해 볼 수 있는 기회를 가진 것이다.

내가 평생 일하고 싶은 직업을 찾는 것이라면 대학생활 동안에 연결점을 찾아보는 것은 반드시 필요하다. 대학생들의 경우는 3학년 2학기부터 할 수 있는 인턴 제도를 잘 활용해 보는 것도 도움이 될 것이다. 삼성이나 LG와 같은 대기업에서는 인턴을 하면 특별한 문제가 없는 한 80%에서 100% 취업으로 연결이 된다고 한다. 따라서 일찍이 자신이 일하고 싶은 직무를 찾아 아르바이트나 인턴 등으로 지원해서 검증해 보는 시간을 가질 수 있길 바란다.

또 중소기업의 프로그램을 이용해 보는 것도 좋을 듯하다. 이전에 다니던 대학에서 알게 된 학생도 기계공학을 전공하고 졸업 후 계속 기업에 원서를 냈으나 떨어지기를 반복하다가 중소기업에서 인턴을 하면서 그 기업에서 인정을 받고 스카우트 제의를 받았다. 인턴십을 통해 같이 생활하면서 알게 되는 감추어진 강점들 그리고 괜찮은 사람이라는 인식이 톡톡히 한 몫을 한 듯하다.

**〈활동〉 아르바이트나 인턴 경험 나누기**

이제까지 각자 해 본 아르바이트나 다양한 활동들, 스펙을 쌓기 위해 노력해 온 부분을 정리해 보는 시간을 가져보자. 그리고 이런 다양한 활동들이 나의 경력에 얼마의 도움이 되었는지를 평가해 보자.

| 기간 | 어디에서 | 무엇을 | 도움된 정도 |
|---|---|---|---|
| | | | |
| 앞으로<br>해 보고 싶은 활동 | | | |

**Tip 천직을 찾아 휴가가요. (SBS 스페셜, 2008. 9. 7.)**
"휴가(vacation)동안, 당신이 평생 꿈꿔왔던 직업(vocation)을 체험해 보세요!" 2003년 미국에서 문을 연 보케이션 베케이션(vocation vacation) 사이트의 홍보 문구다! 이직을 꿈꾸는 직장인들이 휴가를 활용해 평생 꿈꿔온 직업을 멘토와 함께 체험해 보는 이색적인 직업체험 상품이다.

## 직업에서 요구하는 최소한의 능력

직업을 갖고 일을 하는데 최소한 요구되는 능력에는 어떤 것들이 있을까? 어리바리한 아이들을 보고 어른들이 하시는 말씀 중에 하나가 "너 이렇게 해서 네 앞가림은 하겠니?"라는 말이다. 또 똘똘하게 행동하거나 알아서 잘 처신하는 아이를 만나면 "밥 굶어 죽지는 않겠네, 지 밥그릇은 챙기겠네..."라는 말이다. 이런 말들이 담고 있는 의미를 직업과 관련지어 볼 수 있다. 여러분은 이제까지 성장해 오면서 주위의 어른들이나 동료들로부터 많이 들어 온 말에는 어떤 것들이 있을까....

배은영(2003)은 직업능력은 직업 전반에 필요한 능력인 공통기초능력(basic skills), 신입사원들이 가지고 있을 것으로 기대되는 직업기초소양(employable skills), 특정 직종에서 능률적인 직무수행을 위하여 필요로 하는 직종별 직무수행능력(technical skills)의 세 범주로 나누어 설명한다.

첫째, 공통기초능력은 전통적으로 인문교육에서 강조하여 왔던 읽기, 쓰기, 셈하기 외에 창의력, 사고력, 의사결정능력, 문제해결능력, 학습능력 등을 의미한다. 최근 대학에서도 학생들에게 이런 능력을 갖추도록 커리큘럼을 편성하고 있다. 우리 대학교에서도 '교양세미나'가 공통교양으로, '대학 글쓰기'가 일반교양으로 편성되어 있고 '스피치와토론'이 균형교양으로 편성되어 있다.

둘째, 직업기초소양이란 개인이 직업에 임할 때의 태도, 적성 및 성격을 의미하는 것으로 원만한 성격, 성실함, 책임감, 신뢰성, 근로윤리 등을 기초로 한 팀워크 능력, 인간관계 능력, 자기관리 능력 등이 포함된다.

공통기초능력과 직업기초소양은 실제적으로는 엄격하게 구분하기가 어렵다. 또한 그 교육 역시 학교교육이나 직업기초훈련 등에서 함께 이루어져야 하기에 이 두 가지 능력을 합하여 '직업기초능력'이라는 개념으로 함께 보기도 한다.

한국산업인력공단의 국가직무능력표준에서는 직업기초능력은 직종이나 직위에 상관없이 모든 직업분야에서 직무를 성공적으로 수행하는 데 공통적으로 필요한 능력으로 정의한다. 직업기초능력에는 의사소통능력, 수리능력, 문제해결능력, 자기개발능력, 자원관리능력, 대인관계능력, 정보능력, 기술능력, 조직이해능력, 직업윤리의 10가지가 있고, 각각의 능력에는 하위능력과 하위능력 요소들이 있다. 국가직무능력표준 웹사이트에 직업기초능력이 하나하나 자세하게 잘 정리되어 있다.

직업기초능력과 관련해서 교수로서 최근에 더 필요해진 능력이 정보능력과 의사소통능력인 듯하다. 정보능력에는 하위능력으로 컴퓨터활용능력과 정보처리능력이 있다. 최근에는 강의실에서 수업할 때 전자칠판을 활용하는 것이 보편화되어 있다. 나의 경우는 컴맹은 아니지만 컴퓨터랑 아주 친하지는 않고 늘 사용하던 것만 사용하는 터라 새로운 것에 익숙해지는 데는 도전정신이 필요한 영역이기도 하다. 가끔 수업 중에 컴퓨터가 갑자기 작동하지 않으면 엄청 당황하게 된다. 다행히 강의의 원활한 진행을 위해 멀티미디어 조교들이 각 단과대학에 배치되어 있기도 하고 수강하는 학생 중에 컴퓨터를 잘하는 학생들이 있어 도움을 받곤 한다. 그리고 2020년 코로나 19가 확산되면서 대학의 수업도 갑자기 비대면으로 전환되었을 때 동영상 수업, 줌을 활용한 실시간 수업… 예전에 한 번도 해 보지 않았던 새로운 컴퓨터 활용능력이 요구되었다. 당황스러웠지만 배워가며 수업을 한주한주 진행할 수밖에 없는 상황이었다. 돌이켜 생각해 보면 지금은 식은 죽 먹기인데, 그때는 초 긴장 모드였다.

그리고 유엔미래보고서 2030(박영숙 외, 2012)이라는 책에서 2030년에는 직업에서 '프리랜서'가 뜰 것이고 다양한 데이터를 수집하는 '수집가'가 유망 직업으로 소개되어 있다. 정보처리능력과 관련한 것이라 할 수 있다. 최근에 빅데이터라는 말을 쉽게 주위에서 들을 수 있는 것만 보아도 예측되는 부분이기도 하다.

그리고 의사소통능력의 하위능력에는 문서이해능력, 문서작성능력, 경청능력, 의사표현능력, 기초 외국어능력이 있다. 이 중에서 문서관리능력을 살펴보면, 최근에는 강의에 파워포인트 자료를 많이 활용한다. 파워포인트로 자료를 작성하는 것은 즐겨하는 일 중에 하나이고 물론 "프레지"라는 것도 배웠지만 활용하는 정도는 아니고 학생들 중에 발표 자료를 프레지로 만든 경우, 아는 척해 주는 정도이다. 계절학기 수업을 들었던 학생 중에 컴퓨터를 잘하는 학생을 알게 되어 도움을 받아 수업 자료나 강의 자료에 세련미를 더할 수 있었다. 이제는 혼자서 동영상 편집도 하고 많이 자유자재로 활용하는 편이다.

**〈활동 1〉 나에게 필요한 능력**

대학에 처음 입학해 낯선 환경에 적응해 가면서 필요한 능력에는 어떤 것이 있을까? 대학 생활 적응에 도움이 되는 능력에는 어떤 것이 있을까? 그리고 대학 공부를 하면서 요구되는 능력에는 어떤 것이 있을까? 나의 어떤 능력이 대학 공부에 도움이 되고 있나? 마지막으로 내가 갖고 싶어 하는 직업 또는 꿈을 이루는 데 요구되는 능력에는 어떤 것이 있을까?

| 영역 | 갖고 있는 능력 | 필요한 능력 |
|---|---|---|
| 대학 생활 적응<br>(동아리나 취미 활동 포함) | | |
| 대학 공부 | | |
| 내가 원하는 직업(꿈) | | |

### 〈활동 2〉 나의 직업기초능력은 어느 정도?

다음을 읽고 자신과 비추어서 각각의 능력이 어느 정도인지를 생각해 보자.

| 영역 | 정의 | 하위영역 |
|---|---|---|
| 의사소통 능력 | 업무를 수행함에 있어 글과 말을 읽고 들음으로써 다른 사람이 뜻한 바를 파악하고, 자기가 뜻한 바를 글과 말을 통해 정확하게 쓰거나 말하는 능력 | 문서이해능력, 문서작성능력, 경청능력, 의사표현능력, 기초 외국어능력 |
| 수리능력 | 업무를 수행함에 있어 사칙연산, 통계, 확률의 의미를 정확하게 이해하고,이를 업무에 적용하는 능력 | 기초연산능력, 기초통계능력, 도표분석능력, 도표작성능력 |
| 문제해결 능력 | 업무를 수행함에 있어 문제 상황이 발생하였을 경우, 창조적이고 논리적인 사고를 통하여 이를 올바르게 인식하고 적절히 해결하는 능력 | 사고력, 문제처리능력 |
| 자기개발 능력 | 업무를 추진하는데 스스로를 관리하고 개발하는 능력 | 자아인식능력, 자기관리능력, 경력개발능력 |
| 자원관리 능력 | 업무를 수행하는데 시간, 자본, 재료 및 시설, 인적자원 등의 자원 가운데 무엇이 얼마나 필요한지를 확인하고, 이용 가능한 자원을 최대한 수집하여 실제 업무에 어떻게 활용할 것인지를 계획하고, 계획대로 업무 수행에 이를 할당하는 능력 | 시간 관리능력, 예산관리능력, 물적자원관리능력, 인적자원관리능력 |
| 대인관계 능력 | 업무를 수행함에 있어 접촉하게 되는 사람들과 문제를 일으키지 않고 원만하게 지내는 능력 | 팀워크능력, 리더십능력, 갈등관리능력, 협상능력, 고객서비스능력 |

| | | |
|---|---|---|
| 정보능력 | 업무와 관련된 정보를 수집하고, 이를 분석하여 의미있는 정보를 찾아내며, 의미있는 정보를 업무수행에 적절하도록 조직하고, 조직된 정보를 관리하며, 업무수행에 이러한 정보를 활용하고, 이러한 제 과정에 컴퓨터를 사용하는 능력 | 컴퓨터 활용능력,<br>정보처리능력 |
| 기술능력 | 업무를 수행함에 있어 도구, 장치 등을 포함하여 필요한 기술에는 어떠한 것들이 있는지 이해하고, 실제로 업무를 수행함에 있어 적절한 기술을 선택하여 적용하는 능력 | 기술이해능력,<br>기술선택능력,<br>기술적용능력 |
| 조직이해<br>능력 | 업무를 원활하게 수행하기 위해 국제적인 추세를 포함하여 조직의 체제와 경영에 대해 이해하는 능력 | 국제감각,<br>조직 체제이해능력,<br>경영이해능력,<br>업무이해능력 |
| 직업윤리 | 업무를 수행함에 있어 원만한 직업생활을 위해 필요한 태도, 매너, 올바른 직업관 | 근로 윤리,<br>공동체 윤리 |

한국산업인력공단, 국가직무능력표준 참고

## 좋은 인성은 필수

인성도 21세기에 화두가 되는 주제라 할 수 있다. 인성교육은 21세기 교육 덕목의 하나이다. 전국경제인 연합회(2004)에 의하면, 기업들이 신입 직원 교육 시 가장 중요시하는 사항은 인성·태도(44%), 의식·기업 문화(22%), 업무 관련 지식·기술(22%)인 것으로 나타났다. 이런 자료에서 보듯이 대학에서도 학생들의 인성 함양을 위한 교육이 절실히 필요하다.

인성은 인품, 인격, 성품, 기질, 성격, 사람 됨됨이, 본성, 타고난 심성 등과 유사한 개념으로 사용되고 있다. 사전적 정의에 따르면 "각 개인이 가지고 있는 태도 및 행동 특성"을 말한다. 정기철(2001)은 인성을 개인의 특성이며, 신체적 특성을 포함한 지적, 정서적, 사회적 각 분야의 발달과 관련이 있는 행동 자체라기보다는 경향성을 의미하며 고정된 것이 아닌 항상 발달하고 변화하는 적응체계로 보았다. 강선보 외(2008)는 인성에는 인간다운 면모, 성질, 자질, 품성이라는 의미가 내포되어 있다고 보았으며 인성은 자동적으로 형성되지 않고 공동체 내에서 습관과 실천을 통해 형성된다고 하였다. 이렇게 볼 때 인성이란 고정불변한 것이 아니라 교육을 통해 함양될 수 있는 영역이라 할 수 있다. 좋은 인성이란 선을 알고, 선을 추구하고, 선을 행하는 것으로 머리(지성)와 가슴(감성)과 행동에 습관화시키는 일이다(Lickona, 1991).

교내에서 학생들 대상으로 하는 인성에 대한 강의를 우연히 들을 기회가 있었다. 인성이란 바른 언어를 사용하는 것, 긍정적인 마인드, 예의바른 태도란다.

인성의 세 가지 조건을 하나씩 살펴보자. 대학의 수업 시간에도 새삼 바른 언어를 사용하는 것이 얼마나 중요한지를 실감한다. 혼자 일방적인 전달식 강의를 하기보다는 학생들에게 조를 나누어 서로의 생각을 나누는 시간을 주곤 한다. 돌아다니면서 조별로 활동하는 것을 가까이에서 지켜보곤 하는데, 잘 생긴 얼굴에 깔끔한 옷차림을 했지만 하는 말은 욕설에 가까우니... 이를 어떻게 해석해야 할지 난감하다. 교수가 지켜보고 있는데도 친구에게 편하게 툭툭 하는 말의 추임새랄까?! 그래서 기업에서는 술자리 면접을 보고 등산 면접을 실시하는지도 모르겠다. 평상시에 나타나는 진면목을 평가하기 위해서 말이다. 거친 언어 사용이 습관이 되면 본인도 모르게 무의식적으로 거친 언어를 사용하게 되는 것 같다. 쉽게 조심한다고 조심되어지는 것은 아닌 듯하다. 대학생들을 자주 만나면서 어느덧 나도 거친 언어 환경에 많이 노출되어 있다는 것이 살짝 걱정되기도 한다. 예전에 "넝쿨당(넝쿨째 굴러온 당신)"이라는 드라마가 가족드라마로 떴었다. 물론 나도 드라마를 즐겨보는 사람으로서 애청자였다. 드라마에서 여주인공이 동생을 부를 때 "귀여운 자식~"이라는 표현을 자주 사용하는데, 이전에는 이 말도 욕설에 가깝게 느껴졌으나 드라마에서 이쁘고 매력적인 여주인공이 사용하는 이 단어가 "왜 저런 말을 쓰는 거야"라는 거부감보다는 정겹게 느껴지기 시작했다. 아마도 반복적인 노출도 영향을 준 듯하다. 그래서 역으로 생각해 보면, 바른 언어 사용은 우리가 함께 만들어 가야하고 만들어 갈 수 있다는 생각이 들었다.

인성의 두 번째 조건이 긍정적인 마인드이다. 긍정적인 마인드를 생각하면 편견을 다룬 광수생각의 만화 컷이 생각난다. 신발회사에서 시장조사를 위해 두 명의 직원을 따로따로 같은 장소로 출장을 보냈다. 그리고 며칠 후 시장조사를 끝낸 두 명에게서 각각이 보낸 보고 관련 팩스가 도착했다. 팩스 내용은 "가능성 0% 이곳에서는 신발 따위는 아무도 신지 않음. 괜히 헛수고했음", "가능성 100% 이곳은 신발이 하나도 없음. 거저먹을 수 있는 기회"였다. 같은 상황을 보고 있는데도 어떤 사람은 가능성 0%로 부정적인 생각을 하고 또 다른 어떤 사람은 가능성 100%로 긍정적인 생각을 하고 있다. 인생을 살아가는 우리는 과연 어떤 생각을 주로 많이 하게 되는지 되돌아볼 일이다. 대학에 있으면서 지도학생 중에도 마음이 유독 쓰이는 학생들은 부정적인 시각을 가진 학생들이다. 대학에 대한 불만, 대학생활에 대한 불만, 자신의 미래에 대한 부정적인 생각, 해도 안 될 것이라고 신념에 가깝게 생각하는 것을 보면 정말 마음이 아프다. 이런 학생들에게는 전공 지식이 중요한 것이 아니라 꿈을 주고 희망의 나무를 심어 주고 긍정적인 태도를 가질 수 있도록 돕는 것이 먼저 되어야 할 것 같다.

다행히 내 주변에는 긍정적인 사람들이 많이 있다. 그 동안은 교수이지만 연구와는 조금 거리를 두어도 상관없을 정도로 강의와 상담을 주로 하면 되었다. 2012년부터 소속이 바뀌면서 연구도 안 할 수 없는 일이 되었다. 물론 친한 동료 교수들이 이전부터 연구의 중요성을 강조해 왔던 터라 연구 모드로의 전환이 필요한 것은 진작부터 알고 있던 일이었다. 같은 단과대학에 소속되어 있는 교수님과 외부에 연구 과제를 제출할 기회가 있었다. 나도 '한 긍정' 한다고 생각하는 사람이지만 이 분은 견줄 게 아니었다. 준비 기간도 짧고 자료도 많이 부족하고 특정 인물에 대한 연구여서 관심도 크게 없던 터라 중간에 그만 둘 생각을 했다. 그런데 같이 준비하는 교수님의 한 마디 "내는 것도 의미 있는 일이잖아요"라는 것이 아닌가! 무사히 준비를 해서 마무리를 할 수 있었다. 물론 결과는 좋지 않았지만.... 이렇게 긍정의 힘은 추진력을 같이 만들어 주기도 하는 것 같다.

마지막으로 예의바른 태도이다. 상담이나 질문하러 또는 사인을 받기 위해 연구실을 찾아오는 학생들이 있다. 연구실에 들어오는 학생들에게 제일 먼저 하는 일이 차를 한잔 권하는 일이다. 많은 학생들에게 "차 한 잔 할래요? 커피, 녹차, 둥글레차가 있는데"라고 하면 대부분의 학생들이 "커피주세요", "녹차주세요"라고 이야기한다. 100의 한두 명이 "제가 할게요"라고 일어난다. 물론 그런 학생들에게도 "내 방이니까 내가 타 줘야지"라며 차를 타 준다. 그러나 마음 한 켠에는 예의바른 학생임을 인지하게 된다. 이런 작은 멘트 하나로도 예의바른 사람이 될 수 있는데 많은 학생들이 그렇게 하지 못한다. 나갈 때도 자신이 마신 종이컵을 들고 안절부절못하는 학생도 있고 "제가 나가면서 버릴게요"라며 들고 가는 학생이 있다. 자기가 앉았던 의자까지 밀어 넣어두는 센스 있는 모습에 가끔 놀라기도 한다. 그러나 많은 학생들은 자기가 마신 컵에 대해 아무 생각 없이 나가거나 앉았던 의자에 대해 전혀 신경을 쓰지 못한다. 가끔은 학생들의 태도를 통해 나를 보게 되기도 한다. 나는 다른 사람에게 어떤 인상을 줄지에 대해 생각하게 하니 감사할 따름이다.

우리 대학교에서는 1학년 학생이면 누구나 들어야 하는 공통교양으로 1학기에 개설되는 '대학생활과진로설계'라는 교과목이 있다. 2013년부터 총장님께서 학생들에게 "에티켓"도 중요하니 그 교과에서 다루면 좋겠다는 제안을 하셔서 한두 주 에티켓에 대한 강의를 진행한다. 나의 경우는 직원 선생님 중에 이 분야의 강의를 하시는 분을 알고 있어 자료를 얻어서 진행하고 있다. 그리고 에티켓과 관련해서는 "대학생이 지켜야 할 에티켓 Best 5 & Worst 5"를 조별 과제로 내 주기도 한다. 몇 가지 학생들이 조사한 과제를 소개해 보고자 한다. Best 5에는 선후배 사이의 예의,

동기간의 신뢰성, 교수님에 대한 존중성, 공공장소 이용 수칙, 스쿨버스 및 대중교통 이용 시 질서 지키기, 조별 과제시 자기 몫 착실히 하기, 과모임 자리 잘 참여하기, 수업시간에 폰 off, 수업시간에 출석 잘하기, 양보 및 친절, 시간관리, 단정한 외모 등이 나왔고, Worst 5에는 조별 과제 시 잠수타기, 술자리에서 술 먹이기(좋지 않은 술 문화), 금연 장소에서의 흡연 or 흡연 구역 내 지저분함, 과도한 애정 행각, 공강 시간의 허비성, 강의 시간 숙박, 길거리 흡연, 쓰레기 버리기, 욕설, 시험 컨닝, 도서관 자리맡아 두고 비워두기 등이 나왔다.

기업에서 원하는 인재의 좋은 인성이란 "하기 싫은 일도 참고 해내는 태도"라고 한다. 아는 친구 교수를 만나 이런 이야기를 한 적이 있다. 곰곰 생각하더니 정말 맞는 말 같다고 이야기했다. 좋은 일은 누가 시키지 않아도 하지만 하기 싫은 일은 모두 꺼리는 일인데 그럼에도 불구하고 그 일에서 성과를 냈다면 인정해 줄 만하다는 의미에서였다. 이런 기준에 비춘다면 난 좋은 인성을 가진 사람일까? 자문해 보게 된다.

**〈활동 1〉 좋은 인성을 갖추기 위해 노력할 부분**

| 영역 | 잘 하는 것 | 노력할 내용 |
|---|---|---|
| 바른 언어 사용 | | |
| 긍정적인 마인드 | | |
| 예의바른 태도 | | |

### 〈활동 2〉 나의 인생태도

교류분석 이론을 수립한 에릭 번(Eric Berne)은 사람들의 인생태도를 4가지 유형으로 분류하였다. 인생태도란 자기 자신이나 타인들에게서 지각되는 기본적인 가치에 대한 근본적인 자세이다.

다양한 인생태도 체크리스트가 나와 있다. 여기서·소개하려는 것은 상담을 공부하던 아주 초창기에 얻은 자료라서 명확한 출처를 찾기가 어렵다는 것을 밝히면서 소개해 보고자 한다.

문항을 읽고 음영이 없는 빈칸에 '그렇다'는 2점을, '보통이다'는 1점을, '아니다'는 0점을 준다. 그리고 세로로 쭉 점수를 더하면 각 유형의 점수를 알 수 있다.

첫 번째 칸의 합은 'I'm Ok,' 두 번째 칸의 합은 'I'm not Ok'이고 세 번째 칸의 합은 'You're Ok' 네 번째 칸의 합은 'You're not Ok'이다. 이것을 이용해 그래프를 완성하고 어느 영역이 넓은지를 살펴보면 된다.

첫째, 제1태도: 자기부정 - 타인긍정(I'm not OK - You're OK)은 성장 초기에 취하는 태도로 열등감과 덜 생산적이고 수동공격적이다. 주요 정서로는 슬픔, 우울을 나타내고 강한 사람에게 의지한다. "내 인생은 그렇게 가치 있지 못하다. 네 것과 비교할 만한 가치 있는 어떤 것도 없다" 등의 자책 · 회피의 성향이 있다.

둘째, 제2태도: 자기부정 - 타인부정(I'm not OK - You're not OK)은 보행시기에 취하는 태도 또는 사회생활에서 연속적 실패 경험 시 나타나는 태도이며 특징으로는 외로운 사람, 핑기가 없는 사람, 염세주의, 냉소주의, 비생산적이다. 주요 정서로는 편집증적, 공포, "인생이 무가치하고 아무 것도 좋은 일이 없다"는 절망감, 허무감을 나타낸다. "인생은 아무런 가치가 없는 것이다. 쓸 만한 것은 아무 것도 없다." 등의 불신 · 포기의 성향이 있다.

셋째, 제3태도: 자기긍정 - 타인부정(I'm OK - You're not OK)은 우월주의, 통제 지배자로서 강박증적이며 주요 정서는 화이고 자신감이 지나쳐 마찰의 우려가 있다. 불행의 원인을 남의 탓으로 돌린다. "너의 인생은 그렇게 가치 있지 못하다. 자신의 길로부터 벗어나라." 등의 독선· 배타의 성향이 있다.

넷째, 제4태도: 자기긍정 - 타인긍정(I'm OK - You're OK)은 얼굴이 살아있고 밝고, 정신건강이 좋으며 생산적, 독립적이며 일을 공유한다. 주요 정서로는 낙천성, 기쁨이 있고 건강한 편이다. "인생은 살아 볼 만한 가치가 있는 것이다. 한번 잘해 보자." 등의 협력 · 공조의 성향을 보인다.

| | | | | | |
|---|---|---|---|---|---|
| 1 | 이 사람이 있어서 좋았다고 생각하는 일이 많다. | | | | |
| 2 | 다른 사람과 함께 일을 하면 잘 안 되는 경우가 많다. | | | | |
| 3 | 타인에게 매력을 잃는다거나 자신의 실패에 대해 그다지 신경 쓰지 않는다. | | | | |
| 4 | 무엇 때문에 이런 일을 하고 있는 것인가...라고 생각하는 일이 있다. | | | | |
| 5 | 자기 취미에 맞지 않는 사람과는 어울리고 싶어 하지 않는다. | | | | |
| 6 | 하루하루를 충실하게 보낸다고 생각한다. | | | | |
| 7 | 자기가 하고 싶은 일이라도 상대가 싫어하는 것 같으면 그만둔다. | | | | |
| 8 | 그가 여러 가지로 이야기하는 것을 즐겨 듣는다. | | | | |
| 9 | 타인이 실패하거나 헛발을 디디더라도 그다지 조급해하지 않는다. | | | | |
| 10 | 자신의 행동과 언어에 자신이 없다. | | | | |
| 11 | 상대가 친절하게 해 주더라도 부담스럽게 느낄 때가 있다. | | | | |
| 12 | 자신을 매력적이라 생각하며, 자신의 패션 감각을 좋아한다. | | | | |
| 13 | 사고방식이 다르거나 싫어하는 면을 지닌 상대와도 잘 어울려 간다. | | | | |
| 14 | "연애란 이런 거"라고 딱 잘라 말하는 경향이 있다. | | | | |
| 15 | 자신에게는 아직 감추어진 재능이 있다고 생각한다. | | | | |
| 16 | 타인으로부터 비난받으면 아무런 말도 하지 못하게 되어버린다. | | | | |
| 17 | 귀찮은 일에는 가능한 한 관여하고 싶지 않다. | | | | |
| 18 | 좋아하는 사람에게는 스스로 다가선다. | | | | |
| 19 | 진정한 자신을 내보이면 타인에게 미움받을 것 같은 기분이 든다. | | | | |
| 20 | 상대와 싸움을 하더라도 해결의 실마리를 스스로 만들어 내는 타입이다. | | | | |
| 21 | 대부분 일에 대해 "하면 된다"라고 생각한다. | | | | |
| 22 | 상대가 무엇인가 해 주는 것을 좋아한다. | | | | |
| 23 | 무엇을 하든 좋지 않은 사람이 많다고 생각한다. | | | | |
| 24 | 스스로 이성에게 접근하는 일이 없다. | | | | |
| 25 | 싫은 일이라도 곧 기분 전환할 수 있다. | | | | |
| 26 | 즐거운 듯한 사람을 보고 있으면 자신까지 즐거워진다. | | | | |
| 27 | 나는 이렇게 노력하고 있는데...라고 생각한 적이 있다. | | | | |
| 28 | 상대가 화제로 삼고 싶어 하지 않는 것은 언급하지 않는다. | | | | |
| 29 | 그가 하는 말은 마음으로부터 좋다고 느낀다. | | | | |
| 30 | 앞으로 하고 싶은 일과 포부가 많이 있다. | | | | |
| 31 | 무엇을 하든 잘되고 있지 않은 감이 든다. | | | | |
| 32 | 무엇인가 문제가 생기면 다른 사람 탓으로 돌리는 일이 많다. | | | | |
| 33 | "당신과 있으면 안심"이라는 말을 상대에게 자주 듣는다. | | | | |
| 34 | 제멋대로 말하며, 자신의 사고방식에 만족한다. | | | | |
| 35 | 타인과 비교해 보아 자신이 모자란 점이 많다고 체념하는 일이 많다. | | | | |
| 36 | 상대가 하는 말은 그대로 믿기 쉬운 말이다. | | | | |

| 37 | 개인적인 일은 거의 이야기하지 않는다. | | | | |
|---|---|---|---|---|---|
| 38 | 자신이 느낀 것은 무엇이든지 상대에게 이야기하는 편이다. | | | | |
| 39 | 자신의 호감이 상대에게 피해를 준 것은 아닌가 하고 걱정한다. | | | | |
| 40 | 상대의 무신경함에 화를 내는 일이 있다. | | | | |
| | 합 계 | | | | |

**인생태도 분석표**

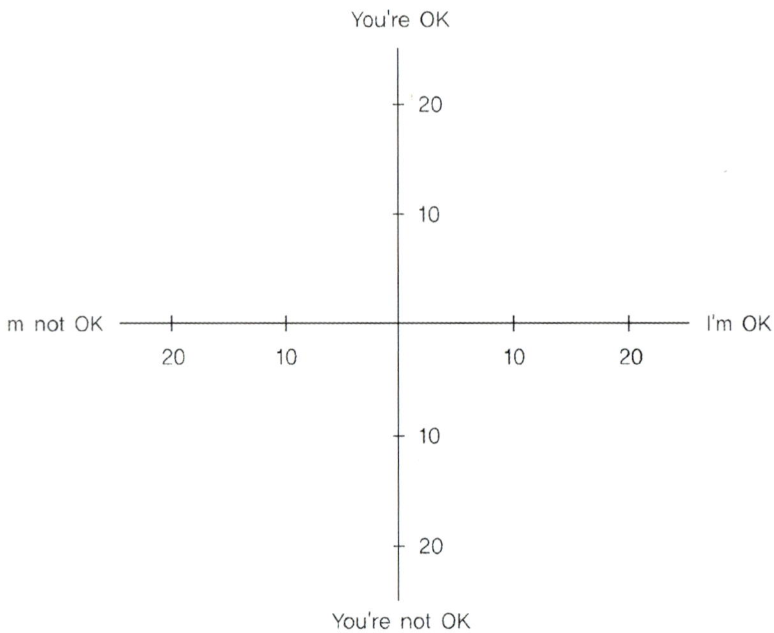


나의 인생태도는 1. ____________________

2. ____________________

개선점은 1. ____________________

2. ____________________

# 미래 직업세계는 어떨까?

대학에 진로 캠프나 특강을 다니면서 그리고 진로와 관련한 과목을 강의하면서 가끔 놀라는 것은 학생들이 알고 있는 직업의 수가 엄청나게 적다는 것이다. 우리나라 직업사전에 서는 1만 개가 넘는 직업이 수록되어 있음에도 불구하고 학생들이 아는 직업은 자신의 주변 인물들이 하고 있는 직업 정도이다. 직업세계에 대해 아는 정도는 아는 사람이나 주변에서 어떤 일을 하고 있느냐에 영향을 많이 받게 되는 것 같다. 뿐만 아니라 미래 세계의 변화에 대해서도 거의 예측을 못하고 아니 예측하려고 하기보다는 당장에 필요한 스펙 쌓기에 바쁜 것이 현실이다.

매년 유엔미래보고서가 책으로 출간되어 나왔으며, 최근에는 책 제목이 세계미래보고서로 바뀌어 세계미래보고서 2018, 세계미래보고서 2019, 세계미래보고서 2021, 세계미래보고서 2035~2055, 세계미래보고서 2022 등으로 출간되고 있다. 2013년 12월에 나온 "유엔미래보고서 2040"에서는 향후 10년을 지배할 키워드로 창조국가, 모바일커머스, 소셜미디어, 미래예측기술과 기구, 지속가능한 도시, 급격한 기후변화, 로봇귀환, 맞춤약제, 재능전쟁, 지능향상, 빅데이터, 3D프린터, 양자 컴퓨터 등을 소개하고 있다(박영숙 외, 2013). 이런 시장이 어떻게 변화하는지를 이해하는 것이 진로를 결정하고 취업을 준비하는 데도 도움이 될 것이다.

패스트 퓨처의 로히트 탈워 대표가 실시한 2040 미래 예측 설문조사를 토대로 세계미래보고서 2022에서 정리한 변화된 미래사회의 모습을 소개해 보고자 한다. 첫째, 시민의식이 달라진다. 둘째, 25% 이상의 아기가 인공자궁에서 임신되어 태어난다. 셋째, 수명 연장 기술 과학의 획기적인 발전으로 현재 태어나는 신생아의 경우에 기대 수명이 150세 이상일 것이다. 넷째, 평생교육의 시대가 펼쳐진다. 다섯째, 환경오염이 더 심각해진다. 기후 변화에 따라 각종 질병이 나타나고 도심 인구집중, 과도한 육류 소비 등으로 팬데믹이 더 자주 나타날 것이다. 그리고 환경파괴와 기후변화로 인해 10억 명이 넘는 생명이 사망할 것이다. 대구의 일기만 보아도 이상하다. 1학기 종강하기 전인 6월이 시작되면 엄청 더워서 학교갈 준비를 하다 보면 땀에 젖곤 했는데, 2022년에는 5월에 며칠 집중적으로 더위를 실감하게 하는 날씨가 있었고 종강 즈음까지는 별로 덥다는 생각없이 보냈다. 모두 이상기온이라고.... 물론 7월이 되니 예년보다 더 덥게 느껴지는 날씨가 연이어지기는 했다. 여섯째, 로봇과 AI가 일상 속의 역할을 수행한다. 일례로 코로나 이후에 식당이 운영난을 겪고 있을 때 청도에 가끔 가는 식당에서 서빙로봇(밀순이)을 보고 놀랐다. 서빙하는 종업원 대신 음식을 날라다 주는 로봇이 등장한 것이다. 정확하게 테이블 번호를 인식하고 주문한 메뉴를 가져다 준다. 보면서 재미있기도 했지만 점점 사람의 일자리가 빼앗긴다는 생각이 들기도 해서 묘한 마음이 들었다. 일곱째. 일자리가 준다. 반면에 빠르게 성장하는 직업도 있다. 예를 들면, 뇌관련 직종, 생활치료사, 웰빙 큐레이터 등이다. 여덟째, 실업률이 증가한다. 아홉째, 소유권은 기업의 소유가 된다. 특히 부동산 소유권의 경우, 기업이 소유하고 개인에게 렌트해 준다. 마지막, 암호화 자산이 증가한다.

가장 최근에 나온 세계미래보고서 2022(메타 사피엔스가 온다)에서는 메타 사피엔스가 살아갈 세상의 모습이 어떠한지 예측하기 위해 새로운 문명의 축이 될 6가지 메타 트렌드를 제시한다. 첫째, 우주 골드러시의 시대가 열렸다. 둘째, 로봇과 동거하는 세상이 온다, 셋째, AI메타버스, 디지털 신대륙이 열린다, 넷째, 노화의 종말, 나이 듦과 죽음을 거스른다, 다섯째, 기후 위기의 지구를 지켜라, 여섯째, ESG 시대의 생존 전략을 찾아라.

그리고 '유엔미래보고서 2040'에서는 2014년부터 2060년까지 미래예측 연대표를 제시하고 있다. 그중에 직업과 관련한 몇 가지만 소개해 보자. 첫째, 2017년에는 "언론기업의 추락이 지속되고 대형미디어기업 파산이 속출한다. 선진국의 모든 신문은 소멸하고 인쇄를 중단한다"라고 예측하고 있다. 둘째, 2021년에는 "일과 가사의 균형을 맞추는 법률이 제정되면서 모든 기업은 재택근무, 유연근무를 보편화시킨다. 그 결과 생산성 향상과 업무 효율성이 더욱 높아질 것이다"라고 예측하고 있다. 셋째, 2029년에는 "소매점이 자동화를 완료해 직원의 대부분이 사라진다"고 예측한다. 넷째, 2030년에는 "각 가정에서는 3D 프린터를 보유하게 되어 제조업이 대부분 사라지며, 무엇이든 집에서 만들어 사용하는 시대가 된다"라고 예측한다. 마지막으로 대학에서 교육을 담당하는 사람으로서 교육과 관련해 눈에 띄는 것이 몇 가지 있었다. 전통적인 학교와 교사는 변하지 않으나 학습방법은 혁명을 맞이해 엄청나게 늘어나는 지식을 스스로 찾게 되고 학생들은 소셜미디어, 모바일 학습, 상호교환 학습을 하고, 교사는 지식을 가르치는 사람이 아닌 학생의 조력자, 인성훈련 담당, 상담사 역할로 변화한다고 예측하며, 2030년에는 전 세계 대학교 절반이 문을 닫고 대학의 온라인 무료 과정이 보편화된다고 본다.

미래학자들에 따르면, 현재 지구의 인구는 약 79억(2022년 8월 기준)이며 50년 후에는 90억, 100년 후에는 다시 60억, 약 150년 후에는 36억으로 줄어들고, 2050년에는 인도는 16억, 중국은 14억, 일본은 7천만 한국은 3천만의 인구가 될 것이라 예측한다. 직업과 관련해서는 현존하는 직업의 종류가 상당량 없어지고, 과학과 문명의 발전에 따라 그보다 많은 수의 새로운 직업이 생겨나게 될 것이고, 앞으로 직업의 탄생과 소멸 주기는 더욱 빨라질 전망이며 전통적인 직업은 20~30년 이상 유지되기도 했지만 요즘에 새로 생겨나는 직업은 3~4년 만에 사라지는 경우도 많으며, 심지어는 3개월 주기로 변하기도 할 것으로 예측하고 있다.

〈퓨처리스트〉의 혁신 편집장을 맡고 있는 미래학자 토머스 프레이(Thomas Frey)는 2030년까지 20억 개의 일자리가 소멸한다고 예측한 바 있다. 2030년이 되면 현존하는 일자리의 80%가 소멸되거나 변환한다고 예측한 보고서도 있다(박영숙 외, 2013).

직업에도 생로병사가 있다. 신생직업은 새롭게 만들어진 직업으로 최근에 이모티콘, 게임 등의 캐릭터가 들어간 여러 콘텐츠에 주인공을 만들어 내는 일을 하는 '캐릭터 디자이너'를 예로 들 수 있다. 성장직업은 앞으로 종사자 수가 늘어날 직업을 말한다. 대표적인 예가 프로게이머, 카테고리 매니저(온라인상에서 물건을 쉽게 사고 팔 수 있도록 상품의 범주를 분류하는 직업)가 있다. 그리고 몇 년 전부터 휴대폰 시장이 커지고 사용자가 많아지면서 벨소리 작가와 같은 직업이 갑자기 생겼었다. 이런 직업은 예전에는 신생직업이었지만 현재는 성장직업이라 할 수 있다. 버스 안내양이나 굴뚝 청소부 같은 직업은 과거에는 있었으나 현재는 없는 직업으로 소멸직업이라 할 수 있다. 그리고 광부처럼 점점 종사자 수가 줄어드는 직업을 쇠퇴직업이라 한다. 이외에도 신생이색직업에 관한 책들도 계속 출간되고 있어 직업의 새로운 흐름을 읽는 데 도움을 받을 수 있을 것이다.

**Tip 진로 및 직업 탐색 사이트 소개**

- 워크넷 www.work.go.kr
- 커리어 www.career.go.kr
- 영삼성 www.youngsamsung.com
- 고용노동부 HRD-Net www.hrd.go.kr
- 큐넷 www.q-net.or.kr

### 〈활동 1〉 직업명 쓰기 게임

ㄱ, ㄴ, ㄷ, ㅁ, ㅅ, ㅇ, ㅈ, ㅋ으로 시작하는 직업명을 기록해 보자. 몇 개나 적었는지 확인해 보자.

직업명

[ㄱ] [ㄴ] [ㄷ]

[ㅁ] [ㅅ]

[ㅇ] [ㅈ] [ㅋ]

> **Tip** 게임의 형태로 한다면 조별로 활동을 해서 많이 적은 조에게 상을 줄 수 있다, 그리고 조별로 발표하고 모르는 직업에 대해서는 검색해 보거나 다른 조에서 설명해 줄 수 있다.

### 〈활동 2〉 직업의 생로병사

직업에서의 변화를 알아보고 직업의 흐름을 이해해 보자. 각각에 해당하는 직업을 떠오르는 대로 적어보자.

신생직업

성장지업

소멸직업

쇠퇴직업

## 〈 활동 3 〉 신생이색 직업 소개하기

최근에 떠오르는 신생 직업에는 어떤 것이 있을까? 그리고 어떤 직무를 할까?

- **상품공간 스토리텔러:**
  제품 및 서비스가 판매될 수 있도록 고객의 감성을 자극할 만한 다양한 스토리를 발굴한다.

- **방재전문가:**
  재난의 발생을 예방하고 재난 발생 시 피해를 최소화하며, 사후 신속한 정상화를 위한 일련의 활동 계획 등을 수립한다.

- **게임레벨디자이너:**
  게임의 무대, 즉 게임에서 플레이 가능한 영역으로 사용할 맵, 레벨 등을 설계하고 제작한다.

- 
- 

그리고 이색적인 직업에는 어떤 것이 있을까?

- **귀농귀촌 플래너:**
  농촌에 정착해 농업에 종사하려는 귀농 귀촌 희망자를 대상으로 안정적인 정착에 필요한 상담 및 지원 서비스를 제공한다.

- **웹툰기획자:**
  작품 발굴, 작가 관리, 작품 관리 등을 비롯해 독자 관리까지 웹툰 제작 전반을 기획·관리한다.

- 
- 

# 한국의 직업전망은?

직업을 선택하고 결정하는 데 있어 미래의 변화를 예측하고 미리 준비하는 것은 절실하게 필요한 일이다. 그래서 직업 선택을 고민하는 학생들을 만나면 고용노동부의 워크넷에 소개된 "한국직업전망"이나 "직업사전"을 소개해 주는 편이다. 워크넷에 접속해서 "직업·진로자료실"을 클릭하면 쉽게 찾을 수 있고 PDF 파일로 되어 있어 다운받아 두면 유용하게 활용할 수 있다.

2007년부터 '한국직업전망'이 발간되었으며 2022년까지 한국직업전망이 발간되었다. 이는 직업을 이해하는 데 꼭 필요한 정보들을 한눈에 보기 쉽게 정리해 둔 좋은 자료이다. 특히 향후 전망은 자신이 하고자 하는 직업을 선택하는 데 있어 도움이 된다. 2007년에는 국내 213개 대표 직종에 대한 임금, 고용형태, 고용전망 등 상세한 노동 시장 정보를 제공하였다. 2009년 한국직업전망은 16개분야 186개 직종을, 2011년 직업전망에서는 16개 분야 202개 수록 직업에 대해 향후 5년간 일자리 증감 여부와 그 원인, 하는 일, 근무환경, 되는 길, 필요한 적성과 흥미, 수입수준 및 종사자 규모 등에 관한 상세한 정보를 제공하고 있다. "2013 한국직업전망"은 진로와 직업을 결정하고자 하는 청소년이나 일반 구직자가 다양한 직업정보를 살펴보고 자신에게 맞는 직업을 선택하는 데 도움을 주려고 우리나라를 대표하는 16개 분야 약 200개 수록직업의 향후 5년간 일자리 증감 여부와 그 원인, 하는 일, 근무환경, 교육/훈련/자격 등에 대한 상세한 정보를 제공하고 있다(한국고용정보원, 2012). '2017 한국직업전망'으로 우리나라 대표 직업 195개에 대한 10년 간('16~'25년) 일자리 전망과 그 요인을 수록했다.

한국고용정보원에서 2017년에 제시한 보도 자료에 따르면, 〈2017 한국직업전망〉에 수록된 직업별 고용전망을 보면 향후 직업세계에서 나타날 '7대 변화 트렌드'를 알 수 있다고 한다. 이를 조금 구체적으로 살펴보자.

첫째, 4차 산업혁명 선도 기술직의 고용증가이다. 사물인터넷 제품, 웨어러블 디바이스, 자율주행차, 가상현실, 모바일 등 신산업에서 기술·제품 개발 및 서비스를 담당하는 IT직종(응용소프트웨어개발자, 네트워크시스템개발자, 컴퓨터보안전문가, 시스템소프트웨어개발자 등)과 관련 기술직 및 전문가(전기·전자공학기술자, 기계공학기술자, 통신공학기술자, 멀티미디어디자이너, 제품디자이너 등)의 고용성장이 전망된다.

둘째, 4차 산업혁명으로 핵심인재 중심의 인력재편 가속화이다. 핀테크, 로보어드바이저(로봇(Robot)과 투자 자문을 의미하는 어드바이저(Advisor)의 합성어, 온라인상의 자산관리서비스), 인터넷전문은행의 확산으로 단순사무원(출납창구사무원 등)은 물론 증권 및 외환딜러 등의 전문직은 고용 감소가 예상되는 반면 고부가가치 창출이 가능한 보험 및 금융상품개발자 등 핵심전문가에 대한 수요는 증가할 것이다.

셋째, 기계화·자동화로 대체가능한 직업의 고용감소이다. 생산설비의 기계화·자동화, 산업용로봇 및 3D프린팅 기술의 확산으로 주조원, 단조원, 판금원 및 제관원(두꺼운 철판, 봉, 관 등의 재료를 설계도면에 맞게 가공하여 보일러, 철구조물, 금속용기 등을 제작) 등의 일자리 감소가 예상된다.

넷째, 고령화·저출산 등으로 의료·복지 직업의 고용증가이다. 고령화와 의료·복지 지원 확대 등으로 의사(다만, 산부인과 의사는 저출산으로, 영상의학과 의사는 빅데이터와 인공지능 활용 확산으로 일자리에 부정적 영향을 받을 수 있다), 치과의사, 간호사, 물리 및 작업치료사, 응급구조사, 임상심리사, 사회복지사, 간병인 등의 증가가 예상된다. 반면에 교사는 저출산 및 학령인구 감소로, 작물재배종사자와 어업종사자는 농어촌인구의 고령화와 청년층의 이농으로 종사자 수 감소가 예상된다.

다섯째, 경제성장과 글로벌화에 따른 사업서비스 전문직의 고용증가이다. 경제규모 성장과 글로벌화로 경영환경이 복잡해지면서 경영 및 진단전문가(경영컨설턴트), 관세사, 손해사정사, 행사기획자 등 사업서비스 전문가의 고용전망이 밝다.

여섯째, 안전의식 강화로 안전 관련 직종의 고용증가이다. 국민들의 안전에 대한 요구가 커지고 정부 역시 안전 관련 정책을 강화하면서 경찰관, 소방관, 경호원 등 안전을 책임지는 직업들의 일자리 증가가 전망된다.

일곱째, ICT 융합에 따른 직업역량 변화이다. 4차 산업혁명으로 기존 업무에 ICT 스킬이 융합된 업무가 증가할 것으로 예상된다. 예를 들면, 자동용접 및 로봇용접의 확산으로 용접원에게 프로그래밍 기술이 추가 요구되고, 치과기공사는 전문성 강화를 위해 3D 프린팅 기술을 익힐 필요가 있으며, 전기자동차 보급이 증가하고 자율주행차가 상용화되면 자동차정비원의 업무 중 전기·전자 관련 업무의 비중이 증가할 것이다.

2022 한국직업전망은 우리나라의 기계, 재료, 전기전자에너지, 식품가공, 화학, 섬유 및 의복 등 6개 분야 102개 직업에 관한 상세한 정보를 수록하고 있으며, 향후 10년간(2020~2030년)의 일자리 전망과 이러한 전망의 중요 요인을 제시하고 있다. 이처럼  여러 차례 발간된 한국직업전망은 청소년 및 구직자가 직업·진로를 탐색하고, 진로상담교사 및 취업상담원이 상담하는 데 활용될 수 있을 것이다.

### 〈활동 1〉 직업 조사

관심 있는 직업을 선택해 그 직업과 관련된 정보를 조사해 보자. 다양한 자료를 활용하여 최대한 정보를 모아보자.

직업명 : ______________________

| 조사 항목 | | 내용 |
|---|---|---|
| 취업을 위한 요구조건 | 필요 학력 | |
| | 자격 조건 | |
| 필요한 능력 | 업무수행능력 | |
| | 지식 | |
| | 성격 | |

| 일의 특성 | |
|---|---|
| 근무 환경(시간, 근무 조건 등) | |
| 임금 | |
| 이 직업의 장점 | |
| 이 직업의 단점 | |
| 앞으로의 전망 | |

**〈활동 2〉 기관 탐방 : 인터뷰 실시**

관심 있는 직업을 조사하기 위해 기관을 탐방하고 그 직업에 종사하고 있는 분을 미리 섭외하여 인터뷰를 실시하고 결과를 보고서로 작성해 보자.

직업명 : ____________ 보고서 작성자 : ____________

| 인터뷰 일자 및 시간 | |
|---|---|
| 인터뷰 대상자 | |

| 인터뷰 참여자 | |
|---|---|
| 이 직업을 희망한<br>이유 또는 동기는? | |
| 필요한 능력과 자격은? | |
| 되는 길은? | |
| 보람 있었던 일은? | |
| 직업을 선택하려는 사람에게<br>해 주고 싶은 말씀은? | |
| 이 직업의 전망은? | |
| 느낀 점 | |

# 21세기 인재상

최근 기업에서는 영어점수, 어학연수, 봉사활동 경험, 학력과 학점 등의 스펙보다는 열정, 도전정신, 창의성, 전문성을 갖춘 사람을 원하고 있다. 사회가 변화하면서 지식산업사회를 주도할 인적 자원에 대한 요구도 점점 높아지고 다양화되고 있다. 유능한 인재라 함은 어떤 사람을 말하는 것일까? 기업과 대학에서도 각각 추구하는 다양한 인재상을 제시하고 있다.

우리 대학교에서도 계명인재상으로 “Creative Global Citizen”을 표명했다가 최근에는 “빛을 전하는 FACE 인재”로 바뀌었다. 인재의 특성으로 도전적 개척정신(Frontiership), 윤리적 봉사정신(Altruism), 국제적 문화감각(Culture), 창의적 전문성(Expertise)을 들고 있다. 인재핵심역량에는 도전정신, 감성역량, 외국어 구사능력, 종합적 전문지식, 자기주도, 윤리적 가치관, 문화적 포용력, 문제해결 능력이 있다. 그리고 교육부에서는 미래 대한민국을 대표할 창의·융합형 인재를 발굴·격려하기 위해 2001년부터 ‘21세기를 이끌 우수인재상’을 운영해 오다 2008년부터 ‘대한민국인재상’으로 상의 훈격과 상금을 높여 수상자를 선발하고 있다.

통섭형 인재라는 말도 자주 접하게 되는데, 채용 트렌드의 대세라 할 수 있다. 통섭(統攝)을 한자로 먼저 살펴보면. ‘기둥, 줄기’라는 뜻의 ‘統’과 ‘잡다, 쥐다’라는 뜻의 ‘攝’이 합쳐진 말로 ‘큰 줄기를 잡다’라는 의미이다. 사전적으로 살펴보면, “전체를 도맡아 다스린다”이다. 영어로는 Generalist, 즉 Specialist와 반대되는 개념으로 미국의 생물학자 에드워드 윌슨(Edward Wilson)이 처음 사용한 용어이다. 처음엔 과학적 마인드를 중심으로 가지고 인문학적 소양을 갖추는 걸 뜻했지만 최근에는 자신의 전문분야 외에 다른 분야의 소양까지 두루 익히는 사람을 뜻하는 것으로 통용되고 있다(신협 채용정보, 2013).

GE의 크리쉬나무르티 부사장은 글로벌 감각을 갖춘 인재 양성의 필요성을 강조하고 이를 위해 시간과 비용을 적극적으로 투자해야 한다고 역설하며 21세기 리더가 갖춰야 할 5가지 덕목을 꼽았다. "외부 이해관계자들과 네트워크를 구축할 수 있는 '외부 지향성', 불확실한 상황에서 결단력을 보일 수 있는 '명확한 사고력', 새로운 아이디어 개발과 실현을 위한 '창의력과 용기', 자신과 다른 견해를 수용할 수 있는 '포용성', 업무에 대한 '전문성' 등 5가지가 GE의 성장가치"라고 설명했다(이재호, 2014).

저명한 경제학자 알프레드 마샬(Alfred Marshall)은 경제학자의 덕목으로 "진리를 추구하는 냉철한 머리와 이웃을 배려하는 따뜻한 가슴"을 이야기했다.

그러면 유능한 인재의 조건에는 어떤 것이 있을까? 창의력, 도전정신, 글로벌 능력, 커뮤니케이션능력으로 나누어 살펴 보자.

첫째, 21세기에는 새로운 아이디어를 창출해 내고 이를 실제에 적용할 수 있는 창의력이 요구된다. 창의력은 아마도 고정관념을 갖고 있는 경우에는 발휘되기 어렵다. 고정관념을 깨고 기존의 방식과 다르게 새로운 관점으로 보고 다른 시각으로 생각하고 틀을 깨려는 사고를 통해 창의력이 발휘된다.

창의력과 반대되는 고정관념을 살펴 보자. 고정관념이란 사람들에게 잘 변하지 않는 지나치게 일반화된 단순한 생각들을 말한다. 사물이나 사건을 있는 그대로 보기보다는 먼저 판단과 정의를 내리고 보기 때문에 고정관념이 생긴다고 한다. 이런 고정관념을 갖고 있으면 성공하기 쉽지 않기 때문에 때론 고정관념을 깨고 새로운 관점에서 볼 수 있고 새로운 아이디어를 창출할 수 있어야 한다.

심리학에서는 얼마나 고정관념을 갖고 있는지를 간단하게 살펴볼 수 있는 방법들이 있다. 개강을 하면서 학생들에게 "고정관념"에 대한 이야기해 줄 기회가 있거나 외부에서 강의할 때 많이 활용하는 간단한 몇 가지를 소개해 볼까 한다.

우선 아래 빈 여백에 텔레비전을 한번 그려보자. 각자 생각하는 텔레비전을 그리면 된다.

어떤 모양의 텔레비전이 그려졌을까! 우선 각자 그린 텔레비전에 안테나가 그려져 있는지 살펴보자. 그리고 혹시 다리가 그려지진 않았는지 살펴보자. 강의하면서 질문해 보면 텔레비전에 안테나를 그린 사람들이 꽤 많이 보인다. 왜 그럴까? 지금 집에서는 평면 TV를 보고 있고 DMB나 휴대폰으로, 컴퓨터로 텔레비전을 보는 세상이 되었는데도 왜 TV하면 안테나가 먼저 떠오를까? 우리에게 고정관념으로 작용하는 것을 단적으로 보여주는 예라 할 수 있다. 이와같은 고정된 틀과 사고를 깰 수 있어야 하고, 다른 관점이나 시각으로 볼 수 있어야 창의력을 발휘할 수 있다.

이외에 다른 활동을 몇 가지 소개해 보고자 한다. 어렸을 때 성냥개비를 가지고 놀아 본 경험이 있다. 불장난을 한 것은 아니고 뭔가 성냥개비를 이용해 만들었던 기억이 난다. 아마 이 부분에 공감하는 사람은 나와 비슷한 세대이거나 나보다 훨씬 이전 세대일 듯하다. 우선 성냥개비 9개를 이용해 100이라는 숫자를 만들 수 있다.

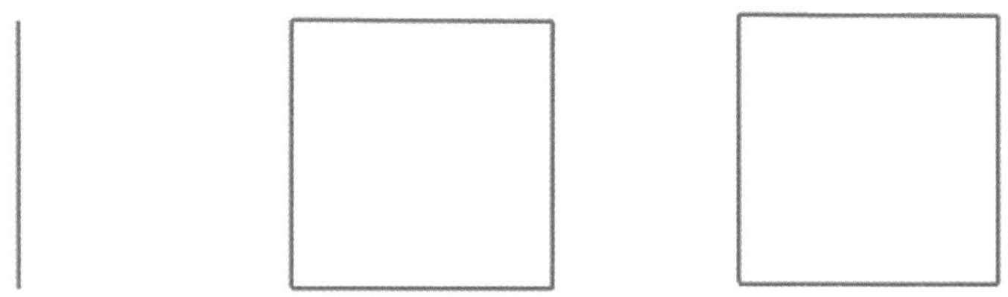

자, 이제 발상의 전환이 필요한 시간이다. 위에 100이라는 숫자에서 선분 두 개를 옮겨서 영어 단어 CAT을 만들어 보자. 어떤 선분을 옮기면 될까요? 뒤집기를 해야 완성이 된다.

그러면 다시 성냥개비 세 개를 옮겨서 이 백을 만들어 보자. 어떤 선분을 어디로 이동하면 이 백이 될까요?

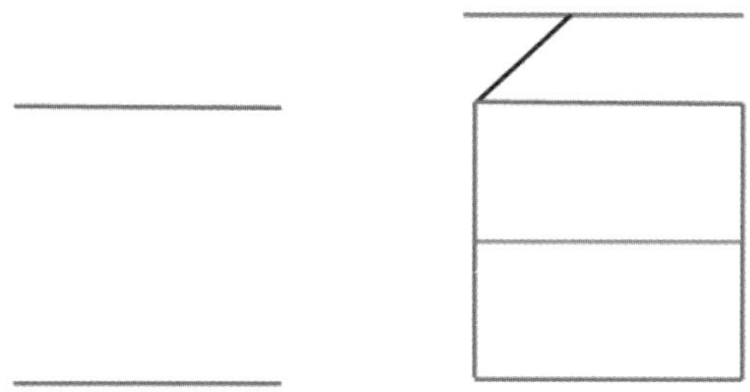

다음은 최근에 교양교육연구소의 세미나에서 강의해 주신 교수님이 쉬어가는 코너로 퀴즈형태로 내 주신 문제인데…. 이 부분에서도 고정관념이나 공감의 능력을 발휘하면 답을 찾을 수 있다. 한번 생각해 보자.

- 미국에서 흑인에 대한 인종차별이 심했던 1940년대,
  한 백화점의 식당에는 손님들이 식사를 할 수 있는 카페테리아가 있었다.
  그런데, 카페테리아의 좌석은 오직 백인들만을 위한 것이었다.

- 흑인들이 좌석에 앉는 것을 법으로 금지하고 있었기때문이다.
  따라서 흑인들은 카페테리아에서 음식을 사먹기 위해서 서 있어야 했고,
  주문한 음식이 나오면 그것을 들고 밖으로 나가서 먹어야 했다.

- 사장은 흑인 고객들을 그런 방식으로 다루고 싶지 않았다.
  그는 법을 위반하고 흑인 고객들을 위해 좌석에 앉게 할 수도 있었다.
  하지만 벌금형을 받거나 감옥에 갇힐 수 있었다.

- 이 문제를 어떻게 해결할까?

여러분은 어떤 해결방법을 내놓을 수 있을까요?

또 하나 소개하고 싶은 것이 있다. 평소 '유퀴즈온더블럭'이라는 tvN 프로그램을 자주 시청한다. 106화 N주년의 게스트 중 한 분으로 카이스트 대학이 개교 50주

년을 맞아 이광형 총장님이 출연한 것을 우연히 보게 되었다. 사실 놀람 그 자체였다. 이 분을 모티브로 등장한 것이 SBS의 '카이스트' 드라마였다고 한다. 방송을 보며 창의력에 놀라고 고정관념을 깨는 것에 놀라고.... 수업 시간에 학생들에게 보여주는 수업 자료로도 최근에 활용하고 있다. 그 당시 스포츠카를 타고 다니고 자유분방한 차림으로 이상한 말투 등으로 유명했다고 한다. 그런 이유가 달라 보이고 싶어서라고 하셨다. 게다가 고정관념을 깨기 위해 텔레비전을 거꾸로 본다고 한다. 자막도 잘 읽힐 정도로 오랫동안 그렇게 해 오셨고, 대학의 조직도와 강의자료도 거꾸로 놓고 본다고 하는데, 이유가 더 놀라웠다. 조직도는 총장이 누구를 섬겨야 하는지를 이해하기 위해서라고 한다. 정말 놀랍지 않은가!

둘째, 도전정신으로 도전이라 함은 사전적 정의에 따르면, 어려운 사업이나 기록경신 따위에 맞섬을 비유적으로 이르는 말이다. 강의할 때 지식채널 e에 소개된 다양한 동영상을 잘 활용한다. 그중 하나가 "1009번째의 기적"이다. KFC 사장인 커널 샌더스의 이야기인데, 65세의 나이에 가진 돈은 달랑 105달러이고 요리법을 팔러 다니지만 1008번 거절당한다. 포기하지 않고 1009번째에 요리법을 사주겠다는 사람을 만나 성공하게 된다는 내용이 담겨 있다. 그리고 지아지앙이라는 사람은 테드와 유튜브에서 도전 또는 거절에 대한 두려움을 극복한 사례를 공개해 유명해졌다. 영상에는 모르는 사람에게 100달러 요구하기, 햄버거 가게에서 햄버거 리필해 달라고 하기, 도넛 가게에서 올림픽 모양의 도넛 만들어 달라고 하기, 처음 보는 사람에게 칭찬해 달라고 하기, 오바마 대통령에게 인터뷰 요청하기 등과 같이 다양한 사람들에게 요구를 하며 도전하는 장면이 나온다. 때로는 거절이 두려워 시도조차 안하고, 지레 안 될 것이라고 단정하고 포기하는 일은 없는지 살펴볼 필요가 있다.

나의 성격도 약간은 안주하는 성향이 있어서 무언가를 새로이 시도하거나 도전하는 것을 즐겨 하는 편은 아니다. 음식만 보아도 그런 편이다. 어렸을 때는 마늘, 양파, 파 등을 안먹었지만 나이 들면서 먹기 시작했다. 미나리는 향 때문에 안 먹다가 대구에 와서 처음 제자들과 팔공산에 가서 먹어 보고 그 맛에 빠져들었다. 지금도 안 먹는 것으로 막창, 곱창, 돼지고기의 비계, 닭날개, 닭발 등이 있다. 주위에서 맛있다고 도전해 보라고 하지만 아직까지 시도를 못하고 있다. 외국 나가면 안 먹던 음식들인지라 더 주저하는데, 같이 여행 간 어머님은 나와는 다르게 도전하고 시도하시며 나에게도 자꾸 권하신다. 이외에도 호기심이 많으셔서 시도하고 도전을 많이 하시는 편이시다. 이런 부분은 어머니를 닮았으면 좋았을 텐데.... 그나마 나이가 들면서 안 하던 일을 많이 시도하고 있다. 이전엔 누군가에게 무슨 이야기를 들으면 “그래, 그 분이야 그럴 수 있지”하고 지나쳤던 것 같은데, 이젠 귀담아 듣는 것인지, 자꾸 유사한 말을 듣게 되면 ‘나도 한번 해볼까’ 하는 호기심이 생기곤 한다.

올케가 독소 빼는 프로그램이라며 거의 단식을 해서 갸름해진 얼굴과 날씬해진 몸을 자랑했다. 또 지리산으로 피정을 갔을 때 그곳에서 만난 신부님도 효소만 드시며 가끔 단식을 하신단다. 왜 하시냐고 여쭈니 재미있어서 하신단다. 남동생도 3일간 단식을 하며 5kg 정도를 빼고 몸이 가벼워졌다는 말을 하는 순간... ‘아... 나도 해 봐야겠다’라는 생각이 번쩍 들었다. 용기를 내어 해 보니 몸도 거뜬하고 그 동안 내가 얼마나 무지하게 먹는 것에 목숨을 걸었는지도 생각하는 기회가 되었다. 또 살짝 재미가 느껴지기도 한다. 나에게 주는 성취감도 있는 듯하다.

무엇이든 새로운 것에 도전해 보지 않고는 그 즐거움을 깨닫기는 어렵다. 진로를 결정하고 선택해야 하는 상황에서도 기회가 주어진다면 일단 해 보려는, 시도하는 정신은 정말 필요하다.

취업을 준비하며 기로에 서 있는 이들에게 해주고 싶은 말은 아르바이트가 되었든 인턴이 되었든 무엇이든 해 볼 기회가 오면 잡아보라는 말을 해주고 싶다. 모두 해 볼 수는 없지만 기회가 된다면 경험해 보고 결정하는 것이 확실한 방법일 테니 말이다.

셋째, 글로벌 능력으로 글로벌은 전 세계, 지구 전체라는 의미로 전 세계는 서로 소통하고 함께 더불어 살아야 한다. 인터넷이나 스마트폰의 발달이 세계를 더 글로벌화하는 데 도움을 주었다. 기업에서도 해외 시장을 개척하고 비즈니스를 주도할 글로벌 능력을 갖춘 인재를 요구하고 있다. 글로벌 능력으로는 어학 능력도 빼놓을 수 없을 듯하다. 조카가 최근에 프로젝트사업에 참여하면서 동티모르로 거의 한 달간 출장을 갔는데, 그곳에서 보낸 온 카톡 중에 “꽤 써먹을 만한 영어 실력에 하루하루 감사하며...”라는 내용이 있었다. 중국어도 조금 가능하고 영어도 가능하기에 해외에서 일할 때 많은 도움이 된 모양이다. 물론 AI발달로 인터넷만 가능하다면 바로바로 통역기나 번역기를 사용할수 있는 세상이니 두려움을 가질 필요는 없을 듯하다. 기본적인 것은 갖추어 두면 좋을 테니... 거창한 어학 실력은 아니더라도 기본적으로 필요하고 직무와 관련해 필요한 부분에서 활용할 수 있을 정도면 되지 않을까 싶다. 물론 어학이 필요 없는 지무도 있을 수 있지만 글로벌이라는 측면에서는 관심을 두어도 좋을 듯하다.

그리고 글로벌 능력에는 다문화에 대한 이해도 필요하다. 나라마다 다른 문화에 대한 이해, 그 문화만의 독특함을 이해할 수 있어야겠다. 다름으로 이해하면 문제가 안 되는데 틀림으로 이해하는 순간 문제가 생긴다. 최근 선배가 번역한 동화책 중에 '이 색 다 바나나다'라는 책이 있다. 노랑만 바나나의 색이라고 할 수 있을까? 덜 익어 왔을 때는 초록에 가깝고 많이 익었을 때는 갈색에 가깝고, 다른 나라에서 나는 바나나의 색은 또 다르고... 사과도 다 빨강은 아니듯이~ 이처럼 다름을 이해해야 글로벌 능력을 가졌다고 할 수 있지 않을까?!

넷째, 커뮤니케이션 능력으로 조직 내 많은 문제의 주요 원인으로 작용할 뿐만 아니라 조직의 성과 향상과 시너지 창출에도 많은 영향을 미치는 요인이다. 조직 내에서 활용할 수 있는 커뮤니케이션 능력에는 경청, 공감, 질문, 피드백 능력에서부터 스피치와 프리젠테이션 능력에 이르기까지 갖추어야 할 다양한 요소들이 있지만(박윤희, 2011) 강조하고 싶은 것은 공감이다.

오래된 "왕가네 식구들"이란 주말 드라마가 있었다. 가훈이 하나 나오는데 얼마나 인상적이던지.... "입장 바꿔 생각하자"이다. 즉 "역지사지"이다. 이처럼 공감은 상대방이 처한 상태에 그냥 같이 있어 주고 옳고 그름이나 이유를 따지지 않고 상대방의 마음을 헤아려 주고 이해해 주는 것이라 할 수 있다. 즉, 나와 나 아닌 다른 것과의 소통으로 다른 이의 의견이나 감정, 처지를 이해하고 받아들이는 것이다(생명평화마중물, 2008).

우리 몸 안에는 공감할 수 있는 세포를 가지고 있는데, 이를 거울신경세포(mirror neuron)라 한다. 아기를 보고 웃으면 아기도 따라 웃는다. 앞에서 누군가가 하품하거나 활짝 웃으면 보는 사람도 이내 따라 한다. 이런 현상은 우리 뇌의 '미러 뉴런'에 의한 것이라고 한다. 미러 뉴런이란 '보는 대로 따라 하는 신경'으로 불리는데 남의 행동을 모방하도록 하는 우리 두뇌 안의 신경세포이다(이코노믹리뷰 컨텐츠기획팀, 2013). 다른 사람이 어떤 동작을 실행하는 것을 관찰할 때나 자신이 그 동작을 실행할 때에도 활성화되는 신경세포로 다른 사람의 경험을 바라보는 것만으로도 그 사람과 비슷하게 경험하게 된다고 한다. 이처럼 우리는 공감할 수 있는 능력을 가지고 있다.

그리고 커뮤니케이션 능력과 관련해서 지식의 저주라는 개념을 소개하고 싶다. 커뮤니케이션이 잘 안되는 이유 중의 하나가 이것 때문일 수 있다. 이는 많이 알고 있는 사람의 말일수록 알아듣기 힘든 현상을 이르는 말이다. 어떤 개인이 다른 사람들과 의사소통을 할 때 다른 사람도 이해할 수 있는 배경을 가지고 있다고 자신도 모르게 추측하여 발생하는 인식적 편견의 하나이다. 한자 성어 중에 '식자우환'이라는 말과도 일맥상통한다. 식자우환의 의미는 '아는 것이 오히려 걱정을 끼친다'는 것으로, 너무 많이 알기 때문에 쓸데없는 걱정도 그만큼 많다는 뜻이다. 그래서 때로는 커뮤니케이션을 잘하기 위해서는 '알지못함의 자세'가 필요하다. 니베아 데오드란트 광고에서 알지못함의 자세를 배울 수 있었다. 참가자들에게 사람들의 겨드랑이 사진만을 보여주고 사진을 보고 떠오르는 이미지를 선택하도록 했다. '민망한, 창피한, 흉한' 등의 단어를 선택했다. 잠시 후 전체 사진을 보여주었다. 예술 작가의 작업 모습, 사진 작가의 촬영모습, 아기를 올려 앉은 엄마의 모습 등등이었다. 이제 똑같이 이미지를 선택하게 했더니 이전과는 다르게 '열정적인, 낭만적인, 빛나는, 치열한, 아름다운' 등의 단어를 선택했다. 이처럼 부분만을 보고 판단하면 오류가 생길 수 있다. 커뮤니케이션을 할 때도 마찬가지로 부분만을 가지고 판단하고 정의내리는 순간 '불통'이 된다. 늘 상대방에 대해, 상대방이 이야기하려는 내용에 대해 '알지못함의 자세'를 취하고 배우려는 자세를 취하면 '소통'이 더 잘 이루어질 것이다.

**〈활동 1〉 기업의 인재상 조사하기**

관심 있는 기업의 인재상을 조사해 보자. 평상시 신문을 보면서 인재상에 대해 다룬 기사를 스크랩해 두거나 중요한 내용을 메모해 두는 것도 좋은 방법이다.

| 기업 | 추구하는 인재상 |
|---|---|
| | |
| | |
| | |
| | |

### 〈활동 2〉 나의 고정관념은 어느 정도일까?(한근태, 2009)

각 문항을 읽고 "그렇다"라고 생각되는 문항에만 표시해 보자.

1. 처음 만난 사람이 있으면 그의 혈액형이 궁금하고, '아하, 그렇구나'라며 내가 짐작하는 그의 성격과 맞춰보곤 한다. (　　)
2. 첫인상이 대체로 정확하다고 믿는 편이다. (　　)
3. 나는 눈치가 빠른 편이라고 생각한다. (　　)
4. 사람을 만나면 그 사람의 형제, 자라난 배경, 출신학교 등에 관심을 갖고 먼저 물어보는 편이다. (　　)
5. 한 번 나쁜 경험을 하고 나면, 그것과 연관된 다른 것들에도 모두 불쾌감이 먼저 느껴진다. (　　)
6. 내가 예측했던 것과 다른 일이 벌어지면 많이 혼란스럽다. (　　)
7. 좋아하는 음식이 있다면 며칠을 그것만 먹어도 좋다. (　　)
8. 4지선다형 문제를 풀 때 처음에 생각했던 답이 맞는다고 여기고는 좀처럼 고치지 않는 편이다. (　　)
9. 판단이 남보다 빠른 편이다. (　　)

[채점]

- "그렇다"라고 응답한 문항 수를 세어보자.
- 6개 이상에 응답한 경우는 고정관념이 있는 편이다, 즉 선입견을 가지고 있다고 볼 수 있다. 따라서 가끔 중요한 일을 결정할 때는 한 템포 늦추어 생각하고 다른 시각에서 바라볼 수 있도록 노력하는 것이 필요하다.

우리의 삶은 늘 선택의 연속이다. 어떤 선택을 하느냐가 순간에서부터 길게는 평생 동안에 나의 삶에 지대한 영향을 준다. 그리고 "선택이란 또 다른 것의 포기"라는 말을 생각하면 의사결정에서 좀 더 합리적이고 신중한 태도가 요구됨을 알 수 있다.

일상의 소소한 선택에서부터 중요한 일에 이르기까지 다양한 선택 상황에서 나는 어떤 선택을 하는지를 점검해 보고 진로 및 직업 선택에서 좀 더 합리적이 되도록 안내해 보려 한다. 더불어 진로 선택에서 중요하게 고려할 요인들도 살펴보고 의사결정의 다양한 상황들을 통해 연습의 기회도 가져보고자 한다.

CHAPTER

# 04

# 선택의 갈림길

# 의사결정은 어려운가!

늘 정돈되고 똑 부러지는 듯한 모습이지만 나를 조금 가까이에서 본 사람들은 결정을 어려워한다는 것을 안다. 내가 선택 상황에서 자주 쓰는 말은 "아무거나~" "아무데나~" "편하신 대로 하셔도 되는데~"라는 말이다.

늘 숙제처럼 알고 있던 문제이지만 얼마 전에 "아하~" 하는 순간이 있었다. 모처럼 아는 분과 식사를 하기 위해 몇 시에 만나면 좋을지를 정해야 하는 상황이었다. 그분은 아무래도 괜찮다며 내게 상냥하게도 두 가지 중에 하나를 선택하도록 요구하셨다. 명확하게 시간이 기억나지는 않지만 5시 30분? 아니면 6시 30분? 이었던 것 같다. 그 상황에서도 나는 "언제가 더 편하신데요?"라는 말을 되풀이하고 있었다. 나를 잘 아시기에 이런 상황에서는 당신은 둘 다 좋은 거니까 내가 선택을 해야 하는 거라고 말씀해 주셨다. 그 말을 듣고 보니 그도 그런 것 같았다. 어렵사리 내가 6시 30분을 선택해서 우린 잠정적으로 6시 30분에 만나기로 했다. 메뉴를 정하는 것도 큰 숙제인지라 무엇을 먹고 싶은지를 물으시더니 "전 괜찮은데... 뭐가 드시고 싶으시냐?"는 나의 말에 서로 생각해 보기로 하고 전화를 끊었다.

나이가 들어도 시간 약속 하나 하는 것도 이리 어렵다니.... 그 일 이후로 나는 의사결정에 대해 이런 저런 생각을 하게 되었다. 그러고 보니 사람의 영향을 참 많이 받는다는 것을 알게 되었다.

또 하나 생각나는 예가 있다. 오래 전에 얼굴에 점을 뺄까 싶어 설날 연휴 시작 즈음에 엄마 손에 이끌려(나이와 상관없이 결혼을 안 해서인지 아직도 끌려 다닌다) 정보를 탐색해 보기 위해 피부과에 갔었다. 그런데 연휴가 시작되어 오늘 아니면 예약이 밀려 빼기 어렵고 부분과 전체를 빼는 데 10만원 차이밖에 안 난다는 의사 말에 망설이며 혼란스러워하고 있을 때, "온 김에 다 빼"라는 엄마의 말씀에 그날 거금을 카드로 긁었다. 그러고 보니 의사결정과 관련해서 생각나는 사례가 한두 가지가 아니다.

몇 해 전 추석 연휴에는 올케들과 쇼핑을 갔다가 생각지도 않은 숄과 목 폴라티를 사기도 했다. 폴라는 목이 답답해 잘 안 입는 옷 중에 하나인데도 불구하고 "옷은 한 번에 코디할 수 있게 사야한다"는 말에 혹해서 그런 결정을 했다. 지금도 그 옷들은 일 년에 한두 번 입을까 말까 하니 마음이 찡하다.

강의 의뢰를 받을 때도 아는 사람의 부탁인 경우는 거절을 잘 못하고 때론 강사료가 얼마인지도 묻지 않고 나가는 "묻지 마 강의"도 하니 말이다. 그래도 금방 잊고 헤헤 할 수 있는 마음의 여유가 있으니 다행이다.

편한 구두를 사고 싶다고 생각만 하고 있다가 어느 날인가 서울에 일이 있어 올라가던 날 서울역 콩코스(지금은 롯데 아울렛으로 바뀜)에서 세일하는 신발을 보고는 후다닥 5분도 생각하지 않고 필이 꽂혀서 산 일도 있다. 사실 이런 일은 나에게 있어 다반사인지도 모른다. 학생들에게 진로의사결정에 대한 강의를 하러 다니면서 정작 일상에서 벌어지는 의사결정을 살펴보면 웃지 않을 수 없다.

의사결정과 의사결정 유형에 대해 생각해 보자. 여러분은 의사결정이란 말을 들으면 무엇이 떠오르는가? 사소한 일에서부터 중요한 일에 이르기까지 인간의 거의 모든 행동에는 의사결정이 선행된다. 아침에 일어나 무엇을 입을지, 무엇을 먹을지, 누구랑 카톡을 할지, 점심은 무엇을 먹을지, 그리고 팀 프로젝트는 누구랑 같이 할지, 어떤 주제로 할지 등등. 의사결정이란 어떤 결정을 위해 여러 대안을 검토하고 그중 최선의 대안을 선택하여 실행하는 것이다(장철현, 2001). 즉 의사결정은 여러 가지 문제를 내포하고 있는 상황에서 스스로의 판단과 책임하에 취할 행동의 방향을 결정하는 일이라 할 수 있다.

우리는 살아가는 동안 다양한 종류의 의사결정 상황에 놓이게 되고 그중 진로를 결정하는 일은 개인의 일생을 통해서 성취해야 할 가장 중요한 과업 가운데 하나라 할 수 있다. 올바른 진로를 선택하기 위해서는 합리적으로 의사결정할 수 있어야 한다. 이외수(2009)의 청춘불패를 읽으며 아하! 하는 순간이 있었다. "그대여, 어느 쪽을 선택할 것인가는 오로지 그대 의지에 달려 있다"라는 말을 보며 선택이나 결정에 가장 큰 영향 요인은 "의지"임을 새삼 깨달았다.

그러면 진로의사결정이란 무엇일까? 진로의사결정은 의사결정 중에서 직업적 행위와 관련한 의사결정으로 고교 졸업생의 대학 및 학과 선택, 대학에서의 전공 변경

(전과), 교직, 복수(부) 전공, 직장에서의 진로 변경, 교육체계로의 재입문, 직업의 변경(이직) 등이 있을 수 있다.

이외에도 의사결정의 종류를 두 가지로 나누기도 한다. 일상적인 의사결정은 반복적으로 발생하고, 문제해결과정이 체계화되어 있어 상대적으로 쉽고, 의사결정자에게 큰 영향을 주지 않는 것으로 식사 메뉴 선정이나 모임 장소 정하는 것 등이 포함된다. 반면에 전략적인 의사결정은 자주 발생하지는 않으나 의사결정자에게 큰 영향을 주는 것으로 대학 진학이나 결혼, 직업 선택 등을 예로 들 수 있다. 전략적인 의사결정은 의사결정의 성공 여부가 의사결정자에게 많은 영향을 줄 수 있는 중요하고 복잡한 의사결정이며, 비정형적이고 불확실성이 높은 의사결정이다. 따라서 진로 의사결정은 전략적인 의사결정의 하나라 할 수 있다.

사람들은 주로 어떻게 의사결정을 할까? 의사결정에도 스타일이 있다. 사람마다 자주 사용하는 의사결정 유형이 있으며, 문제나 사안에 따라 사용하는 의사결정 유형이 다를 수 있다. 의사결정 유형은 문제 상황을 지각하고 그에 반응하는 특징적인 양식, 또는 어떠한 결정을 내리기 위해 이용되는 접근방법과 결정방식이다. 사람들에게는 나름의 의사결정 방식이 있는데, 1979년 하렌(Harren)이 의사결정 스타일을 세 가지로 구분하고 그것에 기초해 간단한 검사를 만들었다. 일찍이 이런 부분을 고민하고 연구한 학자가 있음에 얼마나 감사한지 모르겠다.

의사결정 유형을 간단히 살펴보면, 첫째, 합리적 유형은 정확하고 다양한 정보를 바탕으로 신중하게 결정하며, 그 결정의 결과에 책임지는 유형이다. 둘째, 직관적 유형은 꼼꼼히 따져보지 않고 즉흥적이거나 감정적으로 결정을 내리지만, 그 결정의 결과에는 책임지는 유형이고, 마지막으로 의존적 유형은 스스로 결정을 내리지 않고 다른 사람들의 기대와 요구에 의해 결정을 내리며, 자신이 내린 결정에 대한 책임지지 않으려고 하는 유형이다.

나의 일상적인 예에서 살펴보면 많은 경우는 의존적인 유형에 가깝다고 볼 수 있고 직관적인 유형에 해당하는 경우도 많이 있는 듯하다. 각 유형의 특성을 정리해 보면 다음과 같다.

| 유형 | 특성 |
| --- | --- |
| 합리적 유형 | 어떤 결정을 할 때 신중하게 생각하고 결정한다. |
| | 중요한 결정을 할 때 필요한 정보를 찾아서 결정한다. |
| | 중요한 결정을 할 때 꼼꼼히 따져보고 결정한다. |
| 직관적 유형 | 대체로 미래를 생각하기보다는 현재 상황을 생각해서 결정한다. |
| | 어떤 결정을 할 때 나의 느낌을 중요시한다. |
| | 주로 즉흥적으로 결정하는 편이다. |
| 의존적 유형 | 내 생각보다는 부모님의 의견을 들어서 결정한다. |
| | 남의 도움 없이는 중요한 결정을 잘 하지 못한다. |
| | 친구들의 생각에 따라 결정한다. |

그리고 각 유형의 장단점은 다음과 같다.

| 유형 | 장점 | 단점 |
| --- | --- | --- |
| 합리적 유형 | • 매우 신중하고 합리적이다.<br>• 잘못되거나 실패할 확률이 낮다.<br>• 자신의 결정에 책임을 진다.<br>• 심리적 독립과 성장에 도움이 된다. | • 의사결정에 시간이 많이 걸린다.<br>• 지나치게 신중을 기하는 경우에는 기회를 놓치는 경우도 있다.<br>• 돌발 상황에서는 적용할 수가 없다. |
| 직관적 유형 | • 빠르게 의사결정을 할 수 있다.<br>• 스스로의 선택에 책임을 진다.<br>• 돌발 상황에 대처하는 데 유리하다. | • 잘못되거나 실패할 확률이 높다.<br>• 일관성을 요구하거나 장기적인 일에는 적합하지 않다. |
| 의존적 유형 | • 사소한 일을 결정할 때 적합하다.<br>• 잘 모르는 문제를 결정할 때 적합하다.<br>• 주변의 저항을 덜 받는다. | • 실패했을 때 남의 탓을 하기 쉽다.<br>• 자신의 인생에 중요한 영향을 미치는 일에는 부적합하다.<br>• 남의 눈치를 보기 때문에 소신 있게 일을 처리하지 못한다. |

합리적인 의사결정은 많은 시간과 에너지가 요구되며, 정보획득이 전제되어야 가능하다. 따라서 합리적인 의사결정이 언제나 바람직한 것은 아니고 가능한 것도 아니다. 그때그때 결정해야 할 내용의 성격과 중요도 등에 따라 적절한 의사결정 유형을 선택해야 한다. 그러나 진로나 직업과 관련한 진로의사결정에서는 단연 합리적인 의사결정이 요구된다.

그러면 왜 진로나 직업과 관련해서 합리적인 의사결정이 이루어지지 못하고 있는 걸까? 그 이유를 세 가지 정도로 요약해 볼 수 있다. 우선은 자신의 특성에 대한 정보와 교육적, 직업적 대안의 부족이다. 다른 하나는 요구되는 정보를 수집하는 데 필요한 시간과 노력을 덜 들이는 것이고 마지막으로는 자신에게 적절한 정보를 확인할 수 있는 방법을 모르기 때문이다.

### 〈활동 1〉 의사결정 경험 나누기

다음 상황에 대해 경험한 바를 기록해 보자. 또는 이런 상황에서 나는 어떤 결정을 할지를 생각해 보자.

| | |
|---|---|
| 물건을 살 때 나의 결정 방식은?<br>(스마트폰, 옷, 구두, 가방... ) | |
| 내가 이제까지 진로나 직업과<br>관련해 내린 결정 중 잘한 것은? | |
| 내가 이제까지 내린 진로나<br>직업 관련한 결정 중에서<br>후회나 아쉬움이 남는 것은? | |
| 내가 앞으로 내려야<br>할 진로나 직업 관련한<br>의사결정에는<br>어떤 것이 있을까? | |

〈활동 2〉 **의사결정 유형(이종구, 2005)**

다음 문항은 개인이 어떻게 중요한 의사결정을 내리는가에 관한 것입니다.
거의 동의하지 않음: 1, 동의하지 않음: 2, 그저 그렇다: 3,
동의함: 4, 매우 동의함: 5 로 표시하면 된다.

1. 나는 의사결정을 할 때 직관에 의존한다. (　　)
2. 나는 의사결정을 하기 전에 사실 확인을 위해 정보원을 반드시 확인한다. (　　)
3. 나는 의사결정을 할 때 나의 내적 감정과 반응을 신뢰한다. (　　)
4. 나는 논리적이고 체계적인 방법으로 결정한다. (　　)
5. 나는 일반적으로 옳다고 느껴지는 결정을 한다. (　　)
6. 나는 심사숙고해서 결정한다. (　　)
7. 나는 의사결정을 할 때, 합리적인 이유보다 내가 그 결정이 옳다고 느끼는 것이 보다 중요하다고 생각한다. (　　)
8. 나는 의사결정을 할 때 특정한 목표를 달성하기 위해 다양한 대안을 고려한다. (　　)

[채점]

홀수 번호의 합: 직관성 / 짝수 번호의 합: 합리성

[결과]

- 높은 점수가 스타일이 됨
- 두 점수 간의 차이 클수록 선호 스타일이 의사결정 방법을 강하게 지배한다고 할 수 있으며, 두 점수 간의 차이 크지 않거나 점수가 중간(10-14)에 위치한다면 의사결정 방식이 유연하고, 상황의 차이에 따라 다른 의사결정 스타일을 한다고 볼 수 있다.

〈활동 3〉 **의사결정 유형검사(교육인적자원부, 2003)**

이 검사는 개인이 어떤 방식으로 의사결정을 내리는지 알아보기 위한 것으로 다음 문항들을 하나씩 읽어가면서 그 내용이 자신의 입장과 같으면 O, 다르면 X 표시하면 된다. 자신의 의사결정 유형을 정확히 알 수 있도록 정확하고 솔직하게 응답해 보자.

1. 나는 중요한 의사결정을 할 때 한 단계 한 단계 체계적으로 한다. (　　)
2. 나는 내 자신의 욕구에 따라 매우 독특하게 의사결정을 한다. (　　)
3. 나는 얻을 수 있는 모든 정보를 수집하지 않고서는 중요한 의사결정은 거의 하지 않는다. (　　)
4. 의사결정을 할 때 내 친구들이 나의 결정을 어떻게 생각할 것인가를 매우 중요시한다. (　　)
5. 나는 의사결정을 할 때, 의사결정과 관련된 결과까지 고려한다. (　　)
6. 나는 다른 사람의 도움 없이는 중요한 의사결정을 하기가 힘들다. (　　)
7. 나는 어려운 문제에 부딪치면 재빨리 결정을 내린다. (　　)
8. 나는 의사결정을 할 때 자신의 즉각적인 느낌이나 감정에 따른다. (　　)
9. 나는 내가 하고 싶은 것보다 다른 사람이 어떻게 생각하느냐에 영향을 받아 의사결정을 한다. (　　)
10. 어떤 의사결정을 할 때 나는 시간을 갖고 주의 깊게 생각해 본다. (　　)
11. 나는 문제의 본질에 대해 찰나적으로 떠오르는 생각에 의해 결정한다. (　　)
12. 나는 친한 친구에게 먼저 이야기하지 않고는 의사결정을 거의 하지 않는다. (　　)
13. 나는 중대한 의사결정 문제가 예상될 때, 그것을 계획하고 생각할 시간을 충분히 갖는다. (　　)
14. 나는 의사결정을 못한 채 뒤로 미루는 경우가 많다. (　　)
15. 나는 의사결정을 하기 전에 올바른 사실을 알고 있으나 확인하기 위해 관련

된 정보들을 다시 살펴본다. (　　)

16. 나는 의사결정에 관해 실제로 생각하지는 않지만 갑자기 생각이 떠오르면서 무엇을 해야 할지 알게 된다. (　　)
17. 어떤 중요한 일을 하기 전에 나는 신중하게 계획을 세운다. (　　)
18. 의사결정을 할 때 나는 다른 사람의 많은 격려와 지지를 필요로 한다. (　　)
19. 의사결정을 할 때 마음이 가장 끌리는 쪽으로 결정을 한다. (　　)
20. 나의 인기를 떨어뜨릴 의사결정은 별로 하고 싶지 않다. (　　)
21. 나는 의사결정을 할 때, 예감 또는 육감을 중요시한다. (　　)
22. 나는 올바른 의사결정을 위하여 신중하게 결정을 내린다. (　　)
23. 나는 어떤 의사결정이 마음에 드는 경우, 그 결정을 올바른 것으로 본다. (　　)
24. 올바른 의사결정을 내리는 데에 자신이 없기 때문에 주로 다른 사람의 의견을 따른다. (　　)
25. 종종 내가 내린 각각의 의사결정을 일정한 목표를 향한 진보의 단계로 본다. (　　)
26. 내가 내리는 의사결정을 친구들이 지지해 주지 않으면 그 결정에 대해 확신을 갖지 못한다. (　　)
27. 의사결정을 하기 전에, 나는 그 결정을 함으로써 생기는 결과에 대해 가능한 많이 알고 싶다. (　　)
28. 나는 "이것이다"라는 느낌에 의해 결정을 내릴 때가 종종 있다. (　　)
29. 대개의 경우 나는 주위사람들이 바라는 방향으로 의사결정을 한다. (　　)
30. 여러 가지 정보를 수집하거나 검토하는 과정을 갖기보다, 나에게 떠오르는 생각대로 결정을 내리는 경우가 자주 있다. (　　)

[채점]

- 아래 유형별 문항에 맞추어 "그렇다"에 응답한 수를 세어보자.
- "그렇다"에 응답한 수가 많을수록 그 유형의 경향이 높은 것이다.

(가) 합리적 유형 : 1, 3, 5, 10, 13, 15, 17, 22, 25, 27 개

(나) 직관적 유형 : 2, 7, 8, 11, 16, 19, 21, 23, 28, 30 개

(다) 의존적 유형 : 4, 6, 9, 12, 14, 18, 20, 24, 26, 29 개

나의 의사결정 유형 :

# 진로 결정의 영향 요인

우리의 삶은 선택의 연속이다. 살면서 내린 또는 내리게 될 수많은 결정과 선택 중에서 자신의 삶에 중요한 영향을 미치는 것은 무엇일까? 개인마다 중요한 그리고 자신의 인생에 전환점을 마련해 준 사건들이 아마도 중요한 결정이나 선택이었다고 이야기할 수 있다. 일반적으로는 결혼과 진로나 직업의 선택이 아닐까 싶다.

조금 우스운 이야기지만 배우자 선택과 직업 선택에는 세 가지 정도의 공통점이 있다고 한다. 첫째는 쉽게 되돌릴 수 없고, 둘째는 하나만 선택해야 하며, 셋째는 완벽한 정보를 갖지 못한 채 결정한다. 이런 답에 공감이 되는지 궁금하다. 최근에는 결혼에 있어서도 돌싱도 있고 재혼도 증가 추세이며 직업과 관련해서도 이직률이 올라가고 투잡, 쓰리잡이 출현하기도 하니 첫째와 둘째는 흔쾌히 동의가 되지는 않을 수도 있다.

진로를 결정할 때 고려할 요인에는 네 가지 정도가 있다. 첫째는 개인적인 요인으로 앞에서 다루었던 자신의 적성, 흥미, 성격, 가치, 학업 성적, 연령, 성, 포부 수준, 신체적인 특징이 해당된다. 두 번째로 고려할 요인으로는 환경적인 요인인데, 주변 상황, 가족의 기대, 가정의 경제적 지원, 방해물, 사회적 기대, 사회적 가치관 등이 해당된다. 세 번째는 직업적 요인으로 임금, 근무시간, 근무지역, 필요한 교육, 훈련, 취업 기회, 안정성, 승진 등이 관련된다. 마지막으로 일 자체 요인으로 일에 대한 욕구와 인식, 창의성, 여가, 명예, 자아실현 등이 관련된다.

근무환경과 관련해 떠오르는 것이 있다. 몇 해 전에 아는 신부님이 발령이 나서 다른 곳으로 가셨다. 가끔 주일 미사에 참여하던 작은 본당에 계시다 다른 곳으로 가시게 되어 많이 서운하기도 했지만 가장 속상한 것은 생활하시는 공간이 변변치 않아 마음이 아팠다. 계시던 본당도 사제관이 따로 없어 늘 출퇴근을 하셨기에 다른 곳으로 옮겨 가시면 좀 더 좋은 곳으로 가셨으면 하는 바람이 컸던 것 같다.

그렇게 옮겨 가신 곳은 자세히는 모르지만 사제관의 공간이 너무 작기도 하지만 신부님의 식사며 청소를 도와주시는 분이 머무실 공간이 따로 마련되어 있지 않아 불편이 시작되었고 화장실도 하나밖에 없다는 것이 큰 문제가 되었던 것 같다. 이전에 계시던 신부님은 어찌 지내셨는지 살짝 궁금해지기도 했다. 대안으로 마련하신 것은 식사와 청소를 도와주시는 일을 어머님께 부탁하셨다는 것이다.

4년여의 시간이 지나 잘 적응해 나가고 계신 신부님을 뵈면서 "역시 이래서 사제구나"라는 것을 새삼 느끼게 된다. 다행히 하느님의 사랑과 은총을 많이 받으시는 분이어서 감내가 되는 듯하다.

종교적인 부분이 있기에 물론 근무 조건을 따진다는 것이 조금 어폐가 있는 듯하지만 이를 계기로 근무 조건이라는 것에 대해 생각해 보게 되었다. '일하고자 하는 곳의 근무조건을 따진다는 것 자체가 행복한 부류의 사람은 아닌가'라고 생각되기도 하지만.... 근무조건이라는 것이 어찌 보면 가치와도 일맥상통하는 면이 있는 듯하다.

전도근(2011)은 진로 결정 요인을 조금 다르게 개인적 요인, 환경적 요인, 직업적 요인, 사회 구조적 요인으로 구분하며, 이들 요인은 한 개인의 진로를 결정할 때 하나하나 개별적으로 작용하는 것이 아니라, 서로 연관되어 복합적으로 작용한다고 하였다.

| 개인적 요인 | 환경적 요인 | 직업적 요인 | 사회 구조적 요인 |
|---|---|---|---|
| • 적성<br>• 흥미<br>• 가치관<br>• 성격<br>• 신체적 조건 | • 부모의 직업 교육 수준<br>• 자녀에 대한 기대 수준<br>• 가정의 전통과 종교<br>• 가정의 경제적 여건<br>• 가정의 심리적 환경<br>• 교사, 친구의 영향<br>• 자신의 현실적 여건 | • 직업의 의미와 가치<br>• 직업의 수준과 요인<br>• 직업 분야에 대한 이해<br>• 직업 세계의 변화 | • 사회경제적 체제<br>• 산업 · 직업 구조<br>• 교육 · 자격증 제도<br>• 과학 · 기술의 발달<br>• 노동 시장의 상황 |

앞으로 내려야 할 진로나 직업과 관련한 결정이 있다면 이들 네 가지 요인에 대해 충분히 고민하고 검토해 보고 결정할 수 있으면 좋겠다.

### 〈활동〉 진로 결정에서 중요한 요인

각 요인별로 내가 중요하게 고려할 부분을 세부적으로 기록해 보고 그 이유를 적어보자.

| 요인 | 내가 중요하게 고려할 부분 | 이유 |
|---|---|---|
| 개인 | | |
| 환경 | | |
| 직업 | | |
| 일 자체 | | |

# 진로장벽에는 어떤 것이 있을까?

앞에서 진로의사결정을 할 때 고려할 요인들을 살펴보았다. 의사결정과 관련해 염두에 두어야 할 것 중의 또 하나가 '진로장벽'이다. 진로장벽이란 진로 결정 및 실행 과정에서 경험하는 장애요인 또는 개인의 진로선택, 동기나 목표에 영향을 주거나 행동을 방해하는 것으로 개인에게 지각되는 부정적인 사건을 말한다. 다시 말하면, 진로장벽은 진로행동을 방해하는 요인으로 진로 목표를 설정하고 이루어 가는 과정에서 만나게 되는 어려운 상황이며 상당히 주관적이라 할 수 있다.

나의 경우 진로를 선택하면서 특별히 어려움으로 다가왔던 것들은 그리 많지 않다. 대학원을 다니면서 유학생에게 그 당시만 해도 학비가 무료였던 독일로 유학 가면 좋을 것 같다는 생각을 하고 독일 유학을 가고 싶어하던 후배와 남산에 있던 문화원을 다녔었다. 후배는 유학을 갔지만 난 한국에서 학위과정을 했다. 도전해 보고 싶은 마음은 컸지만 가족들과 떨어져 지내야 한다는 것도 그리고 내 안에 심리적인 추진력도 그만큼 간절하지는 않았던 것 같다. 이때 공부한 독일어로 박사과정 진학 시 제2외국어를 선택할 수 있었다. 이전에 고등학교 다닐 때 일본어를 배웠으나 모교에서는 일본어를 제2외국어로 인정하지 않았던 터라 독일어를 공부해 두지 않았다면 난감했을 상황이긴 하다.

그리고 박사과정을 다니면서 또 미국 유학열풍이 불었다. 우리 학과 선후배 그리고 타학과에서 유학을 준비하는 사람과 함께 영어공부(GRE)를 위한 스터디 그룹이 형성되었다. 물론 모임을 주도적으로 구성한 선배가 있었기에 참여할 수 었었던 것 같다. 왜 그 때는 영어를 공부했었는지 기억이 가물가물할 정도이다. 지금 생각해 보니 목적 없이 공부한 느낌마저 든다.

이래저래 외국 유학에 대한 생각들을 했지만 바로 진로장벽에 부딪쳐 타협을 했던 것 같다. 그래서 장벽이라는 생각이나 느낌보다는 내 안에 타협을 잘한 편이어서 무탈하게 지난 듯하다. 이처럼 초등학교에서는 진로장벽이라는 개념이 어려워서 "꿈을 이루는데 방해가 되는 것"으로 설명하기도 한다는데 이런 설명이 이해를 돕기에는 충분한 것 같다. 나에게 진로장벽이 어떤 것이 있을까 라는 고민을 하려면 내가 하고 싶은 진로, 꿈에 대한 그림이 명확해야 할 것 같다. 아마 내가 유학 준비를 하면서 특별히 진로장벽이라고까지 느끼지 못한 것도 그것이 내가 간절히 원하는 최종 목표가 아니었기 때문인 것 같다.

진로장벽의 종류를 다양하게 구분한다. 이분법적으로 내적요인과 외적 요인으로 구분하기도 하는데, 내적요인은 개인의 특성과 관련된 것들로 심리적, 인지적, 신체적 요인이 해당된다. 그리고 외적요인 또는 환경적 요인에는 중요한 타인과의 갈등, 경제적 여건, 사회적 인식, 고용 상황 등과 같은 것이 해당된다. 학자에 따라서는 삼분법적으로 다르게 구분하기도 한다. Nieva와 Gutek(1981)은 개인 특성요인(인종, 나이, 성격 특성, 교육 수준 등), 태도 요인(직업이나 일에 대한 태도), 상황요인(가족 변인, 이사, 결혼 전 직장 경험 등)으로 나눈다. 다원분류로 구분하기도 한다. Swanson과 Tokar(1991)는 남녀 대학생을 대상으로 진로장벽의 종류를 살펴본 결과, 성차별, 능력과 흥미부족, 자신감, 다중역할의 갈등, 인종차별 및 연령, 성역할에 대한 염려, 부적절한 경험이나 근심, 의미 있는 타인으로부터의 불인정, 정보부족, 미래의 생활방식에 대한 불확실성, 직업을 찾는 방식에 대한 불확실성, 신체적 장애 등으로 나타났다. 또한 요인별로 가족 관련 장벽, 학업기술 장벽, 인종차별 장벽, 성차별 장벽, 재정 장벽, 연령 차별 장벽 등으로 구분하기도 한다. 굳이 설명하지 않아도 이해가 될 것 같아 따로 설명을 추가하지는 않았다.

마지막으로 우리나라 대학생들이 지각하는 진로탐색 장애요인으로는 자기명확성 부족, 대인관계 어려움, 경제적 어려움, 흥미부족, 직업정보 부족, 타인과의 갈등, 나이 문제, 신체적 열등감, 미래 불안의 아홉 가지 요인으로 나타났다(김은영, 2001).

〈 토의주제 〉

- 각자가 이제까지 진로와 관련해 결정을 내리면서 경험한 진로장벽은 어떤 것이 있나요?
- 앞으로 내려야 할 진로나 직업 선택과 관련해서 예측되는 진로장벽에는 어떤 것이 있나요?

**〈활동 1〉 김은영(2001)이 개발한 한국 대학생 진로탐색장애 검사(KoreanCareerBarrierInventory: KCBI)**

* 각 문항을 읽고 당신에게 가장 적합하다고 생각되는 번호를 괄호 안에 써 주세요.

전혀 그렇지 않다 - 1  거의 그렇지 않다 - 2  대체로 그렇다 - 3 매우 그렇다 - 4

1. 나는 우유부단해서 무엇인가를 결정하기가 어렵다. (  )
2. 나는 인간관계가 좁은 편이기 때문에 직장생활에서 어려움이 예상된다. (  )
3. 앞으로의 나의 진로는 부모님의 반대나 간섭으로 인해 영향을 많이 받을 것이다. (  )
4. 나는 직업에 대한 정보를 어디서 얻는지 잘 모르겠다. (  )
5. 앞으로 내가 선택한 직업에 종사할 때 그 일이 점차 지루해질 것이다. (  )
6. 사회 경제적 환경의 변화 때문에 나의 취업은 영향을 많이 받는다. (  )
7. 내가 원하는 진로와 목표의 성취를 위해 필요한 경제적인 지원이 부족하다. (  )
8. 내가 하고 싶은 일을 하기에는 나의 신체적 조건이 나쁘다. (  )
9. 나는 나이 때문에 진로에 대한 결정을 빨리 내려야 한다. (  )
10. 나는 내가 원하는 직업에서 필요한 기술들을 습득하는 능력이 부족하다. (  )
11. 나는 일하는 데 필요한 주장성이 부족하다. (  )
12. 나는 직장생활에서 일과 관련된 어려움보다 사람들과의 관계에 있어서 어려움이 더 클 것이다. (  )
13. 나는 부모님이나 이성친구가 나의 진로 선택을 좋아하지 않을까 걱정된다. (  )
14. 내가 선택할 수 있는 직업들에 대한 정보를 많이 알고 있다. (  )
15. 앞으로 내가 선택한 직업에 종사할 때, 그 일에 흥미가 점점 없어질 것이다. (  )
16. 나는 앞으로의 진로에 대해 막연한 불안감이 있다. (  )

17. 돈을 빨리, 많이 벌어서 가정형편에 도움이 되어야 한다. (　　)
18. 나는 건강 때문에 직업선택에 어려움을 겪고 있다. (　　)
19. 나는 나이 때문에 하고 싶은 일을 할 시기를 놓쳤다고 생각한다. (　　)
20. 나는 좋지 않은 성적 때문에 취업하기 어려울 것이다. (　　)
21. 나는 무엇인가를 결정내리고 난 후 그 결정에 대해 후회하는 경우가 많다. (　　)
22. 나는 사람들과 잘 어울리기 때문에 직장생활이 쉬울 것이다. (　　)
23. 나에게 중요한 사람들이 내가 생각하고 있는 진로에 동의하지 않는다면, 진로를 결정하기 어려울 것이다. (　　)
24. 나는 여러 가지 직업분야에서 사람들이 실제로 어떤 일을 하고 있는지에 대해서 잘 알지 못한다. (　　)
25. 나는 흥미 있는 일과 선택하고 싶은 직업이 없다. (　　)
26. 나는 앞으로 내가 원하는 진로를 갖지 못할까 봐 불안하다. (　　)
27. 내가 원하는 일을 할 수 없는 것은 돈이 없기 때문이다. (　　)
28. 신체적인 열등감이 나의 직업선택이나 계획에 영향을 준다. (　　)
29. 나는 나이 때문에 진로에 있어서 남들에게 뒤쳐질까 봐 걱정이 된다. (　　)
30. 나는 취업이 잘 안될 것이다. (　　)
31. 나는 일반적으로 어떠한 결정을 내리는 것이 어렵다. (　　)
32. 나는 앞으로 직장생활을 할 때 동료들과 잘 지낼 수 있을지 걱정이 된다. (　　)
33. 나는 부모님이나 집안의 기대 때문에 내가 하고 싶은 일을 하지 못 할 것이다. (　　)
34. 내가 잘할 수 있는 직업분야가 무엇인지 아직 잘 모르겠다. (　　)
35. 내가 지금 흥미를 갖고 있는 일은 시간이 흐르면 바뀔 것이다. (　　)
36. 경기 불황으로 일자리가 부족한 것이 나의 취업에 영향을 준다. (　　)
37. 경제적 문제로 인해 내가 원하는 일을 할 수 없다. (　　)
38. 나는 신체적인 열등감을 가지고 있다. (　　)
39. 나는 나이 때문에 진로를 계획하고 행동으로 옮기는 데 지장을 받을 것이

다. (　　)

40. 나는 어려운 일이 닥치면 피하고 싶다. (　　)

41. 나는 무슨 일을 하려고 하면 몹시 긴장하기 때문에 직장생활에 어려움이 예상된다. (　　)

42. 부모님이 반대하시면, 내가 하고 싶은 일이라도 직업으로 결정하기는 어려울 것이다. (　　)

43. 내가 하고자 하는 일이나 교육 등에 대한 자료 얻기가 어렵다. (　　)

44. 시대 흐름의 변화가 나의 진로에 대한 선택과 계획에 혼란을 초래하고 있다. (　　)

45. 나는 앞으로의 진로선택에 있어서 경제적인 문제의 해결을 가장 중요하게 생각한다. (　　)

〈 결과보기 〉

- 각 요인별로 합계를 내세요
- *은 역점수 문항임
- 점수가 높을수록 진로장벽으로 지각하는 것이 높다

| 하위요인 | 문항번호 | 문항수 |
|---|---|---|
| 대인관계의 어려움 | 2, 12, 22 *, 32, 41 | 5 |
| 자기 명확성 부족 | 1, 10, 11, 20, 21, 31, 40 | 7 |
| 경제적 어려움 | 7, 17, 27, 37, 45 | 5 |
| 중요한 타인과의 갈등 | 3, 13, 23, 33, 42 | 5 |
| 직업정보 부족 | 4, 14 *, 24, 34, 43 | 5 |
| 나이 문제 | 9, 19, 29, 39 | 4 |
| 신체적 열등감 | 8, 18, 28, 38 | 4 |
| 흥미 부족 | 5, 15, 25, 35 | 4 |
| 미래 불안 | 6, 16, 26, 30, 36, 44 | 6 |
| 전체 | | 45 |

## 〈활동 2〉 진로선택에 있어 내가 지각하는 장벽은?

● 문항을 읽고 해당되는 것에 체크해 보셔요.

| 유형 | 내용 | 체크 |
|---|---|---|
| 능력과 역량부족 | 능력과 역량에 대한 자신감이 낮아서 진로를 선택하는 데 두려움을 느낀다. | |
| 자아존중감 | 장점보다는 단점을 먼저 생각하게 되고, 뭘 해도 잘 안 될 것 같다는 부정적인 생각이 든다. | |
| 성격과 성향 | 원하는 직업을 가지기에는 너무 내성적이거나 사회성이 떨어지는 것 같아서 걱정이다. | |
| 자기명확성 부족 | 내가 뭘 원하는지 잘 모르겠고, 선택한 것에 대해 '제대로 선택한 것이 맞는가'라는 의문이 들어서 마음이 자주 바뀐다. | |
| 학습능력 | 공부도 못하고 다른 사람들보다 배우는 속도도 느려서 일한다고 해도 실패할 것 같다. | |
| 나이 문제 | 나이가 너무 많다는 생각이 든다. | |
| 신체조건 | 체력이 떨어져서 직업에서 요구하는 업무 강도를 따라갈 수 있을지 걱정이다. | |
| 중요한 타인과 갈등 | 내가 원하는 진로를 부모님은 추천하지 않으시며, 보다 안정적인 직업을 가지기를 원하신다. | |
| 경제적 어려움 | 진로 준비에 필요한 비용(예, 학원비, 생활비, 교육비 등)이 넉넉하지 않고 부모님도 경제적인 이유로 반대하신다. | |
| 직업정보 부족 | 직업을 선택하기 위한 충분한 정보를 가지고 있지 않으며, 어디서 어떻게 정보를 얻어야 하는지 모르겠다. | |
| 성역할 갈등 및 성차별 | 내가 원하는 직업은 나와 같은 성을 가진 사람들이 거의 없는 직업이다. 직업을 가지고 다른 성으로 인해서 차별을 받지 않을까 걱정된다. | |
| 사회구조적 여건으로 인한 미래불안 | 고용 시장이 나빠 신규 일자리 혹은 괜찮은 조건의 일자리가 없을 것 같다. | |
| 도움받을 사회적 자원 부족 | 진로결정을 할 때 도움을 구하거나 물어볼 사람들이 마땅히 없다. | |

## 진로선택에도 타협이나 협상이 필요

나의 성장과정을 돌아보면 심리적인 독립에 있어서 다른 사람들보다 많은 시간이 걸렸다. 대학원 졸업을 하고 처음으로 집에서 떨어진 지방으로 직장을 가게 되었다. 물론 시간이 걸려서 그렇지 출퇴근이 가능했으나 채용 조건이 그 지역에 거주하는 것이었기에 불가피하게 떨어져 지내게 되었다. 매일 걸려오는 엄마의 전화, 혹 전화가 안 오면 내가 전화를 걸기도 한다. 상담을 하면서 어째 그러냐고 주위에 다른 동료들이 놀리듯 또는 의아해하면서 이야기했다.

지금도 나를 조금 아는 사람들은 "마마걸"이라고 농담 섞어 가며 웃으며 이야기한다. 그것이 정상인 줄 알았던 것 같다. 나의 일거수일투족을 다 아는 엄마라는 커다란 존재에 서로 얽혀 있었던 것 같다. 글을 쓰는 지금도 완전한 독립이라고 자신 있게 말할 수는 없으니, 아직도 독립 과정에 있다고 하는 것이 맞을 듯하다. 왜냐하면 하루에 한 통화 전화는 지금도 계속되니 말이다.

지금까지 독립에 대해 생각을 하게 될 줄이야! 최근에 독립에 대해 생각해 보게 된 계기는 이렇다. 산이 좋아져서 가고 싶은데, 함께 가 주는 이가 없으면 가지 못하고, 보고 싶은 영화가 있으나 이래저래 사람들과 시간이 안 맞을 때 선뜻 혼자 가길 선택하지 못하는 것... 사람들과 함께하는 것을 좋아하는 성향도 있고 다른 사람의 영향을 많이 받는 탓도 있으리라 생각된다.

이제까지 살아오면서 도전보다는 안정적인 것을 주로 선택해 왔던 나로서는 혼자 무언가를 해 보는 것이 마냥 어렵게 느껴진다.

지금 다니고 있는 대학에는 아트센터가 있어서 가끔 '가족의 날' 행사로 공연을 할인해서 볼 기회가 있다. 어느 해에는 묘하게도 늘 교육대학원 야간수업이 있는 날, '가족의 날' 행사를 하였다. 그래서 보고 싶었던 '지킬 앤 하이드'를 포기하고 말았다. 할인되는 날 못 보고 다른 날 전액을 다 내면서 보는 것에 대한 아쉬움과 아까움이 들어서였다. 다른 동료 교수들이 '가족의 날' 할인받아 보고 진짜 안보면 후회한다고 강하게 추천했지만 혼자 공연을 본다는 것을 생각해 본 적이 없던 나로서는 용기를 내기가 쉽지 않았다. 어렵게 주위의 추천에 힘입어 공연을 예약해서 혼자 보았다. 얼마나 불안 초조했는지.... 그러나 막상 공연이 시작되고 몰입되어 보다 보니 혼자임을 잊었다고 해야 할까?! 혼자를 즐기고 있는 나를 발견하게 되었다.

그리고 얼마 후에는 '위대한 침묵'이라는 가톨릭 관련 영화를 혼자 보았다. 주위 분들과 종교가 다르니 선뜻 보자고 권할 수도 없었고 혼자 보는 것도 나름 재미있다는 생각에 이젠 독립적으로 선택하게 되었다. 영화관에 가서 앉고 보니 내 옆자리에 앉아 계신 분도 혼자였다. 영화 제목처럼 침묵 속에서 영화를 보고 영화가 끝난 후에도 같이 간 사람이 없으니 영화가 이렇다는 둥 저렇다는 둥의 영화평도 하지 않고 침묵하고 돌아왔지만 마음속에 남는 것은 무척 많았다.

두 차례 혼자 관람한 이후에는 이젠 마음이 통하는 누군가와 함께 해도 좋지만 혼자여서 못하지는 않는다. 그래도 여전히 누군가와 함께 하는 것에 한 표를 더 주고 싶긴 하다.

진로나 직업 선택에서 독립적이지 못하다는 것은 의존적인 의사결정을 많이 할 가능성을 보여 준다고 볼 수 있다. 물론 많은 경우에 최후의 선택은 본인이 하는 것일 테지만 여러 사람의 의견을 들어보고 이런가 저런가를 고민한다고 볼 수 있다.

또한 심리적으로나 경제적으로 독립이 안 된 사람이 진로나 직업을 선택할 때는 결정에 있어 가까운 가족과 마찰이 일어나기도 하고 합의점을 찾지 못해 미궁 속에 빠지는 경우도 있다. 그래서 진로의사결정에서는 주위에 아는 사람들과의 타협이나 협상이 절대적으로 필요한 부분이기도 하다.

타협이란 선택의 상황에서 완벽한 선택지가 없을 때, 여러 조건이나 상황 중에 하나 혹은 둘 이상이 맞지 않을 경우 가치의 우선순위를 두고 결정하는 방식으로 개인이 이상적으로 생각했던 직업과 실제로 가질 수 있는 직업이 일치하지 않을 경우, 타협과정은 진로의사결정에서 필수적이다. 개인이 자신이 가진 진로 목표 가운데 자신에게 보다 중요한 요소들을 유지하기 위해 보다 덜 중요한 요소들을 포기하는 과정이라 할 수 있다. 보통 타협은 자신과 다른 사람이 원하는 것이 다를 경우 또는 자신 안에서의 여러 가지 가치가 상충하거나 갈등할 때 필요하다.

선택의 패러독스라는 의미를 되새겨 봄직하다. 대안들의 수가 늘어나면, 좋은 결정을 내리는 데 필요한 노력도 증가한다. 이것은 선택이 축복에서 짐으로 바뀔 수 있는 한 가지 이유이다. 비교의 대상이 많아질수록, 선택을 해도 최고가 아닌 것 같아 만족감이 줄어든다. 최고를 추구하는 것이 아니라, 충분히 좋은 것을 추구할 때 우리는 더욱 만족한 삶을 살아갈 수 있다(형선호, 2004).

대안을 선택할 때 '만족해(satisfyingsolution)'와 '최적해(optimalsolution)' 둘 중 하나를 선택하게 된다. 결혼 상대자를 고를 때를 비유로 들면 이해하기 쉽다. 만족해는 의사결정자의 평가 기준을 만족한 여러 기준들 중 의사결정자의 일정 수준만 만족시킨 배우자 중에서 가장 좋은 배우자를 찾는 것이고, 최적해는 건강, 직업, 경제, 외모, 성격, 학벌, 집안 등 모든 기준 중에서 최고의 배우자를 선택하는 경우라 할 수 있다. 즉, 만족해는 여러 가지 조건 중에 많은 것이 만족할 정도이고 한두 가지는 약간 덜 만족하는, 80%정도 되는 대안을 선택하는 경우라 할 수 있고, 최적해는 여러 가지 조건들을 모두 만족시키는 100%짜리 대안을 찾는 것이라 할 수 있다.

타협과 유사한 개념의 하나가 협상이다. 협상이란 서로 갈등이 있는 둘 이상의 사람 또는 집단이 그들의 갈등을 해결하기 위해 상호작용하는 과정이다. 즉, 갈등관계에 있는 사람이나 집단이 서로 대화를 통해 문제를 해결하려고 노력하는 과정이다.

협상가가 갖추어야 할 6가지 기본 요소로는 자신과 상대방의 이해관계를 정확히 파악해야 하고, 다양하고 풍부한 옵션을 개발해야 하며, 협상 과정과 절차가 서로에게 만족스러워야 하고, 합의는 현실적이며 실현 가능성이 있어야 하며, 공평한 의사소통이 이루어져야 하고, 서로의 관계를 발전시킬 수 있어야 한다(정호수, 2001).

〈활동 1〉 **타협 경험 나누기**

이제까지 삶에서 의사결정을 하면서 타협이나 협상이 필요했던 상황을 떠올려 보자.

- 누구와 :

- 어떤 문제로 :

- 타협점은 :

- 타협에서 중요한 요인은 :

**〈활동 2〉 의사결정 연습**

바다에서 폭풍우를 만났어요. 배가 가라앉고 있죠. 가까운 무인도에 가고자 하는데 꼭 가져가야 할 것(필요한 것) 세 가지를 조원끼리 이야기해서 골라 보세요. 가져가야 하는 이유(Why)가 필요하고, '?'칸은 여러분이 원하는 것으로 바꾸어 사용할 수 있어요.

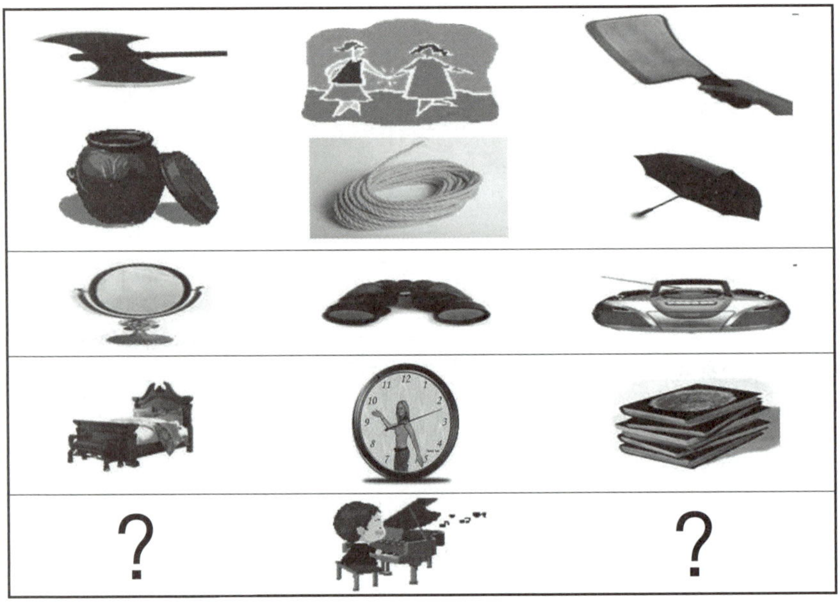


• 선택한 3가지와 이유를 적어보자.

①

②

③

〈활동 3〉 **나의 협상 점수는?(박지민, 2010)**

우리는 협상을 통해 일에서, 생활에서 원하기만 하면 누구나 모두 만족하는 결과를 만들어 낼 수 있다. 그렇다면 생활 속에서 당신이 그렇게 하고 있는지 판단해 보자. 모두 32개의 항목으로 구성되어 있고, 항목마다 지금까지 한 번도 그렇게 하지 않았으면 1점, 때때로 할 경우는 2점, 자주 그렇게 할 경우는 3점, 항상 그렇게 할 경우는 4점을 주면 된다.

| | 항목 | 점수 |
|---|---|---|
| 1 | 나는 협상 전에 상대방에 대한 자료를 준비하고 연구 분석한다. | |
| 2 | 협상 전략 전술을 짜기 전에 상대방의 배경자료를 분석한다. | |
| 3 | 협상마다 이번에는 무엇을 이룰지 목표를 분명히 갖고 임한다. | |
| 4 | 나는 목표를 달성하는 데 적합한 협상 방법을 선택한다. | |
| 5 | 내가 선택한 협상 전략은 나의 주요한 목표를 달성할 수 있게 만들었다. | |
| 6 | 협상을 다른 사람에게 위탁할 때 그에게 아주 상세한 자료와 정보를 주고 상응하는 대가를 지불한다. | |
| 7 | 협상을 다른 사람에게 위탁할 때 그에 상응하는 권한도 부여한다. | |
| 8 | 협상과정에서 상황에 따라 다양한 표정과 태도로 융통성 있게 변한다. | |
| 9 | 나는 협상은 쌍방 모두 이익을 얻을 수 있는 좋은 기회라고 생각한다. | |
| 10 | 협상에 임할 때 모든 사람이 만족할 수 있는 협의를 이끌어 내겠다고 결심한다. | |
| 11 | 분명한 어조로 내 의견을 표현한다. | |
| 12 | 의견이나 관점을 말할 때 논리정연하게 말한다. | |
| 13 | 나는 말을 할 때 의식적으로 다양한 신체 언어를 구사하면서 상대방과 교류한다. | |
| 14 | 나는 상대방을 언제나 칭찬하고, 상대방의 약점을 드러내지 않는다. | |
| 15 | 협상에서 언제나 예의를 갖추어 상대방을 대한다. | |
| 16 | 협상에 임할 때 가능한 최종기한을 설정해 놓으며, 협상에서 그것을 현실화시킨다. | |
| 17 | 나는 직관을 이용해 상대방의 전술을 이해한다. | |
| 18 | 필요하다면 결정권을 행사할 수 있는 권력을 갖고 있다. | |
| 19 | 나는 상대방과의 문화적 차이에 아주 민감하다. | |
| 20 | 협상 팀의 일원으로 완벽한 팀워크를 이루며 내 할 일을 한다. | |

| 21 | 나는 내 자신을 상대방의 입장에 놓고 객관적으로 문제들을 바라본다. | |
|---|---|---|
| 22 | 나는 상대방이 의견을 제시할 수 있도록 자연스럽게 유도하는 방법을 알고 있다. | |
| 23 | 나는 협상에서 절대로 먼저 가격이나 조건을 제시하지 않는다. | |
| 24 | 나는 조건부 제안을 통해 협상이 빨리 진전되도록 한다. | |
| 25 | 나는 언제나 한걸음 한걸음 목표를 향해 전진한다. | |
| 26 | 나는 표정의 변화를 협상전술의 일부분으로 사용할 줄 알지만, 평소에는 표정을 도구로 사용하지 않는다. | |
| 27 | 나는 정기적으로 협상 회의를 잠시 멈추고 혼자 생각할 시간을 갖는다. | |
| 28 | 나는 전략적으로 협상의 진전 상황을 정리해서 상대방에게 알려준다. | |
| 29 | 협상이 결렬되면 이 상황을 돌파할 수 있도록 제3자를 청한다. | |
| 30 | 협상이 소강상태에 빠지면 조정자를 청하는 것이 가장 좋은 방법이라 생각한다. | |
| 31 | 협상이 끝나면 모든 협의서에 반드시 쌍방의 서명으로 확인한다. | |
| 32 | 나는 가능하면 협상을 쌍방이 만족하는 WIN-WIN으로 이끌기 위해 노력한다. | |

[채점]

전체 점수의 합을 내기

[결과]

- 32~64점: 당신의 협상 실력은 좀 떨어지는 편이라 할 수 있다. 반드시 성공적인 협상에 필요한 전술과 전략을 배우고 활용해야 한다.
- 65~92점: 당신의 협상 실력은 괜찮은 편이라 할 수 있지만, 보다 섬세한 기술을 익혀야 한다.
- 96~128점: 당신의 협상 실력은 수준급이다. 앞으로 조금만 노력하면 어떤 협상도 성공적으로 이끌어낼 수 있을 것이다.

# 직업 선택에 기준이 있다면

진로나 직업을 선택하는 일이 쉬운 일이 아님은 많은 이들이 경험해 보아서 알 것이다. 중학교를 마치고 나면 고교 선택의 문제, 고교에서는 인문계와 전문계의 선택, 고교를 졸업하고 나면 대학을 갈지, 취업을 할지 또 대학에 진학하면 어느 대학에 어떤 학과를 가야 할지, 취업을 하면 어느 기업에 할지, 창업을 할지..... 정말 어렵다. 이뿐인가..... 특히, 청소년을 키우거나 청소년을 만나 지도하는 분들은 모두 쉽지 않다는 데 고개가 절로 끄덕여질 것이다.

이 부분이 진로 관련한 상담을 하면서 계속 숙제처럼 남아 있었다. 그래서 직업이나 진로를 선택할 때 참고해 보면 좋을 내용을 발견하고 얼마나 기뻤는지 모른다. 오하드 카민이 이야기한 것으로 먼저 내가 할 수 있는 일이 무엇인지 생각해 보고 적어보는 것이다. 그리고 나서 두 번째 할 수 있는 일 중에서 하고 싶은 일을 추려보는 것이다, 그리고 나서 하고 싶은 일 중에서 정말 하고 싶은 일로 다시 추려보고 마지막으로 정말 하고 싶은 일 중에서 정말정말 하고 싶은 일을 추려보는 것이다.

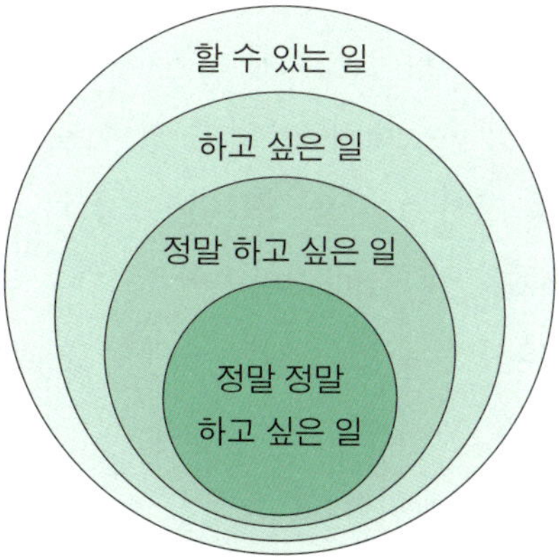


물론 적성과 흥미만으로 진로를 선택할 수 없다는 데 깊이 동의한다. 가끔 종교

가 중요한 영향 요인인 학생들을 만나기도 하고, 신체적인 조건 때문에 자신이 하고 싶은 일을 직업으로 연결시키지 못하는 경우도 보게 된다. 그래서 학생들에게 하고 싶은 일이 직업으로 연결되기 어렵다면 취미 활동이나 동호회 활동을 해 보도록 격려하곤 한다.

또 내가 평생 직업으로 가지려면 충족되어야 할 네 가지 조건이 있다.

첫째, 좋아하는 일이어야 한다. 내가 직업으로 가지려고 하는 일이 아침에 일어나 출근 준비를 하며 가슴 설레게 할 정도로 좋아하는 일이라면 얼마나 좋겠는가!

둘째, 하고 싶은 일이어야 한다. 첫째의 좋아하는 일과 유사한 의미여서 나도 강의를 하며 많은 고민을 했던 부분이기도 하다. 무엇이 다를까? 좋아하는 일의 범위는 좀 더 넓게 보고, 하고 싶은 일의 범위는 조금 축소시켜 보면 이해하기 쉽다. 나의 경우를 예로 들면, 상담하고 강의하는 것을 좋아한다. 이 중에 하고 싶은 일을 찾으라면 상담 중에서도 사이버 상담을, 강의 중에서도 16주 동안 하는 수업보다는 일회성 특강을 더 좋아한다. 물론 대학에 재직하고 있으면서 16주 수업을 안 할 수 없고 좋아하는 일 중에 하나이기에 주어지는 수업은 즐겁게 하고 있다. 방학 중에는 시간만 맞으면 계절학기 수업을 하며 의욕이 넘치는 학생들을 만나 가슴 설레는 경험을 하기도 한다. 이처럼 좋아하는 일 중에서 하고 싶은 일을 선별해 낼 수 있다.

셋째, 잘하는 일이어야 한다. 이 부분도 약간의 딜레마이긴 하다. 남과 비교해서 잘 하는 일도 좋지만 내 안에서 내가 가진 능력과 잠재력 안에서 잘하는 일을 생각해 보면 좋겠다. 찰스 핸디는 역량이란 말에 대한 정의를 "남보다 잘하기보다는 남과 다르게 하는 것(자신의 강점에 대해 잘 알고 있는 것)"이라 했다. 대학생들을 만나 상담하다 보면, 자신이 잘하는 일을 선뜻 이야기하는 학생들을 만나기가 쉽지 않다. 이는 아마도 다른 사람들과의 비교 때문인 듯하다. 남들과 경쟁하고 비교하기보다는 자기와 경쟁하고 자신 안에 있는 잘하는 부분을 찾을 수 있으면 좋겠다.

넷째, 시장성 있는 일이어야 한다. 나도 앞에서 이야기한 것처럼 사이버 상담을 좋아한다. 인터넷의 발달로 사이버 상담이 각광을 받고 있기도 하다. 2020년부터 코로나19의 확산으로 대면보다는 비대면에 더 익숙해지고 편해지기도 한 듯하다. 2000년대 초반에는 한 학습지 관련 출판사에서 전문가상담 코너 중에 유아지도를 맡아 5년 동안 상담했었다. 개인적인 이유로 그만두고 얼마의 시간이 지난 후에 자살예방에 관한 사이버 상담에 도전을 했다. '연예인의 자살', 'OECD 국가 중 자살률 1위' 등으로 이 분야는 지금 한참 관심을 받고 있다. 최근에는 은퇴하신 어르신 대상으로 "노인자살예방강사 교육" 과정에서 강의할 기회가 있었다. 노인과 자살예방이라는 말만 들어도 시장성이 느껴지지 않는가! 물론 마음 아픈 현실이기도 하다. 이처럼 내가 좋아하고, 하고 싶고, 잘하는 일이 시대적인 조류에 편승할 수 있는 일이라면 더 말할 나위 없을 듯하다.

이제까지 현장에서 청소년들의 진로지도를 하면서 느낀 바로는 흥미의 중요성을 간과할 수 없다는 것이다. 필리핀 속담을 하나 소개하고 싶다. "하고 싶은 일에는 방법이 보이고 하기 싫은 일에는 변명이 보인다"라는 것이다. 정말 하고 싶은 일이라면 방법을 찾을 수 있다는 메시지가 청소년들에게 힘을 줄 수 있을 것 같다.

그리고 로건 파살 스미스가 이야기한 내용을 소개해 주고 싶다.

"인생에 두 가지 목표가 있습니다. 첫째가 자신이 원하는 것을 손에 넣는 일, 둘째는 손에 넣은 것을 즐기는 일입니다. 가장 현명한 사람만이 두 번째 목표를 달성합니다."

주부들이 아파트 평수를 넓혀가는 것을 예로 들면 쉽게 이해가 될 것이다. 전세로 신혼을 시작하면서 13평이라도 내 집이 있으면 좋겠다는 목표를 갖는다. 허리띠를 조르고 졸라매어 결혼 몇 년 후에 13평 아파트를 내 집으로 갖게 된다. 그리고 이를 충분히 즐기기도 전에 아이가 생기면서 집이 비좁다는 생각을 하게 되고 조금 더 넓은 평수에 사는 지인들과 비교하며 "20평대는 살아야지"라는 조금 더 높은 목표를 설정하게 된다. 이를 반복하며 인생의 많은 시간을 소비하고 있는 것이 우리의 현실인지도 모르겠다. 내가 가진 것을 즐길 줄 아는 것이 쉽지만은 않다는 이야기를 하고 있는 것이다. 이직을 자주 하는 사람은 한번 쯤 이런 문제를 고민해 봄직하다.

더불어 터키 격언을 하나 더 소개할까 싶다.

"내일 할 수 있는 일을 오늘 하지 마라".

의미가 마음에 와 닿는가! 한번 쯤 되새김질 해 보고 싶은 말이기도 하다. 내일로 일을 미루고 게으름을 피우라는 의미가 아니라 내일 해도 될 일을 오늘 하면서 너무 미리미리 준비하며 빠듯하게 살기보다는 오늘을 충분히 아끼고 사랑하고 즐기라는 뜻으로 보면 좋을 듯하다.

마지막으로 의사결정에서 꼭 거쳐야 하는 단계가 있다. 의사결정은 먼저 당면한 문제를 정확히 정의하고, 가능한 모든 대안들을 비교하고 선택하는 과정을 거친다. 그러면 어떻게 의사결정을 해야 하나? 특히 진로나 직업과 관련한 합리적인 의사결정을 위한 단계들을 소개해 보고자 한다.

첫 번째 단계는 문제 인식으로 상황을 분명하게 이해하기 위해서는 우선 결정해야 하는 문제나 상황에 대한 올바른 이해가 전제되어야 한다. 때로는 자신의 꿈이나 비전 등을 함께 고려하는 것도 도움이 된다.

두 번째 단계는 진로 결정에 필요한 정보 수집으로 진로에 대한 결정을 하기 위해서는 판단하는 데 필요한 정보를 가능한 한 많이 수집해야 한다. 정보를 많이 수집하기 위해서는 어떤 정보가 필요하며, 어디에서 정보를 얻을 수 있는지 알아야 한다.

세 번째 단계는 대안탐색으로 수집한 정보를 바탕으로 이 문제를 어떻게 해결할 것인지에 대한 가능한 대안을 모색하는 것이다. 이 단계에서는 가능하거나 바람직한 모든 대안을 열거하는 것이 중요하다.

네 번째 단계는 대안의 평가기준 설정 및 대안을 비교·평가하는 것으로 우선 각 대안을 설정한 기준에 비추어 보고 각 대안이 갖는 바람직한 정도, 가능성, 위험성을 평가하고 자신의 가치 체계에 따라 대안의 우선순위를 정하는 것이 중요하다.

다섯 번째 단계는 대안결정 및 계획수립으로 대안을 비교·검토한 후, 가장 적절한 대안을 결정하는 것이다. 이런 단계를 차근차근 밟아가면서 필요하다면 중간 중간 피드백을 통해 더 나은 대안을 모색하고 선택해 가는 과정을 거쳐야 한다.

**Tip 직업 선택 기준, "안정성"보다 "흥미"(조용철, 2013)**

취업 포털 인크루트가 취업준비생 568명을 대상으로 '직업 선택 기준'에 대한 설문 조사를 한 결과, 45.8% 가 직업 선택 시 가장 고려하는 요소로 '흥미·적성·재미'를 선택한 것으로 나타났다. 이는 '안정성'(23.1%) 보다 약 두 배 높은 수치로, 취업준비생들의 직업 선택 기준이 과거와 달라지고 있는 것으로 분석된다. 인크루트 관계자는 "제니퍼소프트, 핸드스튜디오 등 대기업 못지않은 복지 등을 갖추면서 즐겁게 일 할 수 있는 기업들이 다수 소개되면서 취업준비생의 관심이 쏠리고 있다"고 분석했다.

취업준비생들이 가장 선호하는 직업으로는 '전문직, 특수직'이 17.3%로 가장 높았다. 그 뒤를 이어 '일반사무직'(16.9%), '공무원'(12.5%), '마케팅·광고·홍보직'(11.4%), '연구개발직'(7.9%)의 순이었다.

### 〈활동〉 직업 선택

1. 할 수 있는 일

2. 하고 싶은 일

3. 정말 하고 싶은 일

4. 정말정말 하고 싶은 일

진로계획을 세우는 이유는 아마도 좀 더 행복한 삶을 꿈꾸기 위해서이다. 행복으로 가는 길에서는 행복한 삶에 대해 생각해 보고 꿈의 목록을 작성해 보면서 거시적으로 자신의 인생을 설계해 볼 수 있다. 좀 더 세부적으로는 대학생활 동안의 학습계획서를 작성해 볼 수도 있다.

더불어 이런 꿈이 누구나 꾸는 막연한 꿈이 아니라 실현될 수 있도록 준비해야 할 것들을 체크해 보고 대학생활에서 중요한 시간 관리에 대해서도 점검해 보고자 한다.

CHAPTER

# 05

## 행복으로 가는 길

# 행복한 삶

몇몇 나라 사람들에게 인생에서 가장 원하는 것이 무엇인지를 질문했더니 공통된 대답으로 나온 것이 "행복"이라고 한다.

"행복이란 무엇인가?"를 생각해 보자. 어느 학자의 정의에 따르면 행복이란 '삶 전체에서 느껴지는 전반적인 만족'이라고 한다. 또 '만족과 보람'이라고 한다.

네이버 국어사전에서는 행복을 복된 좋은 운수라 정의하고 있고 심리학자들을 중심으로 자신의 삶에 관해 얼마나 만족하는지를 평가해 봄으로써 행복에 관한 연구가 이루어지기 시작했다. 심리학에서 행복은 주관적 삶의 질(subjective quality of life), 주관적 안녕감(subjective well-being), 삶의 만족도(life satisfaction) 등의 다양한 용어로 정의되고 있다.

행복한 사람은 자신의 삶에 대한 만족이 높고, 긍정적 정서를 자주 경험하며, 부정적 정서를 적게 경험한다. 자신의 삶을 긍정적으로 판단할 때에 경험하는 만족감과 흐뭇함 등의 긍정적인 감정은 비교적 장기간 지속될 수 있다.

셀리그만(2004)은 행복한 삶이란 일상생활에서 자신의 대표 강점을 활용하는 것이며, 직업, 사랑, 자녀 양육 등의 모든 삶의 영역에서 배울 수 있는 것이라고 하였다. 행복한 삶은 사는 사람은 즐거운 삶(pleasant life)을 사는 사람, 의미있는 삶(meaningful life)을 사는 사람, 헌신하는 삶(devoting life)을 사는 사람이라 할 수 있다.

내가 행복한가를 알 수 있는 다양한 척도들이 있겠지만 카네만 교수에 따르면 '하루 중에 기분 좋은 시간이 얼마나 되느냐'라고 하고 또 다른 심리학자는 하루에 몇 번 감탄하느냐로 행복을 가늠해 볼 수 있다고 한다.

이런 정의에 따르면 소소한 것에 늘 감사하고 감동받는 나로서는 무척 행복한 사람이라 할 수 있겠다.

> **Tip 행복한 사람의 특징(오혜경, 2007)**
> - 가족과 친구들에게 많은 시간을 할애하면서 관계를 돈독하게 만들고 즐긴다.
> - 자기가 가지고 있는 모든 것들에 대해서 감사한다.
> - 동료나 낯선 사람에게 맨 먼저 도움의 손길을 내민다.
> - 미래를 낙관적으로 상상한다.
> - 삶의 즐거움을 음미하며 현재의 순간에 충실해지려고 노력한다.
> - 규칙적으로 운동하는 습관을 가지고 있다.
> - 평생에 걸쳐 지속할 수 있는 목표와 포부에 깊이 헌신한다.
> - 스트레스와 슬픔, 시련에 대처할 때 균형을 잃지 않으며 단호하다.

우리가 무엇을 전공하고, 어떤 직업을 가질 것인가를 고민하는 것도 좀 더 행복한 삶을 살기 위한 고민의 하나가 아닐까 싶다. 어떤 일을 직업으로 갖는다는 것은 하루에 많은 시간을 할애하며 보낸다는 의미이기에 더더욱 행복과 직결되는 부분이라 할 수 있다.

나의 경우에도 강의와 상담하는 것을 좋아하기에 지금하고 있는 "교수"라는 직업이 무척 행복감을 준다. 강의와 관련해서는 교육 대상자를 생각하며 자료를 만들며 즐거워하고 강의할 때는 수줍고 조용조용한 모습의 나보다는 감추어진 내가 발휘되는 시간이기에 즐거움이 더해지는 듯하다. 강의가 끝나고 나면 강사를 앞에 두고 좋은 피드백만 하는 한국 사람들의 정서 덕분에 힘을 얻게 되기도 한다.

상담을 하면서 느끼는 행복은 누군가의 고민을 들어주고 심리적인 지지자가 되어 줄 수 있다는 것에서 오는 듯하다. 대학에 있다 보니 내가 주로 만나는 사람은 대학생들이다. 요즈음 대학생들은 경제적인 어려움과 취업의 어려움으로 대학생활에 로망을 찾기가 힘들어 보인다. 취업은 하고 싶은데, 무엇을 해야 할지 갈피를 잡지 못하는 학생들과 상담을 통해 함께 꿈과 비전에 대해 생각해 보고 좋아하는 일을 찾아가는 과정은 더할 나위 없이 보람을 느끼게 하고 행복을 안겨준다.

행복한 삶을 산다는 것이 때론 가진 것에 감사하며 만족해하기에 도전의식이 없는 것처럼 비추어지기도 하는 것 같다. 인생이라는 긴 여정을 놓고 보면 발달단계별로 순간순간에 느껴야 하는 행복을 놓치지 않고 그것들을 기초로 하여 더 나은 삶이 되도록 해야 하지 않을까 싶다.

### 〈활동 1〉 빙고게임: 행복

'행복'이란 단어를 듣고 떠오르는, 연상되는 단어들을 각 칸에 채워보자. 3~5명으로 조를 이루어 빙고게임을 진행해 보자.

<table>
<tr><td> </td><td> </td><td> </td><td> </td></tr>
<tr><td> </td><td> </td><td> </td><td> </td></tr>
<tr><td> </td><td> </td><td> </td><td> </td></tr>
<tr><td> </td><td> </td><td> </td><td> </td></tr>
</table>

〈활동 2〉 **행복한 순간 찾기**

이제까지 살아오면서 행복했던 순간을 떠올려 보자. 그리고 그 상황을 그림이나 글로 표현해 보자.

지금보다 조금 더 행복해지기 위해 달라지거나 변화해야 할 것이 있다면 무엇일까? 이 부분도 그림이나 글로 표현해 보자.

# 꿈의 목록

강의하면서 만나게 되는 주 대상이 대학생들과 중고등학교 교사들이다 보니 강의 중에 "꿈"에 대한 이야기를 많이 하게 된다. 특히 전공을 2학년에 찾아가야 하는 1학년 학생밖에 없는 자율전공부의 지도교수를 하면서 꿈에 대해 생각해 보도록 많이 안내하게 된다. 이루고 싶은 꿈을 적어보라고 요구하기도 한다. 이 꿈은 직업과 관련한 것처럼 거창한 것일 수도 있지만 소소하게 일상에서 이루어지길 바라는 바람들이어도 좋다. 내가 일상에서 바라는 것을 이루기 위해 실천하고 있는 방법 몇 가지와 강의에서 활용하는 방법을 소개해 보고자 한다.

몇 해 전에 올케가 냉장고에 붙여 두는 메모판과 펜을 사서 조카들에게 일러두고 싶은 것을 메모하는데, 메모판이 너무 귀엽고 실용적인지라 갖고 싶은 마음에 당장 주문해 달라고 해서 받았다. 나는 이 메모판을 다용도로 활용하고 있다. 계란을 구입하면 유통기한을 표시하기도 하고 한쪽 면에는 올 한 해 이루고 싶은 일들을 적어두기도 한다. 그중 하나가 다이어트였던 때가 있었다. 그래서 00킬로에서 00킬로라는 목표를 적었다가 집에 손님이 와서 몸무게가 들통 나는 해프닝도 있었다. 물론 지금도 다이어트에 대해 고민하지만 잘 안 되는 것이기도 하고 평생 해야 하는 것 같기도 하다. 최근에 냉장고를 바꾸고 나니, 앞면에 메모판이 붙어지지 않아 많이 속상했다. 다행히 옆면에는 붙일 수 있어 다행인데, 그러고 보니 훨씬 활용도가 떨어진다.

다른 방법으로는 다이어리의 활용이다. 몇 해 전부터 1년에 하나씩 장만해서 사용하는 다이어리를 버리지 않고 갖고 있다. 아직까지는 해가 바뀌는가 싶으면 사실 새해 다이어리가 나오기가 무섭게 거의 자동으로 미리 구입하는 편이다. 그리곤 해가 바뀌기 전에, 새로운 해를 맞이하기 전에 이루고 싶은 것들, 꼭 해야 하는 것들의 목록을 다이어리 맨 뒤편에 〈0000년 목표〉라는 타이틀 아래 적어둔다. 2014년 이 책의 초판이 나올 때 적어두었던 목표를 간단히 소개해 보면, '연구하기(책: 인성, 진로), 적절한 쉼(여유), 매월 1회 매일 미사 참여하기, 아침·저녁기도(묵주기도), 성서 읽기'이다. 2022년 이 책의 개정증보판을 낼 때 〈2022년 계획〉으로 다이어리에 적어 둔 것은 건강(아침에 10분 스트레칭, 5,000보 걷기), 학교생활(즐겁게 티칭하고 즐기며 연구하기), 종교생활(미사 참여 제대로 하기), 인간관계(감당할 수 있을 만큼 맞추며~)이다.

또 예전에는 아주 단기간에 이루고자 하는 것들 또는 당장 해결해야 할 것들은 휴대폰의 문구 디자인을 이용하기도 했다. "날씬한 몸매 만들기" "웃음" "감사 & 행복" "아파트 넓혀가기"가 적혀 있던 때도 있었다. 휴대폰에 늘 떠 있는 이 문구를 보고 웃었던 사람들이 떠오른다. 얼마의 시간이 지난 후에는 목표가 이루어져서 바꾸고 싶거나 고민하던 문제가 해결되어 문자를 다시 꾸미고 싶어지기도 한다. 이젠 스마트폰을 사용하면서 메모장을 활용하기도 하고 카톡의 대문을 활용하기도 한다.

그리고 마지막으로 이용하는 것은 "하고 싶은 것", "가지고 싶은 것", "되고 싶은 모습"의 세 가지 영역으로 나누어 생각나는 대로 작성해 보는 것이다. 우리 대학교에는 "대학생활과 진로설계"라는 전체 1학년 학생을 대상으로 한 강좌가 있다. 내 강의를 듣는 학생들에게 내 주는 부담 없는 과제 중에 하나가 '대학 4학년 동안에 하고 싶은 것, 가고 싶은 곳, 되고 싶은 모습, 가지고 싶은 것'을 떠오르는 대로 적어보라는 것이다. 어떤 학생은 진지하게 자신을 돌아보는가 하면 또 다른 어떤 학생들은 달랑 5-7가지를 적고 멈추는 경우도 있다. 이것은 한번에 작성되기도 하지만 때로는 고민의 시간이 필요하기도 하다. 대학생들이 가장 어려워하는 부분은 되고 싶은 모습을 기록하는 것이다. 가고 싶은 곳은 많은 학생들이 어찌나 잘 적던지 지금은 제외했다.

4명의 조카 중에 여자 조카가 한 명 있다. 이 아이가 초등학교 2학년 때 작성한 꿈의 목록을 우연히 발견하고 동의를 구한 뒤 강의에서 소개해 사람들에게 웃음과 감동을 주기도 했다. 물론 대가라고 하기는 조금 그렇지만 강사료를 받아서 밥을 사주기도 하고 기를 살려주는 일을 많이 했다. 지금은 대학생이 되어버린 초등학생 때 조카의 꿈 목록 샘플을 소개해 보면 다음과 같다.

| 하고 싶은 일 | 갖고 싶은 것 | 되고 싶은 모습 |
|---|---|---|
| 위대하신 00(자기이름)님<br>되는 일<br>온천<br>게임<br>TV보기<br>닌텐도하기<br>컴퓨터하기<br>그림 왕창 그리기 | 닌텐도 디에스 아이(분홍색)<br>돼지 연필깎기 10개<br>보석 연필 무지개색<br>만화책<br>넓은 가방<br>미술도구<br>옷<br>노트북<br>뾰루지 없애는 로션<br>TV<br>아파트<br>팽이 | 화가<br>대통령<br>문구점 주인<br>가게 주인<br>시인<br>베토벤<br>모차르트 |

이전에 강의 준비를 하면서 내가 바라는 것들을 적었던 내용을 소개해 보면, 땅 사기, 비박, 산에서 별미 먹어 보기, 자전거 타기, 진로 관련 책 쓰기, 옳은 일 선택하기, 20평대 아파트로 넓혀가기, 연구실적 늘리기, 명강사 되기, 야간 산행, 해외 취업.... 그리고 고 이태석 신부님 관련 다큐와 '울지 마 톤즈' 영화를 보고 나서는 봉사하기와 적금들기를 추가하기도 했다. 이루어진 것들이 꽤 많다. 돌이켜 생각해 보니 이번 책도 '진로 관련 책 쓰기'의 꿈이 이루어지는 순간이니....

마시멜로 두 번째 이야기에 "마음속으로 기억하는 것보다 말하는 것이 힘이 더 크고, 말로 하는 것보다 글로 쓰는 것의 힘이 더 강하다"라는 내용이 나온다. 꿈은 묘하게도 생각하는 것보다 말하는 것이 또 말하는 것보다 글로 적는 것이 이루어질 가능성이 많다고 한다. 이렇게 가끔 꿈에 대해 끄적여 둔 것들을 훗날 발견하고 얼마나 이루었는지 체크해 보면서 놀라움을 느낄 수 있으면 좋겠다. 그러고 보면, 학생들의 경우 메모하고 낙서하고 만화 그리는 것이 무조건 나쁜 것은 아닌 듯하다.

그리고 개인적으로 드는 생각 중에 하나는 내가 바라는 소소한 바람들을 주변인에게 자주 이야기하는 것이다. 그러면 나를 지지해 주고 격려해 주고 지켜봐 주는 이들이 나의 꿈을 이루는 데 협력자가 되어 줄 수도 있다.

언제부턴가 산을 좋아하는 분을 알게 되었다. 산에 대한 이야기를 하면 시간 가는 줄 모르고 눈이 초롱초롱해지신다. 어느 날부턴가 기회가 되면 한번 산에 데려가 달라고 조르기 시작했다. 가족과 산행하는 날, 험하지 않은 코스로 움직일 때 갑자기 아침에 전화하셔서 스케줄을 묻고 산에 갈 수 있는지를 물어주신다. 너무 빨리 바람이 이루어져 놀랍기도 하고 좋기도 하고....

산행을 하면서 별미를 먹으며 걸치는 소주 한 잔.... 불행하게도 아직 소주를 못 마셔 본 나는 기회가 되면 다음 산행에서 와인을 마시자고 제안했다. 얼마 후 다시 나선 산행! 나도 이야기만 하고 미처 준비 못한 와인을 챙겨오는 분이 계시니.... 이런 것 같다. 이것이 원하는 것을 생각하고 말하고 글로 남기는 위력을 보여주는 좋은 예라 할 수 있다.

작은 올케가 몇 해 전부터 새해가 되면 조카들과 각자의 "보물지도"를 꾸민다. 그리곤 잘 보이는 곳에 두는데 매년 보면 해외여행이 보물지도 내용에 있었다. 방학에 대만 여행을 계획하면서 늘 마음에 쓰였던 올케의 꿈이 생각났다. 패키지 경비와 옵션 관광 비용을 대신 지불해 주고 어머님과 셋이 같이 여행을 다녀왔다. 물론 흔히 이야기하는 시어머니와 시누이 등의 시월드와 함께 한 여행이지만 얼마나 좋아하던지 완전 여행 체질이었다.

그리고 예전에 김수영의 "멈추지 마 다시 꿈부터 써봐"라는 책을 학교의 아는 샘과 이야기하다 알게 되었다. 바로 도서관에서 빌려 읽어보니 "꿈"이라는 것에 대해 많은 생각거리를 던져 주었다. 좀 더 구체적으로 학생들에게 제시할 꿈의 목록 리스트를 발견하여 반갑기도 했다. 꿈의 목록에 중요도(1점~5점)를 부여하고 목표 기한을 설정하여 좀 더 구체화한 것이라 대학생들에게는 더 도움이 되는 듯하다.

목표를 설정함에 있어 두 가지 방향성이 있는데, 하나는 '수행접근 목표'로서 자신이 이루고자 하는 긍정적인 방향의 목표를 이야기하는 것이다. 예를 들면, 이번 학기 장학금 타기, 과 톱 하기, 토익 900점 받기, 학과 행사에 적극적으로 참여하기 등이 있다. 다른 하나는 '과제회피 목표'로서 자신이 피하거나 예방하기로 한 부정적인 목표를 말한다. 예를 들면, F 받지 말기, 학과 행사에 빠지지 말기, 토익 900점 이하 받지 않기, 동아리 회합 빠지지 않기 등과 같은 것이 있다. 두 목표는 어찌 보면, 같은 목표를 이야기하고 있지만 방향성이 긍정이냐 부정이냐가 다르다. 스스로 이루고 싶은 꿈이나 목표를 작성한 후, 쭉 살펴보면서 긍정적인 것이 힘이 더 크고 이루어질 가능성이 많기에 '과제회피 목표'로 작성한 것이 있다면 '수행접근 목표'로 바꾸어 주면 좋을 듯하다.

캐논 셸던이 이야기한 바람직한 목표 추구의 비결을 살펴 보자. 첫째, 즐길 수 있는 목표를 세워 최선을 다하라. 둘째, 목표를 장단기로 세분화하라. 셋째, 의미 있는 목표를 추구하라. 넷째, 제대로 진행되지 않으면 목표를 수정하는 것도 생각해 보라. 다섯째, 인기와 돈처럼 자기만족을 위한 목표에 치중하지 마라.

목표를 세우고 이 목표를 이루어가는 과정을 즐기며 노력하는 것이 병행된다면 쉽게 이루어질 수 있으리라.

### 〈활동 1〉 꿈의 목록 1

대학 4년 동안에 대학생으로서 또는 소속된 단체의 일원으로서 이루고 싶은 꿈의 목록을 떠오르는 대로 적어 보자. 그리고 적은 꿈의 목록을 이루기 위해 매일 조금씩 해야 하는 일에는 어떤 것들이 있을지도 고민해 보고 작성해 보면 좋을 듯하다.

| 하고 싶은 일 | 갖고 싶은 것 | 되고 싶은 모습 |
|---|---|---|
| | | |
| 꿈을 이루기 위해<br>매일 해야 할 일 | | |

### 〈활동 2〉 꿈의 목록 2

또 다른 방법으로 '멈추지 마 다시 꿈부터 써 봐'에 나온 양식도 소개해 본다.

| 번호 | 분류 | 목표 | 목표기한 | 중요도 | 달성여부 | 달성연도 |
|---|---|---|---|---|---|---|
| 1 | | | | | | |
| 2 | | | | | | |
| 3 | | | | | | |
| 4 | | | | | | |
| 5 | | | | | | |
| 6 | | | | | | |
| 7 | | | | | | |
| 8 | | | | | | |
| 9 | | | | | | |
| 10 | | | | | | |

### 〈활동 3〉 학년별 목표설정 및 학습 계획

학년별로 목표와 활동 계획을 세워 보자. 그리고 평가해 보면 조금 더 발전적인 나를 만들어 갈 수 있을 것이다. 이를 학기별로 나누어 적어 보자.

| 학년 | 목표 (전공, 전공 외) | 활동계획 | 평가 |
|---|---|---|---|
| 1 | | | |
| | | | |
| | | | |
| 2 | | | |
| | | | |
| | | | |
| 3 | | | |
| | | | |
| | | | |
| 4 | | | |
| | | | |
| | | | |
| 기타 (휴학) | | | |
| 기타 (군 입대) | | | |

# 커리어 로드맵

진로 캠프에서 학생들이 가장 적극적으로 참여하고 재미있어 하며 작업하는 주제 중의 한 가지가 커리어 로드맵이 아닌가 싶다. 먼저 커리어 로드맵을 살펴보기 전에 이해를 돕기 위해 마인드 맵이라는 개념을 정의해 보고자 한다.

마인드 맵(mind map)이란 네이버 지식백과사전에 따르면, 문자 그대로 '생각의 지도'란 뜻으로 자신의 생각을 지도 그리듯 이미지화해 사고력, 창의력, 기억력을 한 단계 높이는 두뇌 개발 기법이다. 간혹 어떤 문제에 대하여 창조적으로 사고하고 있을 때, 시간이 흐르거나 연속적인 사고의 연상이 진행되면서 그 사고한 내용의 일부는 잃어버리게 되고 재생하기가 어렵게 된다. 마인드 맵은 유기적으로 연결되는 일련의 생각을 훌륭하게 상기시켜 준다. 마인드 맵은 영국의 토니 부잔이 1960년대 브리티시 컬럼비아대 대학원을 다닐 때 두뇌의 특성을 고려해 만들어냈다. 부잔은 일부 사람들은 그림과 상징물을 활용해 배우는 것이 훨씬 더 효과적이라는 생각이 들어 '마인드 맵'을 고안해 냈다고 한다. 학습법과 기억력뿐 아니라 기업 업무능력 향상 등에도 효과가 있는 것으로 알려져 있다.

마인드 맵은 마음속에 지도를 그리듯이 줄거리를 이해하며 정리하는 방법이다. 앞에서 자기소개에서도 소개했던 것처럼 핵심 단어를 중심으로 거미줄처럼 사고가 파생되고 확장되어 가는 과정을 확인하는 일종의 시각화된 브레인스토밍 방법이라 할 수 있다.

마인드 맵에 착안을 해서 커리어 로드맵을 그릴 수 있다. 꿈을 상징하는 이미지를 중앙에 그린다. 또는 글로 표현한다. 나를 나타낼 수 있는 이미지여도 좋다. 이어서 가지를 그리고 꿈과 관련된 단어를 적는다. 하나하나의 가지에서 또 가지를 그려 관련된 정보들을 담는다.

텔레비전에서 방영되었던 공부의 신에서 "메모리 트리"가 자세하게 소개된 적이 있다. 이를 참조하면 훨씬 쉽게 "커리어 로드맵"을 만들어 낼 수 있다.

커리어 로드맵을 그리기 위해서는 먼저 자신의 인생설계에 대한 점검이 필요하다. 인생설계란 한 개인이 자신의 일생에 있어 이상적인 목표를 세우고, 그에 맞는 노력을 하는 것으로 명확하지 않을 때는 첫째, 뛰어난 인물에게 먼저 가르침을 구하고 둘째, 자신의 장점을 살려 평생 직업을 결정하는 것이 필요하다(정세경, 2008).

그리고 인생설계와 관련해 살펴볼 개념이 진로설계이다. 진로설계는 자신의 특성과 직업세계에 대한 합리적인 이해를 토대로 적합한 진로목표를 수립하고, 그에 알맞은 직업을 찾고 준비하는 진로발달과정을 의미한다. 건축 설계도가 없으면 아름답고 튼튼한 집을 지을 수 없듯이, 진로설계는 성공적인 인생을 위해 반드시 필요한 과업이라 할 수 있다. 다시 말하면, 진로설계는 청소년기 발달과업의 핵심으로서 자신의 특성을 바르게 인지하고, 진로의식을 확고히 하며, 나아가 산업구조의 변화 및 그에 상응하는 인력 수급 전망에 대한 구조화된 이해를 통하여 적합한 진로(career)를 그려내는 과업이라 할 수 있다.

그리고 진로설계 시 고려할 사항으로는 다음 다섯 가지를 생각해 볼 수 있다. 첫째, 개인의 재능과 부합할 것으로 자신이 가장 잘 할 수 있는 일이나 분야를 찾아야 한다. 둘째, 개인의 열정을 고려할 것으로 자신이 가장 좋아하는 일이나 분야가 무엇인지에 대한 고민을 토대로 해야 한다. 셋째, 사회적으로 필요한가를 고려할 것으로 직업세계도 유기체처럼 생로병사 과정을 거치므로, 향후 15-20년 후에도 사회적으로 필요한 분야인가를 철저하게 따져보아야 한다. 넷째, 개인의 양심에 비추어 볼 것으로 직업은 개인의 자아실현 터전이면서 사회적 역할과 위상의 거울이므로 사회적으로나 도덕적으로 바람직한 일이어야 한다. 다섯째, 타협의 과정임을 명심할 것으로 누구나 직업적 욕심은 끝이 없으므로 자신의 능력이나 특성 등 조건이나 수준을 고려하여 진로를 설계해야 한다.

### 〈활동〉 커리어 로드맵

자신을 둘러싸고 있는 공간이나 역할을 중심으로 이루고 싶은 커리어 로드맵을 그려 보자. 이를 통해 꿈을 조금 더 시각화할 수 있고 꿈과 관련한 여러 가지들을 고려해 보고 준비할 수 있을 것이다.

## want-have list

want-have list는 아주 간단하다. 진로와 관련한 강의를 할 때 주로 마지막에 많이 활용하는 것으로 가로 축에 원하는 것(want)과 원하지 않는 것(don't want)을 둔다. 그리고 세로 축에는 가지고 있는 것(have)과 가지고 있지 않은 것(don't have)을 둔다. 그러면 아래 그림처럼 사사분면이 나오게 된다. 각각을 살펴보자.

want-have list

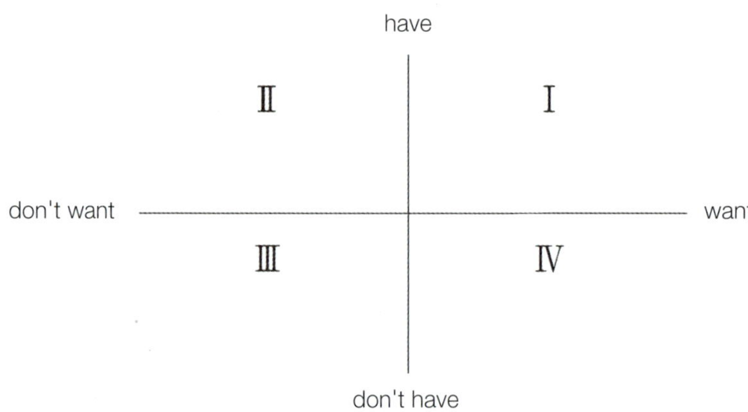


첫 번째 영역은 현재 소유하고 있으면서 앞으로도 계속 갖고 있기를 원하는 영역으로 나의 장점이자 소중한 가치를 말한다. 예를 들면, 부지런함, 성실함, 예의바름, 바른 언어 사용, 독서, 들어주기, 친절함, 배려, 인간관계 잘하기 등이다.

두 번째 영역은 현재 가지고 있지만 원하지 않는 것, 버려야 할 것에 관한 영역으로 나의 약점이자 개선할 습관을 말한다. 예를 들면, 의존 성향, 지각하기, 편식하기, 개인주의, 이기주의, 학자금 대출(빚), 인터넷 서핑 등과 같은 것이다. 어느 해 학생들과 이 작업을 하면서 많이 놀랐던 것은 '빚'이라고 적혀 있는 것을 보았을 때이다. 사정을 들어보니 대학 등록금 마련을 위해 학자금 대출을 받았다는 것이다. 본인은 가지고 있긴 하지만 버리고 싶은 것이라고 이야기하는데 너무 마음이 아팠다.

세 번째 영역은 현재 가지고 있지도 않고 앞으로도 원하지 않는 것으로 원하지 않는 가치나 행동들이 포함된다. 예를 들면, 신용불량자, 게임중독, 도박, 술, 한탕주의, 담배 등과 같은 것이다. 이 영역은 다른 영역에 비해 덜 중요하다고 볼 수 있다. 안 적어도 그만이라고 하면 너무 한 것일까 싶기도 하지만 말이다.

네 번째 영역은 현재 가지고 있지는 않지만 앞으로 원하는 것으로 지향하는 가치와 행동들이 포함된다. 예를 들면, 유창한 영어 실력, 기술자격증, 원하는 직장, 여친(남친), 해외 취업, 해외 연수, 토익 900점 등과 같은 것이다. 학생들과 작업하면서 여친(남친)을 이 칸에 적는 것을 보고 처음에는 우습기도 했다. 이젠 이해가 되기도 하지만!

이루고 싶은 꿈과 관련해 쭉 적어 놓고 각자의 것을 살펴보면서 어느 영역이 중요할지를 생각해 보면 좋겠다. 개인적으로는 첫 번째와 네 번째 영역을 강조하고 싶다. 특히, 네 번째 영역에 적은 것들이 6개월 후, 1년 후에 다시 작업할 때는 첫 번째 영역으로 올라와 있길 기대해 본다.

want-have list를 활용하는 방법의 하나는 자신이 원하는 직업이나 모습을 하나 생각하면서 그것을 위해 지금의 내 모습과 앞으로 준비해야 할 것들을 비추어 볼 수 있다. 나의 경우를 예로 들면, “학생들의 말에 귀 기울여 주는 마음 따뜻한 교수” 또는 “명강사를 꿈꾸며”와 같은 제목하에 4가지 영역을 채워 볼 수 있을 것 같다. 아직 취업을 준비하는 학생이라면 “마케팅 전문가” 또는 “커리어 코치” 등과 같은 직업을 적고 그에 비추어 작업해 볼 수 있으리라.

**〈활동〉 want-have list**

각자 자신의 모습에 비추어 네 가지 영역을 채워보자.

have

don't want want

don't have

# 긴급한 일과 중요한 일

대학생활에서 진로와 관련해 고려해 볼 것 중의 하나는 시간관리의 문제이다. 누구에게나 주어진 24시간, 공정하게 배분된 시간이라는 자원을 어떻게 활용하느냐, 관리하느냐에 따라 자신의 목표인 꿈이나 비전이 이루어질 수도 있고 그렇지 않을 수도 있기 때문이다. 좀 더 엄격히 말하면, 시간관리를 어떻게 하느냐에 따라 인생이 달라진다고 볼 수도 있다.

시간관리 매트릭스는 강의에서도 자주 활용되는 부분이기도 하다. 시간관리 매트릭스는 일을 중요성과 긴급함을 기준으로 삼는다. '긴급하고 중요한 일', '긴급하지는 않지만 중요한 일', '긴급하지만 중요하지 않은 일', '긴급하지도 중요하지도 않은 일'의 네 가지 영역으로 나누어 설명할 수 있다.

첫 번째는 긴급하고 중요한 일로 급하면서도 중요하기 때문에 필수 상한이라 할 수 있다. 즉 반드시 해야 하는 일이라 할 수 있다. 그러나 꼭 해야 하는 일들이 많으면 극심한 스트레스에 시달리게 될 수도 있다.

두 번째는 긴급하지는 않지만 중요한 일로 리더십 상한이라 할 수 있다. 자기개발이나 미래 준비를 위해 가장 중요한 영역일 수 있는데, 중요한 일이지만 급하지 않기에 급한 일들을 처리하다 보면 쉽게 미루어질 수 있는 일이기도 하다.

세 번째는 긴급하지만 중요하지 않은 일로 흔히 속임수 상한이라 불린다. 왜냐하면 전혀 중요하지 않은 일임에도 불구하고 긴급하다는 이유로 우선순위를 두기 쉽기 때문이다.

네 번째 영역은 도피 상한으로 긴급하지도 않고 중요하지도 않은 일을 말한다. 긴급함도 없고 중요하지도 않지만 우리 시간의 일부를 차지하고 있다, 이 영역에 시간을 많이 보내고 있는 사람은 효율적인 시간관리와는 거리가 먼 사람이라고 할 수 있다.

연구에 따르면, 대부분의 사람들은 '긴급하지만 중요하지 않은 일'에 50%의 시간을 보내고 '긴급하고 중요한 일'에 30%의 시간을 보내며 그 외의 일에 각 10%를 보낸다고 한다. 여러분은 시간을 어떻게 사용하고 관리하고 있는가?

이와 더불어 소개할 개념이 하나 더 있다. '파레토 법칙'인데, 지금으로부터 100여 년 전, 이탈리아의 경제학자인 빌프레도 파레토(Vilfredo Pareto)가 영국의 부와 소득의 유형에 대한 연구를 분석하는 과정에서 알게 된 것이다. 소수의 국민이 대부분의 소득을 벌어들인다는 것을 발견했다. 즉, 전인구의 20%가 전체 부의 80%를 차지하고 있어 80:20의 법칙으로도 불린다. 구체적이고 친숙한 파레토 원리의 예를 소개해 보자. 첫째, 내가 받는 우편물의 20퍼센트가 80퍼센트의 만족감을 준다. 나머지 80퍼센트의 우편물은 쓸모없는 것이다. 둘째, 1년 동안 통화한 사람 중 20퍼센트와의 통화시간이 총 통화시간의 80퍼센트를 차지한다. 셋째, 즐겨 입는 옷의 80퍼센트는 옷장에 걸린 옷의 20퍼센트에 지나지 않는다. 넷째, 일의 성과는 80%는 집중해서 일한 20%의 시간에 의해 달성된다.

파레토 법칙은 자기의 행동에 대해 우선순위를 정할 때 취할 수 있는 좋은 원칙이기도 하다. 80:20의 원리를 적극적으로 활용하면 시간은 넉넉해지고 성과는 올라간다. 나에게 실질적인 성과를 안겨주는 20%의 시간은 무엇인가? 이를 기록해 보자. 그리고 여기에 집중하고 나머지 80%를 버리고, 여유를 선택할 수 있다.

나에게 실질적인 성과를 내는 20%의 시간은 언제인가? 무엇을 할 때인가? 아래 표를 활용해 적어 보자.

| |
|---|
| |

### 〈활동〉 시간관리 매트릭스(송원영 외, 2009)

다음의 체크리스트를 통해 자신이 시간관리를 어떻게 하는 유형인지를 알아 보도록 하자. 문항을 읽고 자신과 유사한 것에 표시해 보자.

매우 그렇다는 5점에, 그렇다는 4점에, 보통이다는 3점에, 그렇지 않다는 2점에, 전혀 그렇지 않다는 1점에 체크하면 된다.

| 문항 | 내용 | 점수 |
|---|---|---|
| 1 | 나는 항상 시간에 쫓기며 살아간다. | 1-2-3-4-5 |
| 2 | 나는 언제나 다급하고 바쁜 상태로 생활한다. | 1-2-3-4-5 |
| 3 | 나는 당장 해결하지 않으면 안 되는 일거리가 많다. | 1-2-3-4-5 |
| 4 | 나는 늘 당장 눈앞에 닥친 문제해결에 초점을 맞춘다. | 1-2-3-4-5 |
| 5 | 나는 늘 할 일에 비해 시간이 부족하다는 느낌이 든다. | 1-2-3-4-5 |
| 6 | 나는 일이 끝나면 스트레스를 많이 받는 편이다. | 1-2-3-4-5 |
| 합계(A) : 긴급하고 중요한 일을 많이 하는 사람 | | |

| 문항 | 내용 | 점수 |
|---|---|---|
| 1 | 나는 마음의 여유를 가지고 생활한다. | 1-2-3-4-5 |
| 2 | 나는 항상 미래를 준비하고 계획하며 산다. | 1-2-3-4-5 |
| 3 | 나는 일의 우선순위를 따져 실행에 옮긴다. | 1-2-3-4-5 |
| 4 | 나는 일에서 일관되고 지속적인 성취감을 얻는다. | 1-2-3-4-5 |
| 5 | 나는 매사에 'Yes'와 'No'가 분명한 편이다. | 1-2-3-4-5 |
| 6 | 나는 일에서 심리적인 만족과 안정감을 얻는다. | 1-2-3-4-5 |
| 합계(B) : 긴급하지 않지만 중요한 일을 많이 하는 사람 | | |

| 문항 | 내용 | 점수 |
|---|---|---|
| 1 | 나는 상대방의 요구에 거절을 못한다. | 1-2-3-4-5 |
| 2 | 나는 남을 도와주느라고 내 일을 못할 때가 많다. | 1-2-3-4-5 |
| 3 | 나는 일을 하다 보면 우선순위가 낮은 일을 하는 경우가 많다. | 1-2-3-4-5 |
| 4 | 나는 어떤 일을 만나면 늘 바쁜데 성과는 없다. | 1-2-3-4-5 |
| 5 | 나는 내가 일의 희생자라고 생각한다. | 1-2-3-4-5 |
| 6 | 나는 무슨 일을 하고 나면 마음이 허전하고 씁쓸할 때가 많다. | 1-2-3-4-5 |
| 합계(C) : 긴급하지만 중요하지 않은 일을 많이 하는 사람 | | |

| 문항 | 내용 | 점수 |
|---|---|---|
| 1 | 나는 지금 하고 있는 일에 흥미나 보람을 느낀다. | 1-2-3-4-5 |
| 2 | 나는 시간이 지나도 늘 그 자리에 있는 느낌이다. | 1-2-3-4-5 |
| 3 | 나는 늘 생활이 지루하고 따분하다. | 1-2-3-4-5 |
| 4 | 나는 시간이 남아 무엇을 해야 할지 모를 때가 많다. | 1-2-3-4-5 |
| 5 | 나는 소일거리나 시간 때울 거리를 찾을 때가 많다. | 1-2-3-4-5 |
| 6 | 나는 무력감이 들거나 자신이 싫어질 때가 많다. | 1-2-3-4-5 |
| 합계(D) : 긴급하지도 중요하지도 않은 일을 많이 하는 사람 | | |

▷ 어느 유형의 점수가 높은지를 확인해 보자.

나의 유형은 ________________________________

〈활동 2〉 **조별로 각 유형의 대표적인 사례를 찾아보자**

| 시간관리 매트릭스 | 활동의 예 |
|---|---|
| 긴급하고<br>중요한 일 | |
| 긴급하지 않지만<br>중요한 일 | |
| 긴급하지만<br>중요하지 않은 일 | |
| 긴급하지도<br>중요하지도 않은 일 | |

# 일석이조 만들기

운동 삼아 걷기를 시작한 지는 꽤 오래지만 "나 걷기 해요"라고 말할 수 있는 것은 얼마 되지 않는다. 운동하는 시간이 절대적으로 부족한 상황에서 시작한 걷기! 나이가 들어가면서 운동을 "해야만 하는 것"으로 생각하고 필요에 의해서 하게 되는 것 같다.

처음엔 무작정 걷기만 했는데, 시간이 너무 안 간다. 그리고 얼마를 걸었는지 자꾸 시간만 체크하게 되고, 하기 싫은데 꼭 해야 하는 일을 만났을 때 느껴지는 묘한 감정들이 인다.

그래서 생각한 묘안이 묵주기도(천주교 기도의 하나)이다. 묵주기도는 5단을 바치면 20분 정도 소요가 된다. 묵주기도 5단을 하며 걷기를 병행하고 난 후에는 운동을 했다는 뿌듯한 마음을 안고 집으로 향한다.

걷기를 조금 안다는 사람들은 "40분 이상해야 땀이 나는데..."라고 이구동성으로 말한다. 나는... 그렇다면 시간을 연장하기 위해 묵주기도 5단을 더 바치기로 했다. 한 단 한 단에 나의 사랑하는 가족과 은인 신부님과 수녀님들을 생각하며....

이즈음 되니 시간날 때 하는 것이 운동이라면 난 성공이다. 그러나 규칙성에서 본다면 거의 운동이라 할 수 없을 것 같다.

이렇게 저렇게 걷기를 진행해 오던 터에 몇 년 전에는 친한 다른 학과 교수님이 학교 운동장을 같이 돌면 어떻겠냐고 제안했다. 연구실에서 일을 하다가 해가 뉘엿뉘엿 지기 시작하면 퇴근 준비를 하고 내려와서 이런저런 이야기를 나누면서 운동장을 돈다. 이렇게 하다 보면 시간을 할애해서 하는 운동으로 바뀌게 된다. 학교 온 지 4년 차에 그리고 친한 교수님은 5년 차에 학교 운동장 트랙에 감사함을 가지게 되었다. 대학이라는 좋은 시설에서 내가 활용하지 못한 부분이라는 생각과 함께....

혼자 할 때는 기도를 하며 운동하고 누군가와 함께 운동할 때는 주변 이야기를 편하게 나누며 하는 걷기가 이젠 일상화되어 가는 것 같다. 그래서 무언가 필요한 행동이지만 그 행동 한 가지로 동기유발이 안 된다면 다른 좋아하는 행동과 동시에 할 수 있다면 좋을 것 같다. 시간활용 면에서도 도움이 될 것이다.

행동수정에서 이야기하는 "프리맥 원리(premack principle)가 있다. 이 원리는 싫어하는 행동을 증가시키기 위해 낮은 확률의 행동(싫어하는 행동)을 하고 난 후에 좋아하는 행동에 참여할 기회를 주는 것이다. 예를 들면 친구들과 밖에 나가 놀기 전에 과제를 마치도록 요구하는 것이다. 나의 경우를 예로 들면, 걷기(싫어하는 행동)를 해야 드라마(좋아하는 행동)를 볼 기회를 갖게 하는 것으로 적용해 볼 수 있다.

내가 하기 싫지만 해야 하는 일을 우선 정하고 좋아하는 행동과 병행이 되면 같이 하고, 병행할 수 없는 경우에는 프리맥 원리처럼 전, 후로 나누어 시도해 보면 편안한 옷을 입은 것처럼 습관으로 형성될 수 있다.

어떤 한 행동이 습관으로 형성되는 데는 알 속에서 병아리로 부화되는 데 필요한 시간인 21일이라는 시간이 필요하단다. 이제까지 살아오면서 작심삼일을 안 해본 사람은 거의 없을 듯하다. 포기를 하더라도 21일을 넘겨보는 것은 어떨까 싶다! 작심삼일이더라도 결심을 3일에 한 번씩 한다면 21일을 채우기는 그리 어렵지 않을 듯하다. 일곱 번만 다시 연이어 시도를 한다면 말이다. 그리고 해야 할 일과 하고 싶은 일을 연결해서 한다면 해야 할 일을 지속적으로 또는 규칙적으로 수행하는 데 도움이 될 수 있다.

〈활동〉 **하고 싶은 일과 하기 싫은 일**

아래 표를 이용해 내가 하기 싫지만 꼭 해야 하는 일의 목록을 채워 보고 좋아하는 일의 목록을 채워 보자. 그리고 두 가지를 병합해서 병행해 보도록 하자. 때론 해야 할 일을 먼저 하고 나에게 주는 보상으로 좋아하는 일을 해도 좋겠다.

| 해야 할 일 | 좋아하는 일 | 병행 |
|---|---|---|
| 걷기(운동) | - 묵주기도<br>- 친교 나누기 | - 걸으며 기도하기<br>- 이야기 나누며 걷기(운동) |
| | | |
| | | |
| | | |
| | | |
| | | |

## 참고문헌

강선보, 박외수, 김귀성, 송순재, 정윤경, 김영래, 고미숙(2008). 21세기 인성교육 방향설정을 위한 이론적 기초 연구. 교육문제연구, 30, 1-38, 고려대학교 교육문제연구소.

공경희(2013). 마시멜로의 두 번째 이야기. 서울: 21세기북스.

교육인적자원부(2002). 중등학교 여학생진로지도 지침개발.

교육인적자원부(2003). 양성평등한 진로지도를 위한 지침서.

김수영(2010). 멈추지 마 다시 꿈부터 써봐: 73개의 꿈을 쓰고 세계에 도전하다. 웅진지식하우스.

김은영(2011). 한국 대학생 진로탐색장애 검사(KCBI)의 개발 및 타당화 연구. 이화여자대학교 박사학위논문.

김인자(2011). 현실요법의 적용. 서울: 한국심리상담연구소.

김인자(2009). 긍정심리학. 경기: 물푸레.

김주환(2019). 회복탄력성. 위즈덤하우스.

노정태(2009). 아웃라이어: 성공의 기회를 발견한 사람들. 서울: 김영사.

디자인연(2018). OX카운팅 퀘스천카드.

문용린(2004). 지력혁명. 서울: 비즈니스북스.

박영숙, 제롬 글렌, 테드 고든, 엘리자베스 플로레스큐(2012). 유엔미래보고서 2030: 생존과 소멸의 갈림길, 당신은 어느 쪽을 선택할 것인가? 서울: 교보문고.

박영숙, 제롬 글렌, 테드 고든, 엘리자베스 플로레스큐(2013). 유엔미래보고서 2040: 도전하는 미래가 살아남는다. 서울: 교보문고.

박영숙(2022). 세계미래보고서 2022: 메타사피엔스가 온다. 비즈니스북스.

박윤희(2011). 진로 탐색 및 직업 선택. 서울: 시그마프레스.

박정숙(2013). 위대한 나의 발견 강점 혁명. 서울: 청림출판.

박지민(2010). 세계가 인정한 협상교과서: 어느 학교에서도 어떤 회사에서도 절대 가르쳐주지 않는 협상 비법. 아라크네.

배은영(2003). 직업기초능력 향상을 위한 상업계 고등학교 전문교과 구성방안. 직업능력개발연구, 6(1), 27-53.
베르나르 베르베르(2011). 베르나르 베르베르의 상상력 사전. 열린책들.
생명평화마중물(2008). 가치성장카드.
송원영, 김지영(2009). 대학생의 진로 설계. 서울: 학지사.
오혜경(2007). How to be happy. 지식노마드.
우애령(2005). 결혼의 기술. 서울: 한양출판.
이외수(2009). 청춘불패. 서울: 해냄.
이재창(1995). 자기성장과 인간관계. 서울: 한국가이던스.
이종구(2005). 의사결정: 오류, 개선 그리고 성공적인 삶. 서울: 시그마프레스.
장대운, 김충기, 박경애, 김진희(1996). 청소년진로상담. 서울: 청소년대화의 광장.
장철현(2001). 행정의사결정론. 서울: 다산 출판사.
전도근(2011). 진로직업교육 교사용 지도서. 서울: 학지사.
정기철(2001). 인성교육과 국어교육. 서울: 역락.
정세경(2008). 교양 다이제스트: 생각의 틀을 넓히는. 서울: 혜문서관.
정호수(2001). 싸우지 않고도 이기는 협상, 싸우고도 지는 협상, 서울: 시대의 창.
한국고용정보원(2012). 2013 한국직업전망.
한국고용정보원(2016). 2017 한국직업전망.
한국고용정보원(2021). 2022 한국직업전망.
한국고용정보원(2015). 미래를 함께 할 새로운 직업.
한국버츄프로젝트(2009). 버츄카드.
한국NVC센터(2009). 그로그(Grok) NVC 카드게임.
한근태(2009). 소통의 기술. 북리슨.
행복한바오밥(2000). 왓츠잇투야.
형선호(2004) 선택의 패러독스: 다시는 후회하고 싶지 않은 이들을 위한 선택의 기술. 서울: 웅진닷컴.

Lickona, T.(1991). *Educating for character*, NY: Bantam Books. Luft. J.(1969). Of human interaction. Palo Alto, CA: National Press.
Nieva, V. R., & Gutek, B. A.(1981). Women and work: A psychological perspective. New York: Praeger.
Swanson. J. L., & Tokar, D. M.(1991). College student's perceptions of barriers to career development. Journal of Vocational Behavior, 38, 92-106.

신협 채용공고(2013. 12. 11). 신 인재 채용 트렌드, 이제는 통섭형 인재가 대세. 신협
이재호(2014. 2. 7). GE가 글로벌 인재 사관학교 된 비결은? 이데일리 뉴스.
이코노믹리뷰 컨텐츠 기획팀(2013. 3. 5). 나도 한번 따라해볼까? 연예인 다이어트.
조용철(2013. 11. 20). 취준생, 직업선택기준 '안정성보다 흥미'. 파이낸셜 뉴스.
현창국(2009. 7. 10). 조하리의 창. 제주일보.

네이버지식백과사전. 다음백과사전.

# 저자소개

## 조명실

성균관대학교에서 아동학(아동심리)을 수학하고
최근에는 인성과 관련한 연구에 관심을 두고 있습니다.
강의 분야는 진로, 의사소통, 상담기법, 행복, 대인관계 등 입니다.
심리적으로 어려움을 겪는 이들을 만나면서
그들에게 작은 행복을 안겨주고자 노력하고 있습니다.
현재는 계명대학교 Tabula Rasa College 교수로 재직 중입니다.